CIÊNCIAS
Meio ambiente

ARMÊNIO UZUNIAN

Mestre em Ciências na área de Histologia pela
Universidade Federal de São Paulo

Médico pela Universidade Federal de São Paulo

Professor e Supervisor de Biologia
em cursos pré-vestibulares na cidade de São Paulo

ERNESTO BIRNER

Licenciado em Ciências Biológicas pelo Instituto
de Biociências da Universidade de São Paulo

Professor de Biologia na cidade de São Paulo

DAN EDÉSIO PINSETA

Licenciado em Ciências Biológicas pelo Instituto
de Biociências da Universidade de São Paulo

Professor de Biologia na cidade de São Paulo

JOSÉ EDUARDO REZENDE

Bacharel em Física pela Universidade Estadual de Campinas

Coordenador e professor de Física, Química e Matemática em
escolas particulares e cursos pré-vestibulares

Trabalha com projetos de formação continuada
de professores da rede privada

CB013440

Direção Geral:	Julio E. Emöd
Supervisão Editorial:	Maria Pia Castiglia
Edição de Texto:	Carla Castiglia Gonzaga
Assistentes Editoriais:	Ana Olívia Ramos Pires Justo
	Mônica Roberta Suguiyama
Programação Visual e Capa:	Grasiele Lacerda Favatto Cortez
Editoração Eletrônica:	AM Produções Gráficas Ltda.
Fotografias da Capa:	Shutterstock
Impressão e Acabamento:	Yangraf Gráfica e Editora Ltda.

Dados Internacionais de Catalogação na Publicação (CIP)
(Câmara Brasileira do Livro, SP, Brasil)

Ciências : meio ambiente, 6º ano / Armênio
Uzunian... [et al.]. -- São Paulo : Editora
HARBRA, 2016.

    Outros autores: Ernesto Birner, Dan Edésio
Pinseta, José Eduardo Rezende
    Bibliografia.
    ISBN 978-85-294-0472-1

    1. Ciências (Ensino fundamental) 2. Meio
ambiente (Ensino fundamental) I. Uzunian, Armênio.
II. Birner, Ernesto. III. Pinseta, Dan Edésio.
IV. Rezende, José Eduardo.

15-07183   CDD-372.35

Índices para catálogo sistemático:
1. Ciências : Ensino fundamental   372.35

CIÊNCIAS – *Meio ambiente* – 6º ano

Copyright © 2016 por editora HARBRA ltda.
Rua Joaquim Távora, 629
04015-001 – São Paulo – SP
Tel.: (0.xx.11) 5084-2482. Fax: (0.xx.11) 5575-6876

ISBN (coleção) 978-85-294-0471-4

ISBN 978-85-294-0472-1

Impresso no Brasil   *Printed in Brazil*

6º ANO

CIÊNCIAS
Meio ambiente

Caro leitor:

Visite o site **harbradigital.com.br** e tenha acesso aos **objetos digitais** especialmente desenvolvidos para esta obra. Para isso, siga os passos abaixo:

▶▶ acesse o endereço eletrônico **www.harbradigital.com.br**

▶▶ clique em **Cadastre-se** e preencha os **dados** solicitados

▶▶ inclua seu **código de acesso**:

5D9C078FD48721708FE9

Seu cadastro já está feito! Agora, você poderá desfrutar de vídeos, animações, textos complementares, banco de questões, galeria de imagens, entre outros conteúdos especialmente desenvolvidos para tornar seu estudo ainda mais agradável.

Requisitos do sistema

- O Portal é multiplataforma e foi desenvolvido para ser acessível em *tablets*, celulares, *laptops* e PCs (existentes até ago. 2015).
- Resolução de vídeo mais adequada: 1024 x 768.
- É necessário ter acesso à internet, bem como saídas de áudio.
- Navegadores: Google Chrome, Mozila Firefox, Internet Explorer 9+, Safari ou Edge.

Acesso

Seu código de acesso é válido por 1 ano a partir da data de seu cadastro no portal HARBRADIGITAL.

Apresentação

Olhe os beija-flores no quintal, apanhando pedaços de mamão que caíram na grama. E aqueles saguis disputando pedaços de banana, você os está vendo? Também tentam sobreviver ao procurar e encontrar o alimento necessário às suas vidas e à dos seus filhotes. Percebeu que existe uma harmonia entre esses dois animais e o ambiente em que vivem? Será que é assim em outros lugares do nosso planeta? Será que nos outros continentes também existe essa harmonia entre plantas, animais, microrganismos e o ambiente físico em que vivem, ou seja, as rochas, o ar, a água, a luz e outros componentes do meio? Será que os modernos meios de comunicação e de transporte, ou seja, os celulares, os *ipads*, os *tablets*, os possantes automóveis, aviões e navios que as pessoas utilizam ainda ajudam a manter a harmonia entre os seres vivos e o meio em que vivem? E quanto aos modos de os seres vivos se manterem com vida, será que ainda são os mesmos? Quer dizer, a fotossíntese, a respiração, a circulação do sangue e das seivas das plantas, a reprodução dos seres vivos, será que ainda continuam iguais ao que existia no passado? Será que os tais gases de estufa e o tal do aquecimento global, assuntos muito comentados atualmente, colocarão mesmo em risco a sobrevivência em nosso planeta?

Todas essas perguntas e observações devem, necessariamente, fazer parte de uma coleção dedicada ao Ensino Fundamental. Precisamos de estudantes participativos, opinativos, que contribuam para a compreensão do que se passa nos dias de hoje nos diversos ambientes do planeta Terra, ou seja, da nossa biosfera.

Oferecer aos estudantes do Ensino Fundamental uma coleção de Ciências contendo não apenas os conteúdos necessários para o aprendizado, mas, também e principalmente, contextualizar, contribuir para que percebam a importância do aprendizado em sua vida diária é nosso objetivo. A meta é formar futuros cidadãos participativos, que compreendam a importância das Ciências para a sua vida e para o futuro do planeta. É o que pretendemos com a presente coleção. Tudo isso, sem esquecer as constantes atualizações tecnológicas que são frequentemente contempladas ao longo de toda a obra, utilizando uma linguagem adequada à faixa etária a que se destina.

Nós, professores, precisamos levar em conta a opinião de nossos alunos. E esse é um dos importantes diferenciais da presente obra – contar com a participação dos estudantes. Esse foi o desejo da editora HARBRA e dos autores, também professores, ao lançar a presente coleção de **Ciências** destinada aos alunos do Ensino Fundamental de nosso país.

Os autores

Conteúdo

Unidade 1

A VIDA NO PLANETA Terra 11

Unidade 2
ÁGUA: FUNDAMENTAL *para a vida* 89

capítulo
8

As propriedades da água   116

capítulo
9

Doenças veiculadas por água contaminada   133

Unidade
3

A ATMOSFERA *terrestre*   151

capítulo
10

O ar que envolve a Terra   152

capítulo 11

As propriedades do ar — 170

capítulo 12

Fenômenos atmosféricos e previsão do tempo — 182

capítulo 13

Ar e saúde humana — 198

A SUPERFÍCIE E O INTERIOR da Terra — 213

Unidade 4

capítulo 14

Viagem ao interior da Terra — 214

15 *O solo*   **238**

16 *Degradação e recuperação do solo* **252**

17 *O manuseio e a destinação do lixo* **267**

O UNIVERSO 295

Unidade 5

A VIDA NO PLANETA Terra

Uma enorme esfera cheia de vida! A variedade de vida na Terra é tão grande (plantas, animais, seres humanos e uma infinidade de seres microscópicos), que pode parecer difícil explicar que condições permitiram tamanha diversidade em nosso planeta. O Sol, certamente, contribuiu para isso. E a presença de água foi outro fator decisivo. Sem ela, seria praticamente impossível a existência de vida tal como a conhecemos hoje.

Custa acreditar que algumas espécies de seres vivos em nosso planeta estejam ameaçadas em virtude das ações humanas. Mas ainda dá tempo de mudar o rumo dessa história: como proceder no sentido de manter essa esfera cheia de vida é um dos nossos grandes desafios.

O mundo dos seres vivos

Cara de leão, tamanho de esquilo

De todos os animais brasileiros ameaçados de extinção, ele é o que mais chama a atenção internacional. É um símbolo da conservação do meio ambiente e da imensa variedade de seres vivos em nosso país. Sua pequena juba se parece com a de um leão, mas seu tamanho é o de um esquilo. Já sabe quem é?

O mico-leão é um animal encontrado somente no Brasil, em regiões de Mata Atlântica.

A maior ameaça à sua sobrevivência tem sido o "bicho-homem", que praticamente destruiu a Mata Atlântica, único local de vida desses animais. Como consequência, hoje, as quatro espécies de micos-leões existentes estão ameaçadas de extinção. A mais conhecida delas é o mico-leão-dourado, que, por pouco, não desapareceu na década de 1970. Na época, só havia pouco mais de 200 deles livres na natureza. Com a ajuda do governo e de organizações nacionais e internacionais, a população desses animais saltou para aproximadamente 1.200 indivíduos.

Adaptado de: RAMOS, M. *Cara de leão, tamanho de esquilo. Disponível em:* <http://www.invivo.fiocruz.br/>. *Acesso em: 6 jul. 2015.*

Atualmente, nosso planeta se parece muito com um bebê doente, que precisa de ajuda para sobreviver. Muitos ambientes encontram-se seriamente alterados e muitas espécies de seres vivos estão ameaçadas de extinção.

Neste capítulo, você conhecerá alguns conceitos relacionados ao estudo das relações entre os seres vivos e destes com o meio ambiente em que vivem. Você verá que, afinal, não é tarefa tão difícil contribuir para a melhora das condições de vida do "bebê doente", quer dizer, do planeta Terra.

A biosfera da Terra

Pelo menos por enquanto, dos planetas descobertos, o único que possui vida, na forma como a conhecemos, é o nosso. Por isso, dizemos que a parte superficial do globo terrestre, até onde possa existir vida, constitui a **biosfera**.

Os seres vivos distribuem-se por vários locais da nossa biosfera, como, por exemplo, nos ambientes aquáticos (rios, lagos, oceanos) e terrestres (cidades, florestas, campos, montanhas, desertos).

A biosfera é uma reunião de ecossistemas

A biosfera pode ser artificialmente dividida em uma infinidade de ambientes onde há um **conjunto de seres vivos** relacionando-se entre si e com os **componentes não vivos** aí presentes, como a água, a luz, o calor, os gases, o tipo de solo etc. Cada um desses ambientes é conhecido como **ecossistema** (do grego, *oikos* = casa + *systema* = conjunto de elementos relacionados entre si), isto é, a "casa", o ambiente em que o conjunto de elementos vivos e o conjunto dos elementos não vivos interagem constantemente. O conjunto de seres vivos constitui a porção **biótica** (do grego, *bios* = vida), enquanto que os componentes não vivos constituem a parte **abiótica** (*a* = negação, indica "desprovido de") dos ecossistemas.

Um ecossistema pode ser pequeno, como uma lagoa, um campo ou um bosque na periferia de uma cidade, ou muito extenso, como um deserto ou uma floresta, como a Floresta Atlântica, também chamada de Mata Atlântica, que serve de *habitat* para o mico-leão.

> **Lembre-se!**
>
> No ecossistema, há uma interação entre os seres vivos e os componentes não vivos do ambiente.

O conjunto de seres vivos do ecossistema

Em um ecossistema, ao conjunto de todos os seres vivos dá-se o nome de **comunidade**, ou seja, a comunidade compreende a parte viva (biótica) do ambiente. Das comunidades em geral, fazem parte animais, vegetais e uma infinidade de outros seres, entre eles formas microscópicas, como as bactérias e muitos tipos de fungos.

A comunidade é constituída de várias espécies de seres vivos. Por **espécie** entende-se um grupo de seres vivos de aparência muito semelhante e que, ao se reproduzirem livremente na natureza, são capazes de gerar descendentes férteis. Por exemplo, todos os micos-leões-dourados constituem uma única espécie; machos e fêmeas adultos reproduzem-se naturalmente e os filhotes, quando se tornam adultos, também são capazes de se reproduzir e, assim, a espécie se perpetua.

WONG SZE FEI/PANTHERMEDIA/KEYDISC

O tucano pertence a uma das espécies que habita a Mata Atlântica.

Cada elemento pertencente a uma espécie é um *indivíduo* ou *organismo*.

Um conjunto de indivíduos de uma espécie, vivendo em determinado ambiente em determinada época, constitui uma **população**. Por exemplo, a população de micos-leões-dourados da Mata Atlântica em 2010.

Assim, as populações de micos-leões-dourados, de mono-carvoeiros, de jacarés-de-papo-amarelo, de tucanos, das diversas espécies de minhocas, ou de orquídeas, de samambaias, juntamente com as populações de outras espécies vegetais, animais e de microrganismos, constituem a **comunidade** da Floresta Atlântica.

Lembre-se!

A comunidade é o componente **biótico** do ecossistema. Já os componentes não vivos representam a porção **abiótica**.

Jogo rápido

População e comunidade são dois conceitos relacionados a conjuntos de seres vivos. Qual a diferença entre esses conceitos?

Do indivíduo à biosfera; graus crescentes da organização da natureza.

VAGNER COELHO/acervo da editora

Indivíduo: cada um dos elementos pertencentes a determinada espécie.

População: conjunto de indivíduos da mesma espécie, vivendo em determinado ambiente, em determinada época.

Comunidade: conjunto de todas as espécies, ou de todas as populações, que vivem em determinado ambiente. É a parte biótica do ambiente.

Ecossistema: conjunto formado pelos seres vivos (parte biótica) da comunidade e pelos componentes não vivos (parte abiótica) do ambiente.

LIGHTWISE/PANTHERMEDIA/KEYDISC

Biosfera: reunião de todos os ecossistemas do planeta Terra.

Um "endereço" e uma "profissão" para cada espécie

Se você quisesse ver os micos-leões-dourados na Mata Atlântica, teria que olhar para o topo das árvores mais altas. Esse é o "endereço" deles, é o local onde eles residem. Dizendo de outro modo, a copa das árvores é o **habitat** dos micos-leões-dourados.

Em muitos locais da Mata Atlântica, essas mesmas árvores também podem servir de residência para outros animais, como, por exemplo, os macacos muriquis-do-sul, também conhecidos como mono-carvoeiros. Quer dizer, os mono-carvoeiros podem ocupar o mesmo *habitat* dos micos-leões-dourados.

No entanto, há algumas diferenças no comportamento entre essas duas espécies de macacos, entre elas as relacionadas ao tipo de alimentos que consomem. Podemos dizer, então, que essas duas espécies possuem **nichos ecológicos** diferentes. Do mesmo modo que dissemos que o *habitat* pode ser considerado o "endereço" de uma espécie, o *nicho ecológico* representa a "profissão" ou, ainda, o modo de viver da espécie no seu ambiente.

> ### Lembre-se!
>
> ✓ *Habitat* é o local de vida dos indivíduos de determinada espécie.
>
> ✓ *Nicho ecológico* é o papel ou "profissão" ou modo de viver dos organismos de uma espécie em seu ambiente.
>
> Assim, em resumo, toda espécie possui um *habitat* ("endereço") e exerce determinado papel ("profissão") no ecossistema em que vive.

O mico-leão-dourado (à esquerda) e o mono-carvoeiro (à direita) ocupam frequentemente o mesmo *habitat* (a copa das árvores) no ecossistema em que vivem. Porém, suas fontes de alimento não são as mesmas, isto é, o modo como atuam (nicho ecológico) no ecossistema é diferente.

ANDY HUNGER/PANTHERMEDIA/KEYDISC

FABIO COLOMBINI

DE OLHO NO PLANETA

Meio Ambiente

Mata Atlântica, um ambiente exuberante

Distribuição da Mata Atlântica (por volta de 1500)

Distribuição da Mata Atlântica (atual)

ESCALA
0 1.166 2.332
km

ESCALA
0 1.166 2.332
km

FABIO COLOMBINI

Mapas: STELLA RIBAS/acervo da editora

Dê uma olhada nos mapas da página anterior. Neles estão destacadas a distribuição da Mata Atlântica em nosso país, em dois períodos: na época do Descobrimento (em 1500) e nos dias de hoje. Observe que a Mata Atlântica está presente em vários estados brasileiros, desde o Rio Grande do Norte até o Rio Grande do Sul. Nela vivem os micos-leões-dourados, os muriquis (mono-carvoeiros), as suçuaranas (também conhecidas como onças-pardas), tucanos, árvores de pau-brasil, quaresmeiras e jacarandás-da-baía, além de muitas, mas muitas outras espécies animais e vegetais. Costuma-se dizer que algumas espécies são **endêmicas** (do grego, *endemos* = originário de uma região, de um país) ou, dizendo de outro modo, que são exclusivas daquela região. É o caso do mico-leão-dourado, que é uma espécie endêmica da Mata Atlântica. A Floresta Atlântica é uma das mais ricas em biodiversidade do planeta.

No entanto, infelizmente, o que resta da Mata Atlântica hoje é apenas cerca de 7% do que existia originalmente. Para você ter uma ideia de quanto isso significa, faça a atividade proposta a seguir.

> **Biodiversidade:** é a riqueza em espécies de seres vivos de uma região ou país.

ENTRANDO EM AÇÃO!

Consiga 100 cartões coloridos, de formatos e cores diferentes. Espalhe todos os cartões sobre uma mesa. Em seguida, retire 93 deles, tomando o cuidado de não retirar todos de um só local. Retire-os do meio, da esquerda, da direita, e assim por diante, até restarem apenas 7 cartões.

Pois bem, essa é uma forma de você perceber o quanto a Mata Atlântica foi devastada: temos atualmente apenas 7% de sua cobertura original, os chamados remanescente florestais, espalhados em vários estados brasileiros.

Claro que essa destruição significa uma grande perda de biodiversidade. Significa a redução do *habitat* do mico-leão-dourado e de outras espécies, que são hoje consideradas "criticamente ameaçadas de extinção".

> **Criticamente ameaçada de extinção:** espécie que se encontra sob risco extremamente alto de extinção.

> **Remanescente:** aquilo que sobrou.

EM CONJUNTO COM A TURMA!

1. Reúna seu grupo de estudos e pesquise alguns motivos que levaram nosso país a perder tamanha extensão de Floresta Atlântica.
2. Discuta com seu grupo sobre o que poderia ser feito para preservar o que resta da Mata Atlântica e sugiram uma medida possível de ser implantada.
3. Organize junto com seus colegas e com o auxílio dos seus professores uma exposição com cartazes e fotos de animais e vegetais típicos da Floresta Atlântica.

DE OLHO NO PLANETA

Sustentabilidade

E por falar em extinção...

Ele é o único mamífero aquático herbívoro, assim considerado porque se alimenta de plantas aquáticas e folhas em geral. É popularmente conhecido como peixe-boi amazônico, e vive em alguns rios dessa região. Trata-se de uma espécie ameaçada de extinção. Registros históricos revelam que desde o ano de 1600 é caçado para se aproveitar sua pele, carne e gordura. Acredita-se que tenham sido mortos cerca de 200 mil peixes-bois entre 1935 e 1954, principalmente devido à procura de seu couro (pele), de alta resistência e muito utilizado na fabricação de mangueiras e correias para a indústria. Recentemente, uma pesquisa efetuada pelo INPE (Instituto Nacional de Pesquisas Espaciais), na Amazônia, relatou a ocorrência de migrações anuais dessa espécie. Os animais deixam os lagos que periodicamente secarão, na região do Rio Solimões, e se refugiam nas águas escuras e mais protegidas do Lago Amanã, próximo à Reserva de Desenvolvimento Sustentável Mamirauá, local em que ficam mais protegidos dos jacarés e dos pescadores. Esse e outros estudos, aliados às fiscalizações efetuadas por outras organizações, prometem promover a conservação dessa espécie.

Adaptado de: VIANNA, J. A. *et al.* Peixes-bois, esforços de conservação no Brasil. *Ciência Hoje*, Rio de Janeiro, v. 39, n. 230, set. 2006, p. 32.
BALAZINA, A. Tecnologia revela migração de peixe-boi na Amazônia. *Folha de S.Paulo*, São Paulo, 7 set. 2008. Caderno Ciência, p. A26.

Peixe-boi (*Trichechus inunguis*), mamífero aquático herbívoro da Amazônia, mede entre 2 e 2,80 m.

GREG AMPTMAN/SHUTTERSTOCK

■ O nome científico de cada espécie

Nos textos de livros, revistas e jornais, muitas vezes você encontrará os nomes populares dos seres vivos (animais, vegetais etc.) acompanhados de duas palavras escritas em latim, impressas com letra diferente (por exemplo, em itálico). Essas duas palavras compõem o chamado **nome científico** da espécie. *Homo sapiens*, por exemplo, é o nome científico da espécie humana.

Essa forma de nomear as espécies foi criada no século 18, por volta do ano de 1750, por um jovem botânico sueco de nome Karl von Linné ou, simplesmente, Lineu. A intenção era facilitar a comunicação entre os cientistas de qualquer parte do mundo, que passariam a utilizar o mesmo nome científico ao se referirem a cada uma das diferentes espécies de seres vivos conhecidas e classificadas até então, evitando, assim, possíveis confusões. Nesse momento, você poderia indagar: "Mas, por que usar o latim?". São dois os motivos: o primeiro é que, no tempo de Lineu, o latim era a língua de comunicação apenas entre os intelectuais (religiosos, professores, filósofos, médicos). O segundo é que, sendo o latim uma língua morta, não estava sujeita às modificações que todas as línguas vivas sofrem com o passar do tempo. Assim, as palavras usadas na nomenclatura científica nunca precisariam ser alteradas. Vamos analisar os seguintes exemplos:

> *Canis familiaris* (cão doméstico)
> *Canis lupus* (lobo)
>
> *Felis catus* (gato doméstico)
> *Felis silvestris* (gato selvagem)

Língua morta: é aquela que não mais está em uso pelos povos, ou seja, não há nenhum país que, atualmente, utilize essa língua em seu dia a dia.

Nesses dois grupos de animais, a primeira palavra, *Canis* ou *Felis*, indica o **gênero**, isto é, um agrupamento de espécies semelhantes ao qual o ser vivo pertence e sempre deve ser escrito com letra inicial maiúscula. Cães e lobos apresentam mais semelhanças ou características em comum se comparados a gatos e onças. Por isso, os primeiros foram reunidos em um mesmo gênero, *Canis*, enquanto os outros, no gênero *Felis*. A segunda palavra – *familiaris*, *lupus*, *catus*, *silvestris* – indica a **espécie** a que queremos nos referir dentro de certo gênero.

Mas fique atento! Na nomenclatura científica, a segunda palavra, isoladamente, não tem significado algum. Para designar uma espécie de ser vivo, essa palavra sempre deverá ser escrita junto à primeira palavra, aquela que indica o gênero.

AMMIT JACK/SHUTTERSTOCK

FOTOS: PANTHERMEDIA/KEYDISC

■ Um conceito muito importante

Ao ler estas páginas, você percebeu que os seres vivos da biosfera terrestre não vivem isolados, pois eles interagem uns com os outros e com o ambiente em que vivem. Ao estudo dessas interações chamamos **Ecologia**. O termo ecologia (do grego, *oikos* = casa, ambiente + *logos* = estudo) foi proposto pelo naturalista alemão Ernest Haeckel, em 1869, e pode ser simplificadamente definido como "o estudo de seres vivos em sua casa" ou "o estudo das relações entre os organismos e deles com o ambiente em que vivem" ou, ainda, "o estudo dos ecossistemas".

Aquecimento global: a Terra está esquentando mesmo?

Na certa, você já ouviu falar que o *aquecimento global* é uma ameaça à vida na Terra. E que, como consequências dele, entre outras, a neve das montanhas e das calotas polares está derretendo mais rapidamente, as enchentes estão se tornando mais devastadoras, o nível de água dos oceanos tende a subir e boa parte da Floresta Amazônica pode se tornar um deserto. Será verdade? Afinal, o que é o tal de aquecimento global? Existe relação com o chamado **efeito estufa**?

Para muitos cientistas, existem evidências de que a temperatura da Terra está subindo. Sabe por quê? Quando a luz do Sol chega ao nosso planeta, ela atravessa a extensa camada de ar que nos envolve, uma espécie de "cobertor de gases" que forma nossa atmosfera. Ao atingir a superfície terrestre, a luz é absorvida sob a forma de calor. Ao retornar para o espaço, boa parte desse calor é aprisionado por esse "cobertor de gases" (entre eles o gás carbônico), fazendo a Terra aquecer, de modo semelhante ao que acontece com as estufas onde se cultivam plantas.

Foi precisamente esse fenômeno, o chamado *efeito estufa*, que permitiu o desenvolvimento da vida no nosso planeta. Caso contrário, se todo esse calor escapasse para o espaço, a Terra congelaria e a vida não seria possível. Acontece, porém, que o "cobertor de gases" terrestre está ficando mais espesso graças ao aumento da quantidade de gás carbônico liberado na atmosfera, em grande parte devido às atividades humanas. Com isso, mais calor é retido e a Terra, como uma estufa, está ficando cada vez mais quente.

■ EM CONJUNTO COM A TURMA!

A *temperatura* na Terra tem aumentado nos últimos anos e isso pode trazer muitos prejuízos para a nossa biosfera. Uma das causas desse aquecimento é a grande quantidade de gás *carbônico* que vem sendo liberada na atmosfera, principalmente devido a várias atividades humanas. Pesquise, com seus colegas, que tipos de atividades humanas são responsáveis pela grande liberação de gás carbônico na atmosfera. Verifiquem se há outros gases relacionados ao efeito estufa e, em caso afirmativo, qual o nome e origem de, pelo menos, um desses gases.

Efeito estufa.
Da radiação solar que atinge a superfície de nosso planeta, parte é absorvida (A), parte é totalmente refletida (B). Uma boa porção refletida, porém, é bloqueada pelas nuvens e gases (C), aquecendo ainda mais o nosso planeta.

YULIA GLAM/SHUTTERSTOCK

nuvens e gases do efeito estufa na atmosfera

GRASIELE FAVATTO/acervo da editora

atmosfera

C   A   B

ASE/SHUTTERSTOCK

raios infravermelhos

A camada de CO_2 atmosférico atua como o vidro das paredes de uma estufa.

JAN MARTIN WIL/SHUTTERSTOCK

Com o aquecimento da Terra, há o risco de degelo de parte das calotas polares.

Nosso desafio

Para preencher os quadrinhos de 1 a 13, você deve utilizar as seguintes palavras: abióticos, biosfera, bióticos, comunidade, ecossistemas, efeito estufa, esfera, espécie, gases, indivíduos, populações, Terra, vida.

À medida que você preencher os quadrinhos, risque a palavra que você escolheu para não usá-la novamente.

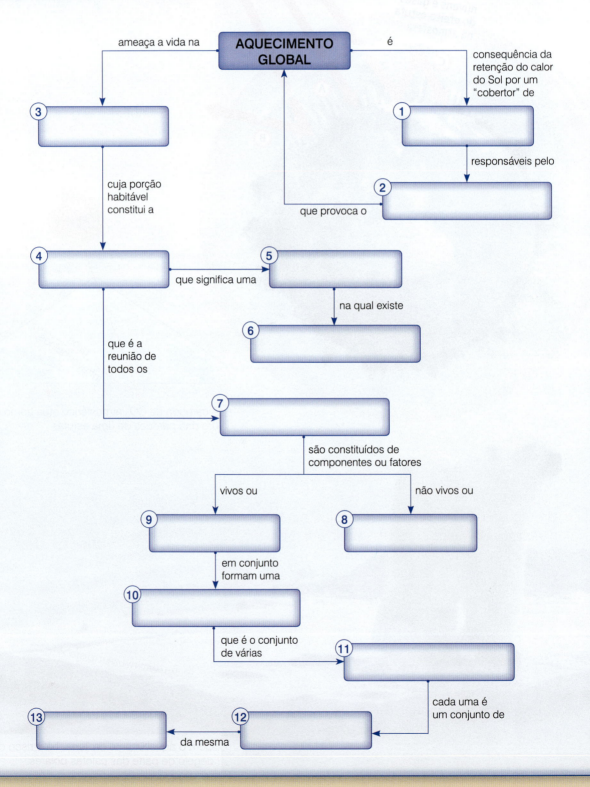

Atividades

1. Considere os itens a seguir:

   I. Conjunto de todos os ecossistemas do planeta Terra.

   II. A interação entre a parte viva (ou parte biótica) e os componentes não vivos (parte abiótica) de determinado ambiente terrestre.

   a. Qual desses itens se refere à biosfera?

   b. Qual se refere especificamente a um ecossistema? Justifique a sua resposta.

2. O peixe-boi amazônico pertence à espécie *Trichechus inunguis*, encontrada em rios da região amazônica. Utilizando as informações deste capítulo, responda:

   a. Qual o significado de espécie, relativamente aos seres vivos? Utilize o exemplo do peixe-boi amazônico para elaborar a sua resposta.

   b. Qual foi a intenção dos cientistas ao proporem um nome científico para as espécies em lugar de serem utilizados apenas nomes populares, como, por exemplo, peixe-boi amazônico?

   c. Cite o nome científico das espécies às quais pertencem o cão doméstico e o gato doméstico.

3. Considere os itens a seguir:

   I. Conjunto de todas as árvores de pau-brasil (*Caesalpinia echinata*) existentes na região da cidade de Ilhéus, sul do Estado da Bahia, no ano de 2013.

   II. Um aquário contendo peixes, plantas e caramujos de várias espécies, em interação com os componentes não vivos, em perfeito equilíbrio, em local iluminado.

   III. Conjunto dos bois, gafanhotos, carrapatos e plantas de capim vivendo em uma área de pastagem, no ano de 2013.

   a. Qual dos itens se refere ao conceito de população? Justifique a sua resposta.

   b. Qual dos itens de refere a uma comunidade? Justifique a sua resposta.

   c. Qual dos itens se refere a um ecossistema? Justifique a sua resposta.

4. Em um ramo de determinada planta, encontram-se alguns jovens gafanhotos, que se alimentam das folhas da planta, e uma aranha, que se alimenta de alguns desses gafanhotos.

   Em relação aos conceitos de *habitat* e nicho ecológico, e considerando a afirmação acima, pode-se dizer que eles são os mesmos para os gafanhotos e para a aranha? Justifique sua resposta.

5. O Brasil é um país dotado de grande diversidade de seres vivos, o que pode ser constatado, por exemplo, ao se verificar as inúmeras espécies que existem nas Florestas Amazônica e Atlântica. Então, o que é biodiversidade?

6. Um criador de determinada espécie de coelhos registrou em uma tabela (veja abaixo) o número de animais que havia em seu criadouro durante os anos de 2003 a 2013. Na primeira coluna da tabela estão apontados os anos em que as contagens foram feitas e, na segunda, estão registrados os números desses animais.

Ano	Número de coelhos
2003	10
2004	25
2005	45
2006	80
2007	110
2008	135
2009	170
2010	37
2011	51
2012	80
2013	93

Analise a tabela e responda às perguntas:

a. Qual foi o ano em que o número de coelhos foi maior no criadouro? Nesse ano, quantos animais viviam ali?

b. O conjunto de coelhos existente no criadouro constitui uma população ou uma comunidade? Justifique a sua resposta.

7. O Aquário Municipal de Santos, Estado de São Paulo, recebe, todos os anos, vários pinguins-de-magalhães (da espécie *Spheniscus magellanicus*), que se deslocam até o Brasil, acompanhando a migração de uma das espécies de peixes de que se alimentam.

O gráfico (A) mostra o número de pinguins dessa espécie recebidos pelo Aquário de Santos entre 1998 e 2006 e o (B) mostra regiões do litoral paulista e quantos desses animais aí chegaram, no mesmo período.

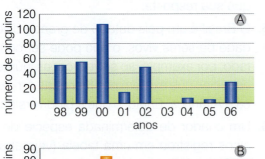

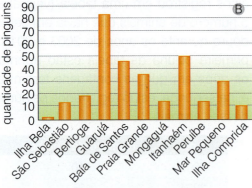

MÔNICA ROBERTA SUGUIYAMA/acervo da editora

Fonte: Ciência Hoje, Rio de Janeiro, n. 245, p. 54, jan./fev. 2008.

Analisando os gráficos, responda:

a. Em que ano o número de pinguins-de-magalhães recebidos pelo Aquário de Santos foi maior?

b. Em que região do litoral de São Paulo os pinguins-de-magalhães mais chegaram?

8. Muitos cientistas acreditam que, atualmente, a Terra está passando por um período de aquecimento semelhante ao que ocorre com uma estufa de plantas, com teto e paredes de vidro, durante um dia ensolarado. Para esses cientistas, a *estufa Terra* está se aquecendo em demasia, mais do que em períodos anteriores, que permitiram o desenvolvimento de vida em nosso planeta. Explique, em poucas palavras, como deve ocorrer o aquecimento da estufa de plantas durante dias ensolarados e, do mesmo modo, por que a preocupação dos cientistas pode ser justificada relativamente ao aumento do aquecimento global hoje existente na Terra.

GIANCARLO LIGORI/SHUTTERSTOCK

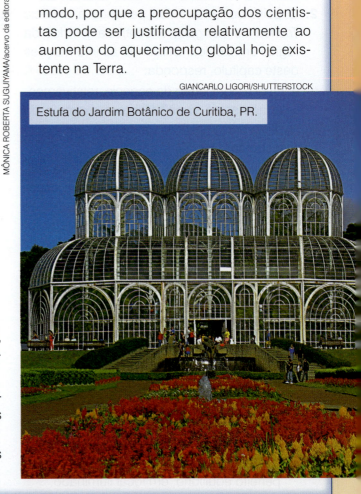

Estufa do Jardim Botânico de Curitiba, PR.

Navegando na net

Visite os sites abaixo para saber mais sobre a Mata Atlântica, sua fauna, flora e sobre os projetos para a preservação desse bioma tão importante para a humanidade.

• SOS Mata Atlântica: <http://www.sosma.org.br/>. *Acesso em*: 23 abr. 2015.

• Associação Mico-leão-dourado: <http://www.micoleao.org.br/>. *Acesso em*: 23 abr. 2015.

Alimento e energia nos ecossistemas

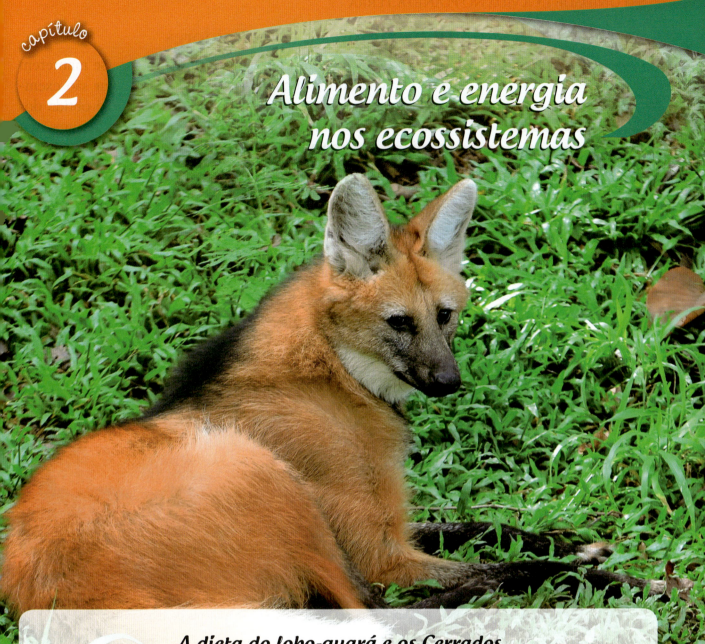

A dieta do lobo-guará e os Cerrados

O Cerrado é um importante ecossistema brasileiro. Localiza-se em vários estados, entre os quais Goiás, Mato Grosso, Mato Grosso do Sul, Minas Gerais e Tocantins. Em várias áreas de Cerrado vive o lobo-guará, um dos animais-símbolo dessas regiões.

É um animal solitário na maior parte do ano, excetuando-se a época da reprodução, quando ocorre a formação de casais. De sua alimentação fazem parte derivados vegetais, entre eles os frutos de um arbusto conhecido como lobeira. Mas também se alimenta de gafanhotos, grilos, rãs, lagartos e pequenos roedores semelhantes a camundongos.

O problema para o lobo-guará é que o Cerrado é um dos ecossistemas mais devastados do nosso país. E, como o alimento consumido por ele encontra-se, em sua maior parte, no Cerrado, a devastação desse ecossistema coloca em risco a sobrevivência desse animal, que, por isso, já está ameaçado de extinção.

Neste capítulo, veremos como as plantas aproveitam a energia do Sol para a produção de alimento. Ao mesmo tempo, conheceremos a trajetória da energia contida nos alimentos produzidos pelas plantas ao longo das cadeias alimentares, das quais participam animais como o nosso lobo-guará.

■ Produtores e consumidores

Todos os animais precisam de alimento para se manterem vivos. Andar, correr, subir nas árvores, pular e voar são exemplos de atividades que exigem muita energia, que é obtida dos alimentos consumidos por esses animais. Por isso, dizemos que os animais são **consumidores** de alimentos, que lhes fornecem energia para realizar inúmeras atividades, incluindo a construção do seu próprio corpo.

E as plantas, como conseguem energia para se manterem vivas? Elas utilizam a energia da luz do Sol, e produzem alimentos a partir do gás carbônico, que retiram do ar, e da água que, em geral, retiram do solo. Por isso, podemos dizer que as plantas são **produtoras** de seu próprio alimento orgânico.

> **Fique por dentro!**
>
> O **ar** é composto por vapor-d'água e uma mistura de gases: 78% de nitrogênio, 21% de oxigênio e 1% de outros gases, como o gás carbônico (também chamado de dióxido de carbono).

Nos ecossistemas, vegetais verdes são *produtores* de seu próprio alimento a partir da energia da luz do Sol, gás carbônico e água. Animais como a paca, que se alimenta de vegetais, e o gavião, que se alimenta de outros animais, são *consumidores*.

Quem aproveita os restos de plantas e animais?

Folhas, galhos que caem das árvores, frutas e sementes que não são aproveitadas, bem como fezes e outros restos liberados pelos animais, ainda contêm grande quantidade de nutrientes.

Os restos de animais e de plantas servem de alimento para inúmeras bactérias e fungos microscópicos. Essas bactérias e os fungos microscópicos são os grandes "desmanchadores" das sobras orgânicas produzidas por todos os seres vivos. Bactérias e fungos são, por isso, chamados **decompositores**. Além de aproveitarem os nutrientes existentes nesses restos e extrair deles a energia que contêm, ao executarem sua atividade, as bactérias e os fungos devolvem para o ambiente várias substâncias minerais (por exemplo, as que contêm fósforo, nitrogênio, sódio, potássio e cálcio), que poderão ser reaproveitadas pelas plantas. Fecha-se, assim, um ciclo que envolve *produção*, *consumo* e *decomposição*, com a reutilização contínua de várias substâncias existentes no ambiente.

É SEMPRE BOM SABER MAIS!

Bactérias e fungos: o retorno de substâncias minerais para o meio

Bactérias são seres microscópicos que vivem em praticamente qualquer ambiente da Terra. Embora muitas causem doenças no homem (por exemplo, a tuberculose), a grande maioria, ao efetuar a decomposição da matéria orgânica, possui extraordinária importância no retorno, para o meio, das substâncias inorgânicas (ou minerais), como o nitrogênio, o fósforo e o cálcio que fazem parte do corpo dos seres vivos.

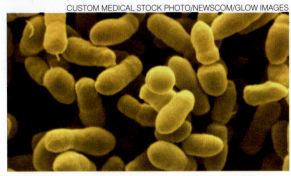
CUSTOM MEDICAL STOCK PHOTO/NEWSCOM/GLOW IMAGES

Bactérias que causam o apodrecimento de batatas, cenouras e outros vegetais (espécie *Erwinia carotovora*). (Imagem ampliada 30.300 vezes, vista ao microscópio eletrônico. Colorida artificialmente.)

Os **fungos** são seres microscópicos ou macroscópicos que, a exemplo das bactérias, são importantes agentes que efetuam a decomposição da matéria orgânica que existe nos restos de seres vivos, atividade que contribui igualmente para o retorno, ao meio, das substâncias inorgânicas. São exemplos de fungos os cogumelos, as orelhas-de-pau e diversos tipos de bolores. Algumas espécies de fungos causam doenças conhecidas por micoses.

MARGARITTA REHM/
PANTHERMEDIA/KEYDISC

Cogumelos e bolores são fungos que vivem às custas da decomposição da matéria orgânica sobre a qual se instalam.

OLGA POPOVA/PANTHERMEDIA/KEYDISC

As plantas fazem fotossíntese

As plantas presentes na biosfera produzem seu próprio alimento por meio de um processo químico chamado **fotossíntese** (= produção a partir da luz).

A luz do Sol é uma forma de energia que, ao atingir as folhas dos vegetais, é absorvida por uma substância de coloração verde chamada **clorofila**. Em presença do gás carbônico e da água, as plantas utilizam essa energia na produção de um tipo de açúcar simples, a **glicose**, além de gás oxigênio. A glicose, então, é a substância que armazena a energia fornecida pela luz do Sol. Boa parte da glicose é usada como nutriente para as próprias plantas; o restante irá, por exemplo, para um beija-flor ao alimentar-se do néctar das flores, para um lobo-guará

Fique por dentro!

Por produzirem o próprio alimento que consomem, as plantas são seres vivos chamados de **autótrofos** (do grego, *autos* = = próprio + *trophe* = alimento). Os animais, que são consumidores de alimentos produzidos pelas plantas ou fornecidos por outros animais, são conhecidos como **heterótrofos** (do grego, *hetero* = outro, diferente + + *trophe* = alimento; isto é, "que se alimenta de outro").

Descubra você mesmo!

As plantas mergulhadas em um aquário costumam soltar pequenas bolhas. Qual a origem dessas bolhas? A partir do que aprendemos neste capítulo, o que aconteceria se cobríssemos o aquário com um cobertor que impedisse a passagem de luz para as plantas?

ao ingerir os frutos da lobeira, ou para um gafanhoto que se alimenta das folhas das plantas.

O processo da fotossíntese costuma ser representado por meio de uma reação química simplificada:

Reação simplificada do processo de fotossíntese. O gás carbônico combina-se com a água, em presença de luz e clorofila, para formar glicose e oxigênio.

ESTABELECENDO CONEXÕES

Cotidiano

É verdade que faz mal dormir com plantas no quarto?

Você já ouviu falar sobre este mito? Algumas pessoas acreditam que dormir com plantas no quarto pode fazer mal à saúde e causar falta de ar, pois as plantas, assim como todos os outros seres vivos, respiram e consomem o oxigênio do ar. A verdade é que não há prejuízo algum em se manter plantas em um quarto durante a noite, principalmente se as plantas forem apenas dotadas de folhas, sem a presença de flores. Isso porque o consumo de oxigênio para a respiração das plantas é pequeno, uma vez que elas são menos ativas que os animais. Se pudermos comparar, uma pessoa, no mesmo quarto, à noite, consome muito mais oxigênio e libera mais gás carbônico do que uma planta.

Porém, apesar de não fazer mal, algumas plantas devem ser evitadas para enfeitar nossos quartos. É o caso de **plantas com flores**, em especial as que liberam um odor (cheiro) forte e podem causar certo desconforto. Neste caso, é só removê-las para o ambiente externo e dormir sossegado.

■ Alimento, combustível e respiração

Gasolina e álcool são substâncias orgânicas usadas como combustíveis nos veículos automotores. Ao serem "queimados" nos motores, em presença do gás oxigênio, liberam a energia que faz os veículos se movimentarem. Claro que, ao mesmo tempo, uma boa parte da energia que o combustível libera é transformada em calor.

A reação a seguir representa, resumidamente, o que ocorre na queima de um combustível no motor de um veículo:

Os seres vivos também precisam de um "combustível", para se manterem vivos. O "combustível" é obtido dos alimentos que consomem e é "queimado", liberando a energia necessária para a vida.

Assim como a queima dos combustíveis nos automóveis depende da existência do gás oxigênio, também para a maioria dos seres vivos esse gás é necessário.

O processo realizado pela maioria dos seres vivos na "queima" dos combustíveis é a **respiração**. Nesse processo, eles consomem oxigênio e glicose e liberam gás carbônico, reutilizado pelas plantas na fotossíntese, fechando-se o ciclo, como mostra o esquema a seguir.

> **Lembre-se!**
>
> A glicose que consumimos é "queimada" nas células do nosso corpo, como, por exemplo, nas células musculares, fornecendo a energia que faz com que nossos músculos se contraiam e movimentem o corpo.

glicose + oxigênio → gás carbônico + água + energia

Reação simplificada do processo de respiração: a glicose reage com o oxigênio e decompõe-se em gás carbônico e água, liberando grande quantidade de energia.

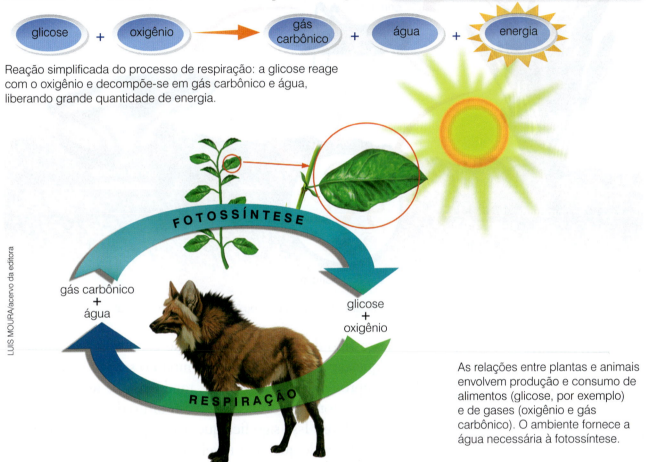

FOTOSSÍNTESE

gás carbônico + água

glicose + oxigênio

RESPIRAÇÃO

LUIS MOURA/acervo da editora

As relações entre plantas e animais envolvem produção e consumo de alimentos (glicose, por exemplo) e de gases (oxigênio e gás carbônico). O ambiente fornece a água necessária à fotossíntese.

■ As cadeias alimentares e os caminhos da energia

Agora que você conhece o significado de seres **produtores**, **consumidores** e **decompositores**, fica fácil entender o que é uma **cadeia alimentar**.

Em qualquer ecossistema, a energia solar absorvida pelos seres autótrofos clorofilados, isto é, os produtores, é armazenada nos alimentos que eles produzem. Parte dessa energia é utilizada por eles mesmos, para sua sobrevivência, e outra parte é passada para os consumidores e decompositores. Ao se alimentar das folhas de uma planta, um gafanhoto é um **consumidor primário** ou **consumidor de primeira ordem**, pois se alimenta diretamente de um ser autótrofo.

Se um gafanhoto servir de alimento para um sapo, então o sapo é um **consumidor secundário** ou de **segunda ordem**, já que se alimenta de um consumidor primário. Na natureza existem consumidores de ordens mais elevadas (terciários, quaternários).

Os restos provenientes das plantas, dos gafanhotos e dos sapos são aproveitados pelos decompositores. Utilizando essas quatro categorias de seres vivos (produtor, consumidor primário, consumidor secundário e decompositor), podemos montar uma **cadeia alimentar**. Cada tipo de ser vivo constitui um elo da cadeia, como representado abaixo.

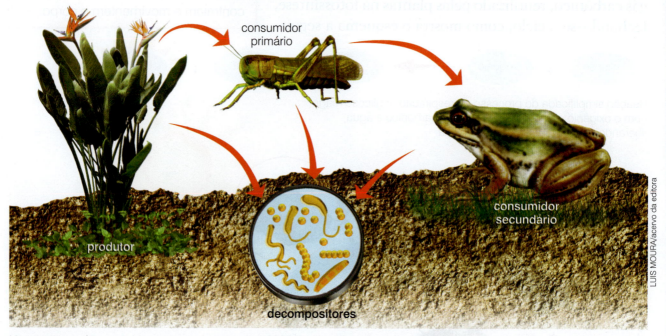

Nas cadeias tróficas ou alimentares, as flechas significam: "é comido por" ou "serve de alimento para".

LUIS MOURA/acervo da editora

Jogo rápido

Na cadeia alimentar da imagem acima, qual o nível trófico ocupado pelos decompositores?

Nesse tipo de cadeia, perceba que cada seta se origina no ser vivo que serve de alimento e termina no ser vivo que dele se utiliza ou aproveita os restos. Note, também, que as setas que se dirigem aos decompositores se originam tanto do produtor como dos consumidores. Isso significa que decompositores são, portanto, consumidores de qualquer nível trófico.

Níveis tróficos, herbívoros e carnívoros

Na cadeia alimentar esquematizada anteriormente, dizemos que o produtor ocupa o primeiro **nível trófico** (alimentar). O gafanhoto, que é um consumidor primário, ocupa o segundo nível trófico. E o sapo, que é um consumidor secundário, pertence ao terceiro nível trófico.

Fique por dentro!

Existem também os seres **onívoros** (do latim, *omnis* = tudo + *voro* = devorar): são aqueles que se alimentam tanto de plantas como de animais. É o caso do lobo-guará.

É comum também chamarmos os animais de **herbívoros** ou **carnívoros**, dependendo do tipo de alimento que consomem. Assim, o gafanhoto é um herbívoro, isto é, um animal que se alimenta exclusivamente de plantas, enquanto o sapo é um carnívoro, um animal que se alimenta de outros animais. Portanto, todo herbívoro é um consumidor primário. Os carnívoros são consumidores de segunda ordem ou de ordens superiores.

Teia alimentar

Nos ecossistemas em geral, existem várias cadeias alimentares e os seres vivos podem participar de várias delas ao mesmo tempo. Dessa forma, dizemos que existe uma **teia alimentar**, que corresponde ao *conjunto de cadeias alimentares do ecossistema*, como mostra o esquema abaixo. Repare que, nessa teia, algumas espécies ocupam mais de um nível trófico. É o caso, por exemplo, do gavião, que se comporta como consumidor secundário, terciário e quaternário.

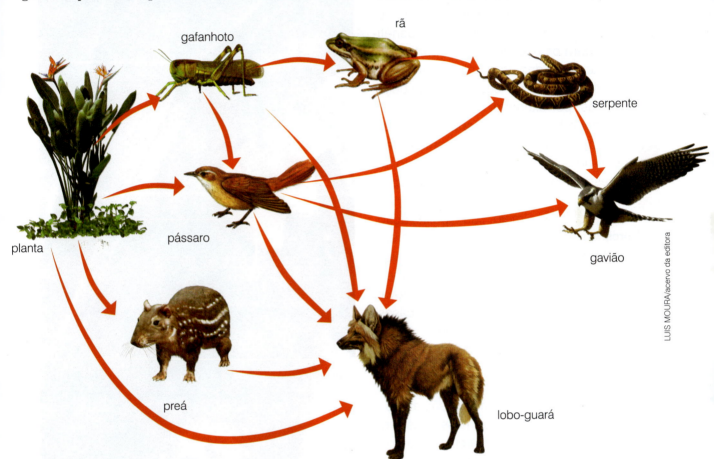

Teia alimentar é o conjunto das cadeias alimentares de um ecossistema.

EM CONJUNTO COM A TURMA!

1. Formem grupos de cinco alunos por sala de aula. Cada grupo deverá observar e anotar que tipos de seres vivos podem ser encontrados no ambiente da escola que frequentam. Por meio de figuras (recortes, desenhos) que os representem, montem cartazes com uma ou mais teias alimentares. Identifiquem os diversos níveis tróficos. Comparem e discutam os resultados com os outros grupos, ressaltando as diferenças. Embora não seja possível observar os decompositores (no solo, na terra dos vasos etc.) a olho nu, é importante incluí-los nas teias construídas.

2. Discuta a seguinte frase com a turma e elabore, por escrito, uma explicação: "Os decompositores participam de todas as etapas de uma teia alimentar".

É SEMPRE BOM SABER MAIS!

Morcegos também participam de teias alimentares

Muitas pessoas têm medo de morcegos. É um medo justificado, uma vez que algumas espécies são sugadoras de sangue de animais e podem transmitir doenças. Mas, por outro lado, inúmeras espécies de morcegos são benéficas para os ecossistemas e participam ativamente das teias alimentares. Do mesmo modo que ocorre com os beija-flores, por exemplo, que visitam flores no período diurno, há espécies de morcegos que visitam flores durante o período noturno e delas obtêm alimento, ao mesmo tempo em que auxiliam a reprodução das plantas por meio da polinização. Outras espécies são frugívoras e promovem a dispersão de sementes, que gerarão novas plantas. Nesses casos, os morcegos atuam como consumidores primários. Existem, ainda, as espécies insetívoras, que também são ativas à noite, e, nesse caso, os morcegos, além de atuarem como consumidores secundários ou terciários, ajudam a controlar o número de indivíduos das populações desses insetos.

Os morcegos também podem servir de alimento para inúmeras espécies de animais, destacando-se as cobras e as corujas, que, então, são consumidores de um nível acima do nível trófico dos morcegos. Como se pode notar, os morcegos trazem mais benefícios do que prejuízos aos ecossistemas em que são encontrados.

Adaptado de: MELLO, M. A. R. de. Morcegos e frutos, interação que gera florestas. *Ciência Hoje,* Rio de Janeiro, n. 241, p. 30, set. 2007.

> **Frugívoros:** aqueles que se alimentam de frutos.

> **Insetívoros:** aqueles que se alimentam de insetos.

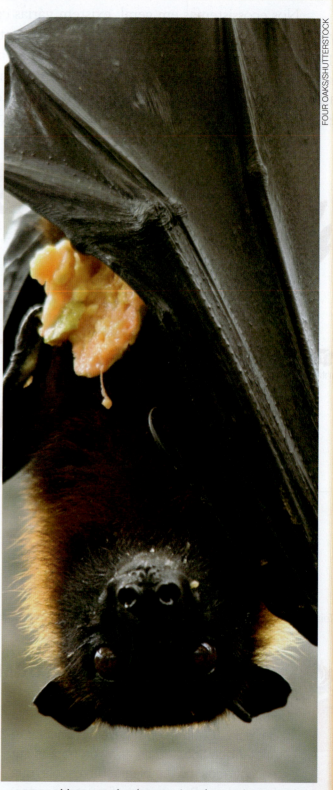

FOUR OAKS/SHUTTERSTOCK

Morcegos frugívoros e insetívoros desempenham importante papel nos ecossistemas, seja ao promover a polinização de flores, pela dispersão de sementes ou pelo controle das populações de insetos. (Na foto, morcego frugívoro comendo goiaba.)

Nosso desafio

Para preencher os quadrinhos de 1 a 9, você deve utilizar as seguintes palavras: autótrofos, cadeias alimentares, consumidores, decompositores, fotossíntese, heterótrofos, oxigênio, produtores, teias alimentares.

À medida que você preencher os quadrinhos, risque a palavra que você escolheu para não usá-la novamente.

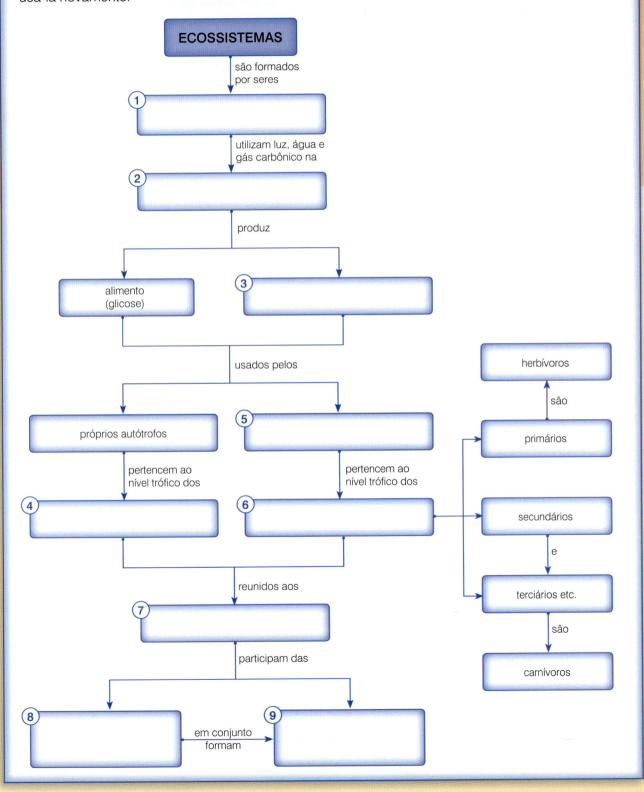

Atividades

1. Considere os itens seguintes:

I. Plantas do Cerrado fazem fotossíntese e geram o alimento necessário para a sua sobrevivência e para a de todos os demais seres vivos desse ecossistema.

II. Gafanhotos se alimentam das folhas de algumas espécies de plantas do Cerrado.

III. Sapos se alimentam de gafanhotos.

IV. Bactérias e fungos aproveitam os restos alimentares liberados por todos os seres vivos do Cerrado e devolvem para o solo várias substâncias minerais que existem nesses restos.

a. Que seres relacionados nos itens acima são considerados produtores, consumidores e decompositores?

b. Cite as duas substâncias essenciais (um gás e um líquido) e a fonte de energia utilizada pelas plantas para realizar a fotossíntese.

2. Observe a cadeia alimentar a seguir esquematizada:

a. Qual o nível trófico ocupado pelos gafanhotos dessa cadeia alimentar?

b. Qual o nível trófico ocupado pelos sapos nessa cadeia alimentar?

c. Imaginando que serpentes se alimentem de sapos, qual será o nível trófico por elas ocupado nessa cadeia alimentar?

d. Escreva, em poucas palavras, o significado de cadeia alimentar.

3. Com relação aos participantes da cadeia alimentar esquematizada na questão anterior:

a. Que seres são considerados autótrofos? Explique por que, em poucas palavras.

b. Que seres são considerados heterótrofos? Explique por que, em poucas palavras.

4. Nos lagos da região amazônica vivem peixes como o tambaqui, o tucunaré e o pirarucu (conhecido como "bacalhau amazônico"). Nas margens dos lagos vive a palmeira jauari, cujos frutos que caem na água são comidos pelos tambaquis. Filhotes de tambaqui servem de alimento para os tucunarés, que, por sua vez, são atacados e comidos pelos pirarucus.

a. Esquematize a cadeia alimentar formada por frutos da palmeira jauari, tucunarés, pirarucus e tambaquis.

b. A qual nível trófico pertence a palmeira jauari?

c. Quais os níveis tróficos ocupados pelos peixes tambaqui, pirarucu e tucunaré?

d. Qual dos peixes citados é herbívoro? Qual é carnívoro?

e. Imaginando que sobrem restos de frutas de jauari e dos peixes, que nível trófico aproveita o alimento existente nesses restos?

5. Considere os esquemas abaixo:

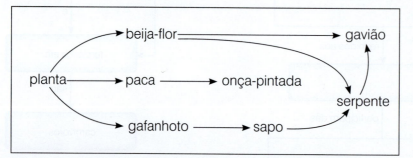

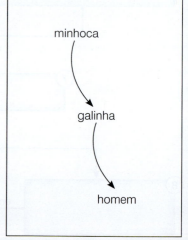

a. Qual dos esquemas representa uma cadeia alimentar?

b. Qual dos esquemas representa uma teia alimentar?

c. Escreva o que significa teia alimentar.

6. O desconhecimento do papel que alguns seres vivos desempenham nas cadeias alimentares de uma comunidade muitas vezes leva o ser humano a interferir nelas de forma negativa. Essa intervenção pode causar impactos, que provocam desequilíbrios populacionais e prejuízos econômicos.

Considere uma cadeia alimentar formada pelos elementos milho, roedores e serpentes.

Serpentes se alimentam de roedores, que destroem plantações de milho. O que aconteceria com as populações de roedores e de milho (*Zea mays*) caso as populações de serpentes fossem eliminadas em um ecossistema do qual a cadeia acima fizesse parte? Elabore uma resposta que contenha os termos produtores, consumidores primários e consumidores secundários.

7. Em uma teia alimentar, que animais são considerados onívoros? Cite exemplos.

8. No Cerrado brasileiro vive o lobo-guará, um dos animais símbolo desse ecossistema. O lobo-guará se alimenta dos frutos de uma planta conhecida como lobeira. Também pode se alimentar de gafanhotos (que se alimentam de folhas de plantas), de rãs (que se alimentam de gafanhotos) e de pequenos roedores (que se alimentam da vegetação rasteira que cobre o solo do Cerrado). Bactérias e fungos microscópicos se aproveitam dos restos liberados por plantas e animais, aproveitando a energia contida nesses restos.

Nesse ecossistema:

a. Qual o nível trófico ocupados pela planta lobeira e pela vegetação rasteira que serve de alimento para os roedores?

b. Quais os níveis tróficos ocupados pelos gafanhotos e roedores?

c. Qual o nível trófico ocupado pelos sapos?

d. Quais os níveis tróficos ocupados pelo lobo-guará?

e. Qual o nível trófico ocupado pelas bactérias e fungos?

---

9. Considere a teia alimentar a seguir esquematizada.

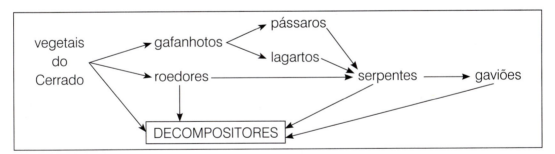

a) Reconheça os níveis tróficos dos vegetais e animais participantes da teia.

b) Qual o papel dos decompositores nessa teia alimentar?

As relações entre os seres vivos nos ecossistemas

Ninguém vive bem sozinho

Os índios carajás habitam a região da bacia do Rio Araguaia, que abrange os Estados de Goiás, Mato Grosso, Tocantins e Pará. Há divisão de tarefas entre homens e mulheres. Em geral, elas cuidam da casa, dos filhos e da confecção de artesanato e utensílios domésticos; os homens constroem casas, fazem canoas, cuidam da roça, caçam e pescam. A pesca é a principal atividade econômica e de subsistência do grupo.

A tradição carajá é repleta de festas que têm relação direta com a disponibilidade de alimento, representado principalmente pela tartaruga-da-amazônia e pelo tracajá. Esses répteis têm importância econômica e social na Amazônia, pois sua carne, órgãos internos, gorduras e ovos são consumidos por diversas populações de pescadores, ribeirinhos e grupos indígenas.

Os índios conhecem muito bem esses animais e o seu ciclo de vida. A pesca é de subsistência e se restringe à estação seca. Evita-se a exploração excessiva dos animais, tornando harmoniosa a relação entre eles. A proteção desses animais é importante não só para a conservação da biodiversidade, mas também para a manutenção de uma importante fonte alimentar e de um elemento cultural extremamente valioso.

Adaptado de: SALERA Jr., G.; MALVASIO, A.; GIRALDIN, O. Relações cordiais. *Ciência Hoje*, Rio de Janeiro, v. 39, n. 226, p. 61-63, maio 2006. *Disponível em:* <http://www.recantodasletras.com.br/artigos/275873>. *Acesso em:* 25 abr. 2015.

Neste capítulo, você conhecerá as principais relações entre os seres vivos dos ecossistemas, tanto aquelas que ocorrem entre organismos da mesma espécie ou entre organismos de espécies diferentes.

■ A união faz a força

Toda vez que uma escola promove uma feira cultural ou científica, os estudantes participam do evento e se envolvem na sua organização. Cada um faz a sua parte, mas uns ajudam os outros, interagindo intensamente no sentido de que tudo dê certo. Mesmo que ocorra uma competição entre as equipes, ela é saudável e, por fim, a satisfação é de todos. Afinal, os visitantes, seus pais, amigos e professores poderão perceber que o bom *relacionamento social* é uma das chaves do sucesso de qualquer atividade coletiva. É nessa hora que se estabelecem as amizades sólidas, que nunca mais serão esquecidas, não é mesmo?

Na natureza, é comum a união de indivíduos na execução de tarefas que beneficiem o conjunto. É o que se verifica, por exemplo, nas *sociedades* de abelhas formadoras de colmeia, de formigas e de cupins.

Veja, a seguir, o esquema geral das relações que ocorrem entre seres vivos nos ecossistemas:

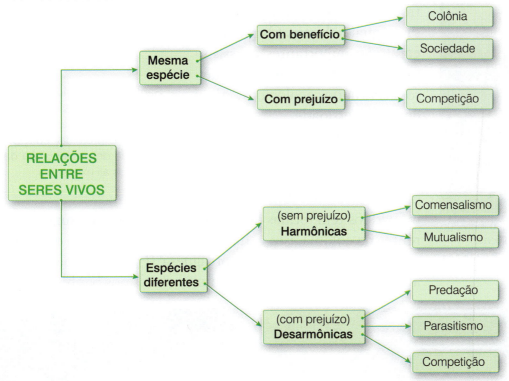

Fique por dentro!

Nas abelhas formadoras de colmeia há divisão de trabalho. O rendimento é maior do que se cada indivíduo realizasse sozinho todas as funções que lhe garantem a vida, como você verá mais adiante.

PANTHERMEDIA/KEYDISC

■ Relações entre seres vivos da mesma espécie

Colônias, **sociedades** e **competição** são modalidades de interação entre indivíduos da mesma espécie.

Colônias

WILLY BRÜCHLE/PANTHERMEDIA/KEYDISC

Em uma colônia, os indivíduos formam um conjunto coeso, permanecendo *unidos uns aos outros ou muito próximos fisicamente*. É o caso, por exemplo, dos corais formadores de recifes. Nesse caso, pequenos animais chamados **pólipos** constroem a grande formação rochosa na qual habitam. Os recifes de coral são importantes ecossistemas que representam verdadeiros santuários ecológicos, ricos em biodiversidade.

Em muitas colônias, os indivíduos são iguais anatomicamente, sem divisão de funções, como nos corais. Em outras, os indivíduos têm formas diferentes e desempenham funções diferentes na colônia, isto é, há divisão de trabalho. É o que ocorre, por exemplo, na caravela-portuguesa (*Physalia*), colônia flutuante que pode causar queimaduras graves nos banhistas.

Coeso: unido, ligado um ao outro fisicamente.

Recife: formação aquática marinha, rochosa, superficial ou submersa, geralmente próxima à costa em áreas de pouca profundidade.

Santuário ecológico: área em que a interferência humana, como a caça ou a pesca, encontra-se proibida, com a finalidade de preservação das espécies ali existentes.

Na caravela-portuguesa, o indivíduo flutuador, bastante modificado, cheio de gás, permite que a colônia seja impelida pelo vento nos mares tropicais.

JON MILNES/SHUTTERSTOCK

Os pequenos pólipos, formadores dos recifes de coral, secretam bases calcárias sobre as quais se mantêm fixos e muito unidos.

Sociedades

Agora, pense em um formigueiro de lava-pés, aquelas formigas que fazem um montinho de terra no meio de um jardim, de modo geral, depois de uma chuva. Quem já pisou em um desses formigueiros nunca mais se esquece das ferroadas doloridas!

As formigas são **insetos sociais**. Reúnem-se em grandes grupos, nos quais existe elevado grau de divisão de trabalho.

A diferença em relação à maioria das colônias é que, nesse caso, *os indivíduos não ficam fisicamente unidos* ("grudados") *uns aos outros*. O que vale é o *comportamento* coletivo de defesa, obtenção de alimento, manutenção do *habitat* e sobrevivência do grupo.

Nesses insetos sociais, os indivíduos formam "castas" ou "categorias sociais", cada qual desempenhando uma tarefa que garante o sucesso do conjunto. Vamos ver alguns exemplos? As *rainhas* têm função reprodutora e dos seus ovos são geradas inúmeras *operárias* estéreis (isto é, que não conseguem se reproduzir), trabalhadoras que se encarregam da obtenção do alimento e as *soldados*, que se encarregam da defesa do formigueiro. Periodicamente, surgem os machos, que fertilizarão novas rainhas e gerarão novos formigueiros. E assim, a sociedade das formigas prolifera, o grupo é bem-sucedido e a vida continua.

Formigas lava-pés.

Coletivo: que compreende ou abrange muitos indivíduos ou coisas.

Fertilizar: tornar fértil, fecundo, produtivo. No texto, o termo fertilizar foi utilizado para simbolizar a fecundação, ou seja, o encontro de gametas no organismo da fêmea.

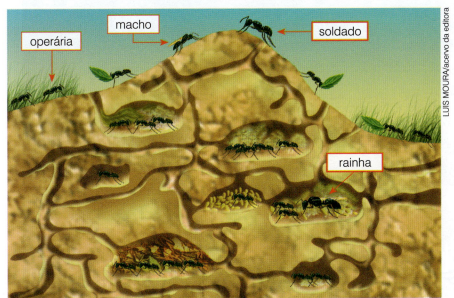

operária — macho — soldado — rainha

Indivíduos que formam as diferentes castas em uma sociedade de formigas.

EM CONJUNTO COM A TURMA!

Com seu grupo, procurem no dicionário o significado da palavra casta. Pesquisem em livros de História acerca da existência de castas em sociedades humanas atuais ou do passado.

É SEMPRE BOM SABER MAIS!

Abelhas e cupins também vivem em sociedade

O mesmo tipo de organização social das formigas existe em algumas espécies de abelhas que formam colmeias, e nos cupins. Em uma sociedade de abelhas há geralmente uma única fêmea reprodutora (fértil), a *abelha rainha*, os machos ou *zangões*, cuja função é fecundar a rainha durante o voo nupcial, e as *operárias*, fêmeas estéreis, isto é, incapazes de se reproduzir, responsáveis por várias funções necessárias à manutenção da colmeia: limpeza, alimentação das larvas e da rainha, secreção da "geleia real" produção de cera, defesa, coleta de alimento (pólen e néctar).

Os cupins, muitos dos quais constroem imensas "moradias" coletivas conhecidas como "murundus" (que se destacam nos cerrados brasileiros como se fossem pequenos morros acima do solo), também são insetos que organizam sociedades. Do mesmo modo que acontece com as formigas e as abelhas de colmeias, ocorrem castas. Resumindo, formigas, abelhas de colmeias e cupins, por se organizarem em sociedades, são também conhecidos como **insetos sociais**.

Cupinzeiro.

Competição

Entre indivíduos da mesma espécie pode haver competição pelo alimento, abrigo, luz, pelos parceiros no acasalamento, pela liderança no grupo. Você já deve ter notado, por exemplo, filhotes de cães disputando alimento durante a amamentação.

Descubra você mesmo!

Relacione seus conhecimentos e tente explicar por que os agricultores toda vez que plantam mudas de laranjeira deixam um espaço de pelo menos dois metros entre uma e outra.

JCB PROD/PANTHERMEDIA/KEYDISC

◼ Relações entre indivíduos de espécies diferentes

DAN EDÉSIO PINSETA

Nas relações entre indivíduos de espécies diferentes, duas situações podem ocorrer:

- quando a relação é **harmônica**, ninguém é prejudicado e há *benefício* para uma ou para as duas espécies envolvidas na relação. É o caso do *comensalismo* e do *mutualismo*;
- quando a relação é **desarmônica**, pelo menos um dos indivíduos é prejudicado. É o caso da *predação*, do *parasitismo* e da *competição entre indivíduos de espécies diferentes*.

Relações harmônicas: ninguém é prejudicado

Comensalismo

Orquídeas e bromélias são conhecidas como plantas *epífitas* (do grego *epi* = sobre + + *phyton* = planta), que crescem apoiadas em galhos elevados de árvores, obtendo, assim, melhor localização quanto à luz. As árvores não são prejudicadas, nem beneficiadas. O benefício é apenas para as *epífitas*. Esse tipo de relação, em que uma das espécies é beneficiada e a outra não é nem beneficiada, nem prejudicada, é um **comensalismo**, muitas vezes, nesse caso, também denominado de **epifitismo**.

Bromélias são plantas epífitas que podem viver como comensais sobre árvores.

Outro exemplo típico de comensalismo é o que ocorre entre tubarões e outros peixes conhecidos como *rêmoras*. As rêmoras prendem-se aos tubarões por meio de um disco adesivo localizado na cabeça e aproveitam os restos alimentares dos tubarões. Note que, por serem restos alimentares, os tubarões não são prejudicados, nem beneficiados.

Certas espécies de bactérias vivem no interior do intestino humano, aproveitando os restos alimentares disponíveis nesse ambiente. Essa é uma modalidade de comensalismo, conhecida como **inquilinismo**, em que os comensais (as bactérias) não prejudicam nem beneficiam o seu hospedeiro (no caso, o ser humano).

É SEMPRE BOM SABER MAIS!

A história das garças-boiadeiras

Na próxima vez que você fizer uma viagem a alguma região de campos, preste atenção à garça-boiadeira, da espécie *Bubulcus ibis*, de plumagem branca, que vive nos pastos brasileiros.

Toda vez que cavalos, bois ou búfalos andam pelo pasto, alimentando-se de capim, eles provocam o deslocamento de gafanhotos, grilos, aranhas e pequenos roedores, que estavam escondidos na vegetação. Quando isso acontece, as garças-boiadeiras se aproveitam dessa algazarra e se alimentam desses pequenos animais. A relação entre os animais pastadores e as garças-boiadeiras é de comensalismo. Para elas, há benefício. Para o gado, não há nem benefício, nem prejuízo.

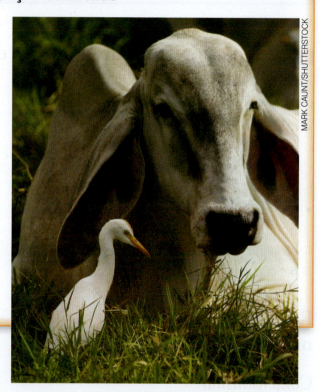

MARK CAUNT/SHUTTERSTOCK

DAN EDÉSIO PINSETA

Mutualismo

Liquens são seres vivos formados pela união de uma espécie de alga com uma espécie de fungo. Os liquens vivem sobre cascas de árvores ou rochas. O fungo fornece sais minerais e água para a alga que, em troca, lhe fornece oxigênio e alimento que ela produz por meio da fotossíntese. Esse tipo de relação é denominado **mutualismo**. As duas espécies que participam dessa relação são beneficiadas. Considera-se que esse tipo de relação é *obrigatória* para as espécies participantes, uma vez que a separação delas impossibilita a sua sobrevivência.

Nos liquens, fungos e algas vivem em mutualismo.

Outro exemplo de mutualismo é o que ocorre entre ruminantes (bois, cabras, veados) e certas espécies de bactérias que vivem no interior do estômago desses animais. O capim ingerido por eles é rico em fibras de uma substância conhecida como celulose, formada pela união de inúmeras moléculas do açúcar glicose. As bactérias digerem a celulose para os animais e liberam glicose. Em troca, as bactérias possuem um local para viver, ao mesmo tempo em que recebem outras substâncias essenciais para a sua sobrevivência. Essa interação é obrigatória para os participantes, pois não sobrevivem independentemente.

Relações desarmônicas: pelo menos uma das espécies é prejudicada

STEPHEN MCSWEENY/ PANTHERMEDIA/KEYDISC

ANDY HUNGER/PANTHERMEDIA/ KEYDISC

Predação

O lobo-guará caça pequenos roedores graças à sua grande capacidade de audição: ele percebe os ruídos que os pequenos animais fazem na vegetação. Com saltos certeiros, ele pula sobre os roedores, abocanhando-os com precisão. O lobo-guará é o predador. Os roedores são as suas presas. A **predação** (também conhecida como **predatismo**) é o tipo mais comum de relação biológica nas cadeias e teias alimentares. A ação de um predador sempre resulta na morte da presa. Gaviões, corujas, serpentes e inúmeros outros animais são predadores nos ecossistemas em que vivem.

Serpentes e gaviões são exemplos de organismos predadores.

Parasitismo

Lombriga (*Ascaris lumbricoides*):
um verme de corpo cilíndrico
que vive no intestino humano.

Pulga: um exemplo de inseto
parasita do ser humano.

Lombrigas e solitárias (tênias) são vermes que vivem no intestino de uma pessoa e consomem parte do alimento ali existente. Evidentemente, para a pessoa existe prejuízo e para esses vermes há benefício. O mesmo ocorre quando uma pulga suga o sangue de uma pessoa, ou seja, há benefício para a pulga e prejuízo para a pessoa. Esses são dois exemplos de **parasitismo**. Parasitas que vivem no interior do corpo dos seus hospedeiros são **endoparasitas** (*endo* = interno). Os que, como as pulgas, percevejos, mosquitos, carrapatos e piolhos atuam externamente, são **ectoparasitas** (*ecto* = externo).

Diferentemente do que ocorre na predação, em que o predador mata a sua presa para alimentar-se dela, o parasita deve manter o hospedeiro vivo para sobreviver. No entanto, lesões provocadas pelos parasitas podem levar o hospedeiro à morte, provocando, ou não, a morte do parasita. Essa situação é comum nas doenças cujos parasitas são microrganismos, dentre as quais a dengue (causada por vírus) e a malária (causada por protozoários), que podem ser fatais.

Competição

A competição entre indivíduos de espécies diferentes quase sempre se refere à disputa por água, luz, alimento, espaço etc. Esse tipo de interação ocorre entre herbívoros (consumidores primários) que competem pela mesma pastagem, ou entre carnívoros predadores (consumidores secundários ou terciários) que disputam as mesmas presas.

DE OLHO NO PLANETA

Meio Ambiente

Controle biológico de baratas

Quem já não teve uma reação de medo ou repulsa diante de uma barata? Antes de responder a essa pergunta, é interessante pensarmos na razão desses pequenos animais existirem em grande quantidade nas cidades e nas casas, transformando-se em verdadeiras pragas urbanas. Provavelmente, um dos motivos é a grande quantidade de lixo produzido pela sociedade moderna, que atrai não só esses, mas outros animais. Outra explicação é o desaparecimento dos predadores e parasitas que ajudavam a manter o tamanho das populações de baratas em níveis aceitáveis.

Qual a solução que a maioria das pessoas adota no sentido de evitar o aparecimento desses animais em suas casas? Se você respondeu que é o uso de inseticidas, acertou. No entanto, a maioria dos inseticidas que utilizamos é prejudicial ao meio ambiente, pois eles são tóxicos e muitas vezes podem provocar alergia, tosse e crises asmáticas, além de provocarem a morte de animais úteis. Evitar o acúmulo de lixos nas proximidades das habitações e manter a higiene dessas moradias são medidas que muito contribuem para afastar pragas urbanas.

Uma saída aceitável e eficaz é o **controle biológico**. O que é isso? É a utilização de um inimigo natural das baratas, que ajude a controlar o tamanho da população desses insetos.

Na natureza, uma espécie de vespa tem sido utilizada nesse controle, com bons resultados: a vespa-joia (*Ampulex compressa*). Ela é predadora das baratas, contribuindo para diminuir o tamanho das populações desses insetos, mantendo-as em níveis aceitáveis.

Adaptado de: FOX, E. G. P.; BRESSAN-NASCIMENTO, S. Vespas contra baratas. *Ciência Hoje*, Rio de Janeiro, v. 41, n. 246, p. 52 e 53, mar. 2008.

FLPA/AGB PHOTO

Vespa que atua no controle biológico de baratas.

Espécies invasoras, competição e ausência de predadores ou de parasitas

O caramujo africano da espécie *Achatina fulica* foi introduzido no Brasil, na década de 1980, como alternativa ao consumo de *escargot*, iguaria muito apreciada pela culinária francesa.

> **Iguaria:** comida delicada e/ou apetitosa.

Competiu com sucesso por espaço e alimento com outras espécies nativas e, como aqui não há predadores naturais para esse tipo de molusco, o seu número aumentou assustadoramente por todo o país.

Essa espécie é considerada uma praga agrícola por destruir grandes áreas de vegetação nativa e vegetais consumidos por seres humanos.

Este exemplo mostra que, nos ecossistemas, é necessário haver equilíbrio entre as populações de presas, predadores, parasitas, hospedeiros e competidores. Embora individualmente exista prejuízo para uma presa, a existência de predadores é fundamental na manutenção do equilíbrio populacional dos ecossistemas. O mesmo pode ser dito com relação aos parasitas e às populações de seres vivos que lhes servem de hospedeiros.

YEVGEN SUNDIKOV/SHUTTERSTOCK

Achatina fulica, caramujo africano trazido ao Brasil e responsável por um impacto ambiental de difícil controle. A explosão populacional dessa espécie deveu-se, em parte, à inexistência de predadores naturais.

ESTABELECENDO CONEXÕES

Cotidiano

A urina dos cães, o canto ou as fezes das aves: territorialidade

Alguns animais demarcam sua área de ação com urina, secreções de glândulas com odores especiais, fezes ou emissão de sons, por exemplo.

Esses hábitos comuns em cães e outros animais está relacionado a um comportamento conhecido pelos cientistas como *territorialidade*. Ao urinarem em postes, árvores e pneus de automóveis, os animais delimitam um espaço na tentativa de mostrar aos seus possíveis competidores que esse espaço, ou *território*, é deles. Com isso, o odor gerado pela urina evita a aproximação de outros machos da mesma espécie, a competição por alimento e mesmo pelas fêmeas. Esse hábito também ocorre em aves, que utilizam as fezes ou o canto na delimitação do seu território.

> **Delimitar:** estabelecer limites, demarcar.

Sapos machos coaxam não para demarcar seu território, mas para atrair as fêmeas, que não emitem som algum.

JASON × PACHECO/SHUTTERSTOCK

DE OLHO NO PLANETA

Meio·Ambiente

Os invasores

Animais ou plantas podem ser levados da região que ocupam naturalmente para uma em que nunca estiveram. Usando uma expressão mais ao gosto dos cientistas, essas espécies invasoras são chamadas espécies exóticas. Elas vêm trazidas por viajantes, como aconteceu, por exemplo, com os ratos trazidos por

> **Exótica:** espécie que não é originária do país ou região em que se encontra; estrangeira.

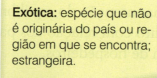

europeus em seus navios, nos séculos 15 e 16, época em que colonizaram o Brasil. Os bichos ficam à vontade em sua nova casa e, como não encontram quem se alimente deles, espalham-se rapidamente. Os invasores podem criar problemas, pois competem por alimentos e território com as espécies nativas. E ainda podem afetar a nossa saúde. Um exemplo é o mosquito *Aedes aegypti*, transmissor da dengue e da febre amarela. Trazido da África para o Brasil em navios, adaptou-se muito bem às nossas cidades. Qualquer recipiente com água parada é perfeito para ele se reproduzir. Se carregar o vírus da dengue, sua picada poderá transmitir a doença que pode até matar.

Adaptado de: SCHNEIDER, G.; CRISTINO L. G. Os penetras. *Folha de S. Paulo*, São Paulo, 8 maio 2010. *Folhinha*, p. 4.

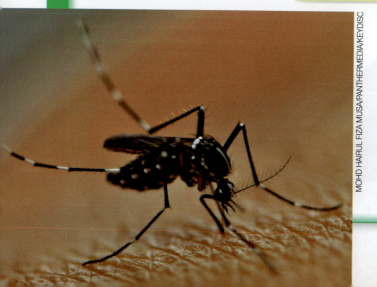

MOHD HAIRUL FIZA MUSA/PANTHERMEDIA/KEYDISC

Nosso desafio

Para preencher os quadrinhos de 1 a 14, você deve utilizar as seguintes palavras: comensalismo, colônia, espécie, diferentes, ecossistemas, desarmônicas, competição, benefício, mutualismo, predação, harmônicas, prejuízo, parasitismo, sociedade.

À medida que você preencher os quadrinhos, risque a palavra que você escolheu para não usá-la novamente.

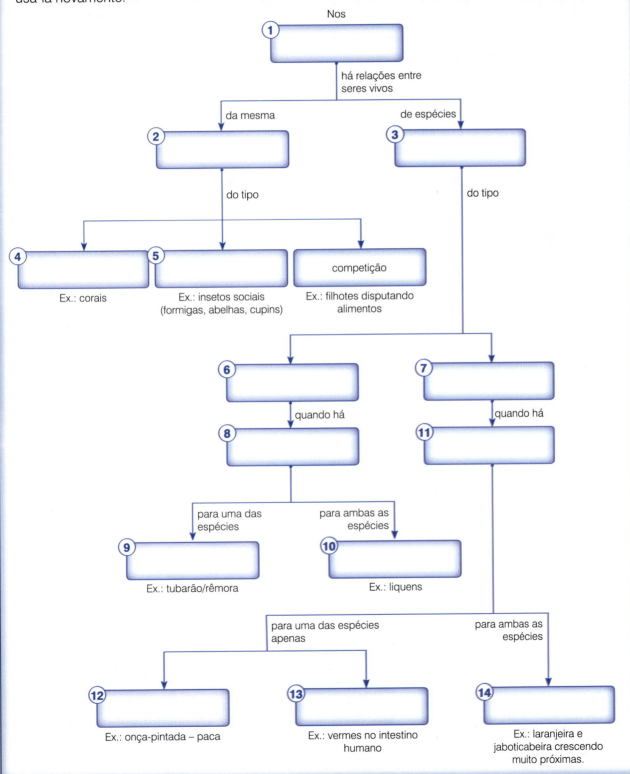

Atividades

1. Considere os itens a seguir, relacionados às interações de organismos da mesma espécie:

I. Em um recife de coral, minúsculos animais, os pólipos, organizam uma formação rochosa na qual habitam. Esses pólipos ficam unidos, grudados uns aos outros, constituindo uma formação coesa.

II. Formigas lava-pés reúnem-se em formigueiros por elas construídos. Não vivem unidas umas às outras. Nesses agrupamentos de insetos, existem categorias ou "castas" com funções específicas: defesa, obtenção de alimento, reprodução.

a. Qual dos itens relaciona-se a uma colônia e qual a uma sociedade?

b. Uma característica citada em cada item é a justificativa para a resposta correta à pergunta do item (a). Qual é essa característica, em cada caso?

2. Muitas espécies de orquídeas não crescem no solo, mas vivem apoiadas em galhos elevados de árvores. A relação biológica existente entre as orquídeas e as árvores é do tipo comensalismo. Considerando o que você aprendeu ao ler este capítulo, responda:

a. A relação entre orquídeas e árvores é harmônica ou desarmônica? Justifique a sua resposta.

b. Por que a relação biológica existente entre as orquídeas e as árvores é do tipo comensalismo?

c. Cite o outro nome utilizado para a relação biológica existente em orquídeas e árvores nas quais se apoiam.

d. Nos casos de comensalismo em que o comensal vive dentro do seu hospedeiro, costuma-se utilizar outra denominação. Qual é essa denominação?

3. Certas espécies de abelhas visitam flores de determinadas espécies de plantas, delas obtendo alimento. Por outro lado, as visitas das abelhas contribuem para a reprodução das plantas cujas flores recebem essas visitas. Esse tipo de relação biológica beneficia ambas as espécies e é *obrigatória*.

a. O texto acima ilustra uma relação harmônica ou desarmônica entre abelhas e plantas cujas flores são visitadas pelos insetos? Justifique a sua resposta.

b. Considere os seguintes tipos de relação biológica: parasitismo, comensalismo, mutualismo e predação. Qual desses tipos de relação biológica existe entre as abelhas e as plantas cujas flores elas visitam? Justifique a sua resposta com base em uma informação fornecida pelo texto da questão.

4. Considere os itens a seguir:

I. Na Mata Atlântica, uma onça-pintada caça uma paca (um roedor), matando-a e dela alimentando-se.

II. No Pantanal do Mato Grosso do Sul, carrapatos sugam o sangue de capivaras, sem provocar a morte desses roedores.

III. Em um pasto, gafanhotos e bois disputam o alimento representado pelo capim que cresce no solo.

a. Os itens ilustram casos de relações harmônicas ou desarmônicas? Justifique a sua resposta.

b. Que tipo de relação biológica existe entre a onça-pintada e a paca, entre os carrapatos e as capivaras, e entre gafanhotos e bois? Em cada caso, justifique a sua resposta.

5. O "pássaro-palito" é uma ave que se aproveita dos restos de alimentos que ficam entre os dentes de crocodilos africanos.
Os restos de alimentos não são utilizados pelo crocodilo. Apenas o "pássaro-palito" se aproveita e se beneficia deles. O crocodilo não é beneficiado, nem prejudicado nessa relação. Então, que tipo de relação biológica existe entre a ave e o crocodilo: mutualismo ou comensalismo? Justifique a sua resposta.

6. Nos rios da Amazônia vive o boto vermelho (*Inia geoffrensis*), também conhecido popularmente como boto cor-de-rosa. Pesquisas efetuadas sobre o conteúdo do estômago desses animais revelaram que eles se alimentam de cerca de 51 espécies de peixes. Com relação a essa informação, responda:

a. Que tipo de relação biológica existe entre os botos e os peixes que eles consomem?

b. Supondo que os peixes dos quais os botos se alimentam sejam todos herbívoros, qual o nível trófico ocupado pelos botos nessa cadeia alimentar?

7. Caminhando pelo Pantanal do Mato Grosso, na região de Poconé, encontrei uma árvore chamada novateiro ou pau-de-novato. Batendo no tronco da árvore, logo elas apareceram, surgidas de inúmeras cavidades. Formigas e mais formigas. O guia me disse que toda vez que alguém, sem querer, encosta no tronco, elas saem e atacam. É um montão de ferroadas. A árvore recebe esses nomes porque as pessoas novatas na região não conhecem os hábitos das formigas e são surpreendidas.

Armênio Uzunian

No texto acima, relata-se a relação biológica existente entre uma árvore e formigas. As formigas encontram abrigo nas cavidades da árvore e, em troca, "protegem" a árvore de intrusos. Ambos são beneficiados. Que tipo de relação biológica essa historinha ilustra, considerando que essa relação é obrigatória?

8. O cipó-imbé é uma planta de folhas largas, típica da região amazônica. Do mesmo modo que ocorre com bromélias e orquídeas, ela possui o hábito de se fixar em regiões elevadas do tronco de árvores altas, de onde pode obter luz suficiente para a realização de fotossíntese. As árvores não são prejudicadas nem beneficiadas.

Que tipo de relação biológica é ilustrada no texto: comensalismo (epifitismo) ou parasitismo? Justifique a sua resposta.

9. O cipó-chumbo é uma planta amarelada que não possui clorofila; é heterótrofa e se apoia nos galhos de outra planta, autótrofa. Lentamente, as raízes do cipó-chumbo penetram na planta hospedeira e atingem os vasos condutores, deles retirando nutrientes orgânicos e inorgânicos. Claro que, nesse caso, há prejuízo para a planta hospedeira. No fundo, é o mesmo que ocorre quando um pernilongo do sexo feminino pica uma pessoa e atinge vasos sanguíneos, deles retirando o alimento necessário à sua sobrevivência e reprodução. Outro caso curioso é o da planta erva-de-passarinho. Neste caso, a erva-de-passarinho, que é verde, possui clorofila e é autótrofa; mesmo assim introduz suas raízes em uma planta hospedeira, dela retirando apenas água e nutrientes minerais, ocorrendo também prejuízo à planta hospedeira.

Cipó-chumbo (acima) e erva-de-passarinho (à direita), apoiadas em plantas hospedeiras.

JULIA PIVOVAROVA/SHUTTERSTOCK

AWE INSPIRING IMAGES/SHUTTERSTOCK

Considerando as afirmações do texto, responda:

a. Que tipo de relação biológica existe entre o cipó-chumbo e a erva-de-passarinho com suas plantas hospedeiras? Justifique sua resposta.

b. Que tipo de relação biológica existe entre pernilongos e as pessoas que são por eles picadas? Justifique sua resposta.

Os ambientes da biosfera

O continente gelado

Pinguins no polo Sul (Antártida), ursos brancos no polo Norte (Ártico). Toda vez que alguém se refere aos continentes gelados, os animais lembrados como exemplo, de modo geral, são esses. Se nos referíssemos a uma floresta tropical, os exemplos seriam mais numerosos. Isso porque sempre haverá um número muito maior de espécies adaptadas às condições ambientais menos rigorosas e, portanto, mais favoráveis à vida.

Neste capítulo, você conhecerá alguns tipos de ecossistemas, embora situados em diferentes regiões, que apresentam características em comum (vegetação, temperatura, regime de chuvas etc.). Ecossistemas terrestres com essas características são chamados **biomas**. Neles, a localização geográfica e o clima são fatores que determinam a biodiversidade (variedade de seres vivos) existente em cada um.

RITA MELVILLE/PANTHERMEDIA/KEYDISC

Os biomas terrestres

Bioma é uma formação ecológica, de modo geral terrestre, caracterizada pelo tipo de vegetação, temperatura e regime de chuvas. Embora possamos falar em biomas de ambientes aquáticos marinhos e de água doce, é principalmente no meio terrestre que eles são mais característicos.

O mapa ao lado destaca regiões em que se encontram florestas: uma delas, por exemplo, está localizada em nosso país, na região amazônica; outra, na República Democrática do Congo, na África. Além de se situarem na região equatorial, essas florestas apresentam tipos semelhantes de vegetação, temperatura e quantidade de chuvas parecidas ao longo do ano. Por esse motivo, essas florestas são grandes ecossistemas que se enquadram no mesmo tipo de *bioma*, o de floresta pluvial tropical.

Os ecossistemas que pertencem a cada tipo de bioma estão distribuídos por alguns locais da Terra. É o caso das florestas mostradas no mapa acima.

Além do bioma floresta pluvial tropical, são também exemplos de biomas terrestres a **tundra**, a **floresta de coníferas**, a **floresta temperada**, a **savana**, o **campo** e o **deserto**.

O mapa ao lado mostra a localização dos principais biomas terrestres. A seguir, faremos uma breve descrição de alguns deles.

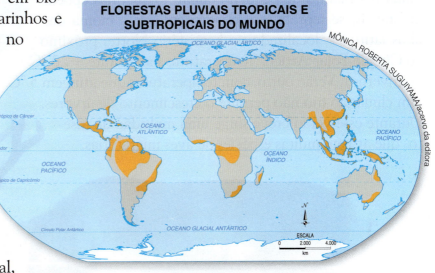

FLORESTAS PLUVIAIS TROPICAIS E SUBTROPICAIS DO MUNDO

■ Floresta pluvial tropical e subtropical

Fonte: ATLAS Escolar IBGE multimídia. Versão 1.0. Rio de Janeiro: IBGE, 2004. Atlas impresso. p. 70. 1 CD-ROM. Adaptação.

DISTRIBUIÇÃO DOS BIOMAS NA TERRA

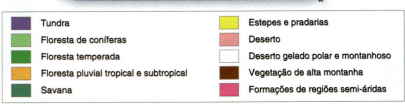

■ Tundra	■ Estepes e pradarias
■ Floresta de coníferas	■ Deserto
■ Floresta temperada	☐ Deserto gelado polar e montanhoso
■ Floresta pluvial tropical e subtropical	■ Vegetação de alta montanha
■ Savana	■ Formações de regiões semi-áridas

Fonte: ATLAS Escolar IBGE multimídia. Versão 1.0. Rio de Janeiro: IBGE, 2004. Atlas impresso. p. 70. 1 CD-ROM. Adaptação.

Jogo rápido

Antes de iniciar o estudo dos biomas terrestres mundiais, procure, em um dicionário, o significado das palavras **fauna** e **flora**.

Tundra

Ursos polares, caribus e renas são os animais típicos desse bioma. Não há árvores. A vegetação é rasteira, formada por plantas de pequeno tamanho que, nas épocas favoráveis, se reproduzem rapidamente. É o bioma das altas latitudes, localizado no hemisfério Norte, próximo ao Círculo Polar Ártico. Temperaturas baixas (até −20 °C no inverno). Verão curto, com temperaturas que atingem 5 °C. Um clima tão frio não permite o crescimento de árvores. Durante esse verão breve surge uma multidão de insetos que atraem muitas espécies de aves migratórias.

A rena (*Rangifer tarandus*) é um animal típico da tundra. Alimenta-se de musgos (plantas extremamente pequenas) e liquens (seres vivos resultantes da associação do tipo mutualismo entre fungos e algas).

ESTABELECENDO CONEXÕES

Geografia

A Antártida

No polo Sul destaca-se a Antártida, o continente "gelado". Apenas duas espécies de plantas rasteiras, semelhantes às encontradas na tundra ártica, são reconhecidas nesse bioma. Entre os animais, destacam-se, entre outros, uma grande quantidade de mamíferos, como as focas, e de aves, como os pinguins, todos carnívoros, que encontram seu alimento nas águas oceânicas. As temperaturas são baixíssimas, com registros de cerca de −21 °C.

Na Antártida, vários países, dentre eles o Brasil, possuem bases em que se desenvolvem intensas pesquisas científicas de caráter cooperativo.

PI-LENS/SHUTTERSTOCK

PANTHERMEDIA/KEYDISC

Floresta de coníferas (também chamada de taiga)

Linces, lebres, raposas, pequenos roedores, algumas aves e os caribus (que também habitam a tundra) são os animais típicos desse bioma. Altas árvores, os pinheiros (também chamados de *coníferas*), destacam-se na vegetação. O nome coníferas, que significa *portadoras de cones*, está relacionado às estruturas de reprodução dos pinheiros, que têm a forma aproximada de cones. É um bioma típico do hemisfério Norte.

A folhagem sempre verde da taiga resiste ao rigor do inverno, mesmo estando coberta de neve.

Os cones femininos, também chamados de "pinhas", contêm as sementes das coníferas. As pinhas são muito usadas nas decorações de Natal.

Fique por dentro!

Nos estados sulinos do Brasil existem florestas que pertencem ao bioma floresta de coníferas. Trata-se da Mata de Araucárias, cujo representante mais conhecido é o pinheiro-do-paraná *(Araucaria angustifolia)*, produtor dos pinhões comestíveis, que são as sementes desse tipo de pinheiro.

Nos pinheiros-do-paraná, os "cones" maduros são formados por um enorme agregado de pinhões.
Os pinhões são as sementes comestíveis dessa planta.

Floresta temperada

Esquilos, alces, ratos, insetos, sapos e serpentes são alguns dos animais desse bioma. A vegetação é distribuída em estratos, com árvores altas, seguidas de árvores mais baixas, de tamanho progressivamente menor e, por fim, de plantas rasteiras. Assim como os dois anteriores, esse bioma também se localiza no hemisfério Norte, ao sul da floresta de coníferas. É admirável a variedade de cores da folhagem das árvores no outono. As folhas caem antes do inverno e brotam na primavera seguinte.

Estratos: camadas, como se fossem "andares".

PANTHERMEDIA/KEYDISC

Floresta temperada.

TOM REICHNER/SHUTTERSTOCK

Alce.

Floresta pluvial tropical

Macacos, quatis, gambás, ratos, sapos, serpentes e uma grande quantidade de aves e de insetos são os animais predominantes nesse bioma. A vegetação contém árvores de vários tamanhos (há vários estratos), além de bromélias, orquídeas e samambaias. Clima úmido, com muita chuva, associado a altas temperaturas, são fatores que favorecem a formação de matas exuberantes em regiões tropicais da América do Sul, África, sudeste da Ásia e alguns locais da América Central.

Lembre-se!

O bioma floresta pluvial tropical é riquíssimo em biodiversidade, ou seja, apresenta muitas espécies animais e vegetais. A nossa Floresta Amazônica é uma legítima representante desse bioma.

FABIO COLOMBINI

Floresta pluvial tropical.

PANTHERMEDIA/KEYDISC

As bromélias são comuns em florestas de alta pluviosidade.

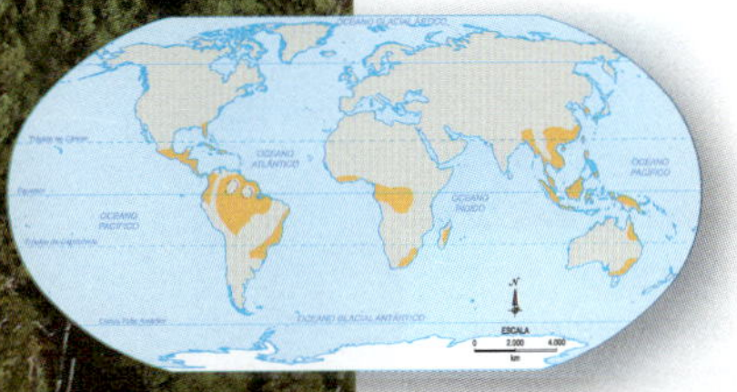

Savana

Elefantes, zebras, girafas, leões e avestruzes são animais típicos desse bioma, bem representado na África. A vegetação não é exuberante, com dois estratos: árvores (bem espalhadas) e plantas rasteiras. No Brasil, os cerrados são incluídos nesse tipo de bioma.

Girafa em savana africana.

Estepes e pradarias

Biomas de vegetação rasteira localizados na América do Norte, Europa central e Ásia. No Brasil, os *pampas gaúchos* correspondem aos representantes sul-americanos desse bioma.

ZAMYTSKIY LEONID/SHUTTERSTOCK

Os pampas gaúchos são também chamados de estepes.

Deserto

Camelos, dromedários, raposas e serpentes são alguns dos raros animais desse bioma. A vegetação é pouco abundante, representada basicamente por plantas do grupo dos cactos e pequenos arbustos adaptados à falta de água. A distribuição dos desertos ocorre em alguns locais da Terra, onde a quantidade de chuva é pequeníssima, as temperaturas são elevadas durante o dia e baixas à noite.

BERIT FESSLER/PANTHERMEDIA/KEYDISC

Observe a vegetação escassa, adaptada à falta de água do deserto.

ESTABELECENDO CONEXÕES

Geografia

O deserto de Atacama

O deserto de Atacama fica na região costeira do Chile. As chuvas são raríssimas. Mas existem cactos, algumas plantas rasteiras, liquens e animais camelídeos, os guanacos. Como explicar a existência de vida nesse ambiente extremamente seco? Periodicamente, uma neblina altamente úmida, proveniente do oceano Pacífico, banha os cactos forrados de liquens, que, então, ficam umedecidos. A água da neblina se condensa e forma gotas que caem dos liquens e atingem o solo, beneficiando os cactos, que aproveitam essa água para sobreviver. E os guanacos, do que se alimentam? Dos liquens que se desenvolvem nos cactos.

O deserto de Atacama é um bom exemplo de que a vida, mesmo em ambientes secos, pode se manifestar.

EKATERINA POKROVSKY/SHUTTERSTOCK

Guanacos no deserto de Atacama.

■ Planeta água?

Cerca de 75% da superfície terrestre é coberta pela água. Na verdade, o planeta Terra deveria ser chamado, mais apropriadamente, de "planeta Água". De toda a água que se encontra na Terra, cerca de 97,5% é salgada e se encontra nos mares e oceanos. Os 2,5% restantes correspondem à água doce. Uma grande porção da água doce fica imobilizada nas neves eternas no alto de algumas montanhas e nas geleiras. Apenas uma pequena parcela fica disponível para o consumo dos seres vivos.

EM CONJUNTO COM A TURMA!

A água salgada (oceanos e mares) é imprópria para consumo humano porque o teor de sais é tão alto que, se ingerida em quantidade, pode levar à morte por desidratação.

Pesquise com seus colegas o que acontece em nosso organismo quando ingerimos muita água salgada e, também, como a água do mar é utilizada para consumo em alguns países.

DE OLHO NO PLANETA

Sustentabilidade

Água – sem ela a vida na Terra não existiria

A água é uma substância maravilhosa. Ela corre, contorna obstáculos que encontra em seu caminho, infiltra-se no solo, goteja de folhas das plantas nas matas, está em constante movimento nos mares e rios. É clara e cristalina nas cachoeiras e escura em muitos rios, pântanos e lagos.

Como cerca de um terço da população humana mundial não dispõe de água potável para consumo, alguns cientistas acreditam que ela possa se tornar uma grande causa de conflitos: estudos indicam que nos próximos 25 anos, aproximadamente, dois terços da população ficará sem água potável.

É preciso aprender a usar esse recurso com responsabilidade para que haja água para todos.

O que você pode fazer para reduzir o desperdício de água?

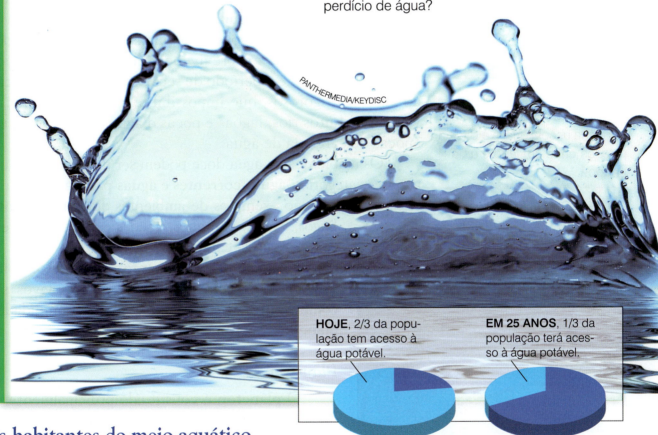

PANTHERMEDIA/KEYDISC

HOJE, 2/3 da população tem acesso à água potável.

EM 25 ANOS, 1/3 da população terá acesso à água potável.

Os habitantes do meio aquático

Viver nos oceanos e mares é um privilégio para muitos seres vivos. Comparando com o ambiente terrestre, é um meio mais estável, com pequenas oscilações na temperatura. Várias adaptações, principalmente as relacionadas ao controle de sais, permitem aos seres vivos a sobrevivência em meio aquático que contenha *elevados teores de sais minerais*. Algas marinhas, que constituem a base das teias alimentares desses ambientes, utilizam a luz que penetra na água para a realização de fotossíntese. Diferentes tipos de consumidores dependem da atividade fotossintética das algas para sobreviver. O mesmo ocorre com a espécie humana que, anualmente, consegue toneladas de pescado (peixes, camarões) para o seu consumo.

Sais minerais: são derivados de alguns elementos químicos bem específicos (sódio, cálcio, fósforo etc.). Os seres humanos precisam ingerir essas substâncias, porque não as fabricamos.

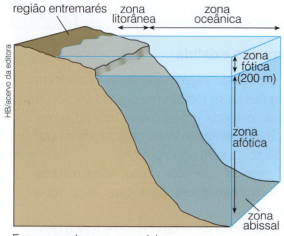

Esquemas das zonas marinhas de acordo com a profundidade e penetração de luz.

Descubra você mesmo!

Pesquise na internet ou em livros da biblioteca de sua escola qual é a diferença entre um lago e uma lagoa.

Algumas algas microscópicas componentes do fitoplâncton.

Em termos de profundidade, o ambiente marinho pode ser dividido em duas zonas: a **fótica** e a **afótica**. A zona fótica compreende os primeiros 200 m de profundidade e é aquela em que há maior penetração da luz solar, importante para a realização da fotossíntese pelas algas. Na zona afótica, permanentemente escura, vivem inúmeros seres que dependem do alimento originado das águas mais superficiais.

Em comparação com a água do mar, na água doce o *teor de sais minerais é muito pequeno*, ao redor de 1%. A instabilidade dos meios aquáticos doces é outra diferença, em relação ao meio marinho. O congelamento de lagos e lagoas de algumas regiões, no período de inverno, dificulta a sobrevivência de muitos seres vivos. Em outras regiões, é o período de seca, normalmente associado a verões rigorosos, que impossibilita a vida de animais e vegetais. Muitos rios, lagoas e poças d'água desaparecem em épocas de carência de água.

Os ambientes de água doce podem ser divididos em duas grandes categorias: **águas correntes** e **águas paradas**. Rios, riachos e córregos são exemplos de ambientes de água corrente. Lagos, lagoas, pântanos, açudes e represas pertencem à segunda categoria.

No meio aquático, tanto nos oceanos como nos ambientes de água doce, os seres vivos são componentes de três tipos básicos de comunidades: **plâncton**, **nécton** e **bentos**.

Plâncton

O **plâncton** é constituído principalmente de organismos microscópicos, flutuantes e que vivem na superfície da água. Sua locomoção a longas distâncias deve-se ao próprio movimento da água. A palavra *plâncton*, de origem grega, significa *errante*, isto é, *que vaga por aí*.

O plâncton é formado por dois grandes componentes:

• **fitoplâncton** – comunidade formada principalmente por algas microscópicas. Por meio do processo de fotossíntese, essas algas são **produtoras** de matéria orgânica e liberam oxigênio para o meio aquático. São, portanto, os produtores de alimento das teias alimentares aquáticas;

• **zooplâncton** – constituído de organismos pertencentes a diferentes grupos de animais, muitos deles microscópicos. Os organismos do zooplâncton são **consumidores primários**, pois se alimentam dos elementos do fitoplâncton. Desse modo, o zooplâncton é o elo que une o fitoplâncton aos demais elos das cadeias alimentares aquáticas, formados pelos consumidores secundários, terciários etc.

São componentes do zooplâncton, entre outros, diversas espécies de microcrustáceos, pequenos animais que pertencem ao grupo dos camarões. As primeiras fases do desenvolvimento (larvas) de inúmeros animais como caranguejos, camarões, lagostas e siris.

É SEMPRE BOM SABER MAIS!

Krill, alimento do futuro?

A palavra *krill*, de origem norueguesa, significa "alimento de baleia". Refere-se a uma espécie (*Euphausia superba*), componente do zooplâncton, cujos indivíduos lembram pequenos camarões transparentes e medem cerca de 4 a 5 cm de comprimento na fase adulta (veja foto abaixo). Podem viver por mais de 6 anos, o que é surpreendente visto que constituem um dos alimentos mais procurados pelos consumidores de grande porte do ecossistema antártico.

O *krill* alimenta-se de fitoplâncton, que é extremamente abundante nas águas da Antártida.

Focas, baleias, pinguins e várias espécies de aves são grandes consumidores desses microcrustáceos. Dependendo da hora do dia, eles sobem ou descem na coluna de água, formando um inacreditável "enxame" contendo cerca de 2 milhões de toneladas de *krill*, que se espalha por mais de 450 quilômetros quadrados no oceano.

Muitas tentativas têm sido feitas de colheita de *krill* para fins comerciais, com utilização de grandes navios, verdadeiras "fábricas" de processamento para fins de alimentação humana. Japoneses e russos colhem cerca de 100.000 toneladas de *krill* por ano. Considera-se que, no futuro, o *krill* poderia prover de substâncias nutritivas toda a humanidade.

Adaptado de: Antarctic Krill. *Disponível em:* <http://www.coolantarctica.com/Antarctica%20fact%20file/wildlife/krill.htm>. *Acesso em:* 25 abr. 2015.

I. NOYAN YILMAZ/SHUTTERSTOCK

Um importante componente do zooplâncton é o *krill*, habitante do oceano Antártico.

Nécton

O **nécton** é a comunidade formada por organismos nadadores ativos. É o caso de peixes, tartarugas, baleias, focas, polvos, lulas, camarões etc. A palavra *nécton*, de origem grega, significa *nadador*.

PHOTOS.COM

JOLANTA WOJCICKA/SHUTTERSTOCK

Corais e esponjas são animais componentes do bentos marinho.

Os animais da foto são componentes do bentos marinho.

TATIANA GROZETS KAYA/PANTHERMEDIA/KEYDISC

Bentos

O **bentos** é a comunidade constituída por organismos fixos ou móveis, que habitam a base sólida do meio aquático, isto é, o fundo do oceano ou de um rio ou de uma lagoa.

Como exemplos de organismos fixos temos, nos oceanos, as esponjas, as anêmonas, os pólipos formadores dos corais, alguns tipos de vermes, ostras, mariscos, cracas e algas macroscópicas. Caramujos, caranguejos, ouriços-do-mar e estrelas-do-mar são exemplos de organismos do bentos que se movem lentamente sobre o fundo. A palavra *bentos*, de origem grega, significa *profundidade*.

DE OLHO NO PLANETA

Meio Ambiente

O branqueamento dos recifes de coral

Com frequência, assistimos na televisão a documentários que mostram mergulhadores percorrendo o ambiente de um recife de coral e ficamos maravilhados com a diversidade de formas de vida e a beleza desses ecossistemas marinhos. Como vimos no capítulo anterior, a porção sólida de um recife de coral é construída por minúsculos seres que denominamos de pólipos, associados a microscópicas algas, que, além de fornecerem alimento aos pólipos, muitas vezes são responsáveis pela coloração dessas formações.

Os recifes constituem verdadeiros santuários ecológicos, uma vez que servem de abrigo a uma impressionante diversidade de seres, que ali vivem, se alimentam e se reproduzem. Embora um dos mais famosos recifes seja a Grande Barreira de Recifes da Austrália, os recifes de coral também existem no Brasil, notadamente nos estados nordestinos. Podemos citar os localizados nas proximidades da cidade de Recife, em Pernambuco, e os existentes no Atol das Rocas, situado a aproximadamente 260 km da cidade de Natal, capital do Rio Grande do Norte.

O problema é que os recifes também sofrem a ameaça do aquecimento global. É que, para a sua manutenção, é importante que a água seja límpida – possibilitando a penetração da luz necessária à realização de fotossíntese pelas algas – e que a temperatura permaneça na faixa de, aproximadamente, 28 °C. Ocorre que, com o aumento da temperatura da água oceânica, as tais algas microscópicas, por motivos ainda não bem compreendidos, são expulsas dos pólipos. A consequência é que os pólipos acabam morrendo e os recifes sofrem um processo de *branqueamento* (descoloração), que já é percebido em alguns oceanos.

RICHARD WHITCOMBE/SHUTTERSTOCK

O branqueamento do coral deve-se à ausência da alga que vivia associada aos pólipos e lhes dava cor. (Fotografado no estreito de Lembeh, Sulawesi, Indonésia.)

ENTRANDO EM AÇÃO!

O mar é uma importante fonte de alimento para os seres humanos. Em nossas casas e em muitos restaurantes, costumamos nos alimentar de pescados ou até mesmo dos chamados frutos do mar.

Faça um levantamento com seus colegas de grupo acerca dos tipos de alimentos vendidos em mercados, feiras ou supermercados, que tenham origem no mar. Organizem uma tabela com duas colunas, colocando, na primeira, o nome dos peixes mais consumidos e, na segunda, o nome de outros animais marinhos mais consumidos. Perguntem aos vendedores qual dos tipos é mais procurado para consumo humano.

Vocês também podem aproveitar a oportunidade e fazer uma pesquisa na internet ou em restaurantes, acerca de outros alimentos provenientes do mar e que não sejam derivados de animais. Anotem e troquem informações com outros grupos.

Nosso desafio

Para preencher os quadrinhos de 1 a 15, você deve utilizar as seguintes palavras: aquáticos, bentos, biomas, coníferas, desertos, fitoplâncton, florestas, lagos, marinhos, néctor, plâncton, rios, terrestres, tundra, zooplâncton.

À medida que você preencher os quadrinhos, risque a palavra que você escolheu para não usá-la novamente.

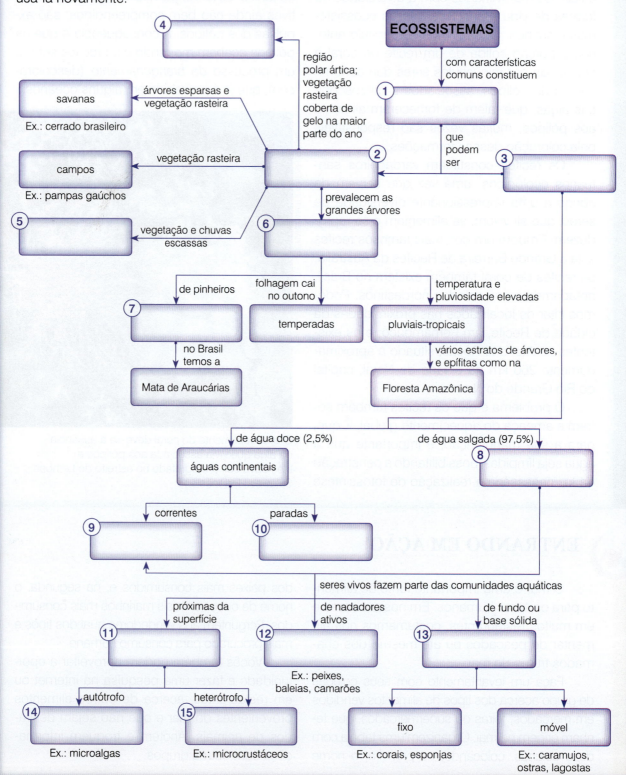

Atividades

1. Algumas regiões da Terra apresentam o mesmo tipo de clima, com temperaturas parecidas e um regime de chuvas semelhante todos os anos.

Com base nesta afirmação, responda:

a. A que conceito ecológico a afirmação é relacionada?

b. A que tipo de ambiente – terrestre ou aquático – esse conceito está mais relacionado?

2. O mapa e o texto do início da seção *Os biomas terrestres* destacam exuberantes florestas (grandes ecossistemas) que pertencem ao mesmo tipo de bioma.

A respeito desse assunto, responda:

a. A que tipo de bioma essas florestas pertencem?

b. Nesse tipo de bioma, como é o regime de chuvas (pouca chuva/muita chuva) e como é a temperatura ambiente (alta temperatura/baixa temperatura) ao longo do ano?

3. Os biomas da Terra estão distribuídos por diversas latitudes, como vimos em um dos mapas deste capítulo. A esse respeito:

a. Cite os biomas que se localizam na região temperada do hemisfério Norte.

b. Dos biomas que você citou, qual o que não possui formação florestal?

4. Considere os itens a seguir:

I. Bioma de altas latitudes, constituído de vegetação rasteira, com temperaturas baixíssimas e verão curto.

II. Bioma localizado no hemisfério Norte, cuja vegetação é distribuída em estratos (camadas), com árvores altas, seguidas de árvores mais baixas e vegetação rasteira.

III. Bioma localizado no hemisfério Norte, dotado de altas árvores do grupo dos pinheiros. Também conhecido como taiga.

A respeito desses itens, responda:

a. A que biomas eles se referem, na ordem em que são descritos?

b. Cite o nome de um animal característico de cada um desses biomas.

5. Biomas que contêm pouca vegetação, representada principalmente por plantas do grupo dos cactos e pequenos arbustos adaptados à falta de água. Chuvas escassas e temperaturas elevadas durante o dia e baixas à noite.

Considerando o texto acima, responda:

a. A que bioma as informações nele contidas se referem?

b. Considerando que esse bioma é bem representado no continente africano, com base em seus conhecimentos cite o nome do animal que, habitualmente, é utilizado pelos habitantes como animal de carga.

c. No continente sul-americano existe um ecossistema que se enquadra no tipo de bioma descrito. Qual é esse ecossistema? Procure em um atlas em que país ele se localiza.

6. Quando nos referimos a determinado bioma localizado no continente africano, logo lembramos de alguns animais típicos, de grande tamanho, frequentemente presentes em filmes e desenhos animados.

Considerando as informações acima:

a. A que bioma nos referimos?

b. Como é constituída a vegetação desse bioma?

c. Cite dois animais de grande porte nele encontrados.

d. Qual a formação ecológica brasileira que se enquadra nesse tipo de bioma?

7. *Planeta água?* é o título de um dos itens deste capítulo. A respeito do conteúdo desse item, responda:

a. De toda a água que se encontra na Terra, em que ambiente ela é mais abundante?

b. Cite a porcentagem aproximada de água encontrada nesse ambiente.

c. Como é distribuída a água restante no planeta Terra?

8. Considere os seguintes termos: fitoplâncton, zooplâncton, bentos e nécton. A respeito deles, responda:

a. Qual desses termos se refere à comunidade constituída, de modo geral, de microscópicos seres fotossintetizantes, de cuja atividade de produção de matéria orgânica dependem todos os demais seres aquáticos e de cuja liberação de oxigênio dependem todos os seres vivos?

b. Qual dos termos se refere à comunidade formada por seres nadadores ativos? Cite dois exemplos de seres componentes dessa comunidade.

c. Qual dos termos se refere à comunidade constituída por organismos fixos ou móveis, que habitam a base sólida do meio aquático? Cite dois exemplos de seres pertencentes a essa comunidade.

d. Que seres vivos são componentes do zooplâncton? Eles são autótrofos ou heterótrofos?

9. *Krill* é o nome norueguês atribuído a uma espécie de microcrustáceo consumido por baleias. Esses microcrustáceos são consumidores de fitoplâncton. A respeito dessa informação, responda:

a. Qual o nível trófico ocupado por baleias, *krill* e fitoplâncton, na cadeia alimentar de que são participantes?

b. Pinguins também são ávidos consumidores de *krill*. A que nível trófico, nesse caso, pertencem os pinguins, nessa cadeia alimentar? Em que região da Terra essa cadeia alimentar existe?

10. Em termos de profundidade, o ambiente marinho pode ser dividido em duas zonas: fótica e afótica. A zona fótica compreende os primeiros 200 m de profundidade e é aquela em que há maior penetração de luz solar. Na zona afótica, permanentemente escura, vivem inúmeros seres que dependem do alimento originado das águas mais superficiais.

Considerando as informações acima, responda:

a. Que organismos são os mais diretamente beneficiados pela existência de luz solar na zona fótica, sendo capazes de produzir alimento orgânico por fotossíntese?

b. Por qual razão a zona afótica não é constituída de seres capazes de realizar fotossíntese, como ocorre na zona fótica?

Os biomas brasileiros

Caatinga: um bioma de características exclusivas

A foto mostra um ramo de um cajuei-ro na Caatinga nordestina. A planta cresceu, frutificou, e os deliciosos cajus, bem visíveis na foto, fazem a festa de inúmeras espécies de animais, inclusive o homem. No período de seca prolongada, as árvores da Caatinga perdem suas folhas, aparentando um aspecto triste. Nos curtos períodos de chuva, as folhas retornam e a aparência é de um belo jardim florido. Mandacarus e coroas de frade, cactos conhecidos na região, também florescem e encantam os visitantes.

A Caatinga é considerada, por muitos cientistas, um bioma tipicamente brasileiro.

Neste capítulo conheceremos algumas das características desse e dos demais biomas brasileiros. Em termos de biodiversidade, a Caatinga só perde mesmo para as Matas Amazônica e Atlântica, que também serão descritas neste capítulo.

■ Conhecendo os biomas brasileiros

O Brasil apresenta uma grande diversidade de biomas, caracterizados por diferenças no tipo de cobertura vegetal (flora) e na fauna.

O mapa (a seguir) mostra a distribuição atual dos biomas brasileiros. Todos já foram bastante alterados pela ação do homem a partir do final do século XV, quando o Brasil foi descoberto.

Para cada um desses biomas, você aprenderá informações relacionadas à localização, à fauna e à flora.

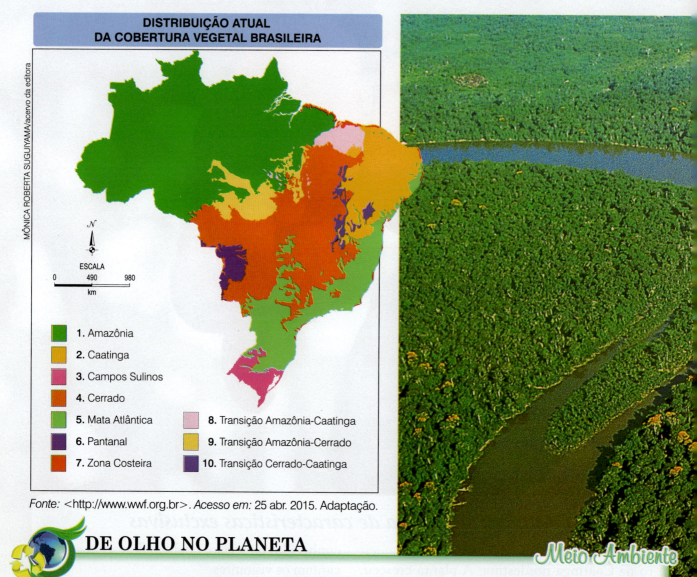

DISTRIBUIÇÃO ATUAL DA COBERTURA VEGETAL BRASILEIRA

MÔNICA ROBERTA SUGUYAMA/acervo da editora

ESCALA
0   490   980
km

1. Amazônia
2. Caatinga
3. Campos Sulinos
4. Cerrado
5. Mata Atlântica
6. Pantanal
7. Zona Costeira
8. Transição Amazônia-Caatinga
9. Transição Amazônia-Cerrado
10. Transição Cerrado-Caatinga

Fonte: <http://www.wwf.org.br>. *Acesso em:* 25 abr. 2015. Adaptação.

DE OLHO NO PLANETA

Meio Ambiente

Grandes áreas dos principais biomas brasileiros foram devastadas desde o descobrimento do Brasil. A necessidade de terras para o cultivo de vegetais e criação de animais e a necessidade de urbanização para acomodar uma população em crescimento são as principais causas sugeridas para a ocorrência dessa devastação.

A crescente preocupação das autoridades e do povo brasileiro em geral com a preservação da Floresta Amazônica revela que é hora de pensar nas consequências desastrosas que resultarão da perda desse importante bioma nacional. A mesma preocupação existe em relação à devastação da Floresta Atlântica até os dias atuais.

Floresta Amazônica

Esse bioma ocupa aproximadamente 40% do território brasileiro, abrangendo os Estados do Acre, Amazonas, Pará, Rondônia, Amapá e Roraima, sendo caracterizado por apresentar temperaturas elevadas e alta incidência de chuvas. Em relação à vegetação, ela é densa e distribuída por vários estratos (camadas).

Nesse bioma, são encontradas muitas plantas adaptadas a condições de elevada umidade, que apresentam folhas amplas e brilhantes, além de muitas epífitas, como bromélias, orquídeas e cipós-imbés.

Epífitas: plantas que vivem sobre outras plantas, sem prejudicá-las.

FOTOTECA

Vista aérea de parte da Floresta Amazônica e rios que a percorrem.

Outra característica desse bioma é a elevada biodiversidade em espécies vegetais, a presença de solos rasos (pouco profundos), porém bem drenados e com grande presença de matéria orgânica, vinda da decomposição de folhas e animais, gerando nutrientes minerais que são rapidamente absorvidos pela vegetação.

Os vegetais típicos da região amazônica são castanha-do-pará, cupuaçu, jatobá, maçaranduba, seringueira, mogno e sumaúma, entre outros.

Dentre os muitos animais que habitam essa região, os principais são as diversas espécies de macacos (uacari-branco, guariba, macaco-prego), bichos-preguiça, inúmeras espécies de aves (garças, biguás) e várias espécies de insetos. No meio aquático, destacam-se peixes (tucunarés, pirarucu e tambaqui), jacarés-açus e botos.

Paisagem típica da Caatinga. Na foto, Serra do Umbuzeiro, Paulo Afonso – BA.

FABIO COLOMBINI

Caatinga

Ocupa cerca de 10% do território nacional, principalmente na região do sertão nordestino. Abrange os Estados do Maranhão, Piauí, Ceará, Rio Grande do Norte, Paraíba, Pernambuco, Sergipe, Alagoas, Bahia e Norte de Minas Gerais. A palavra caatinga é de origem tupi e significa *mata branca*. É um termo que se refere ao aspecto da vegetação típica da região nordestina, durante a estação seca; a maioria das árvores perde as folhas e os troncos esbranquiçados e secos dominam a paisagem. O solo da Caatinga é rico em nutrientes minerais, porém falta água.

É um bioma caracterizado por apresentar temperaturas elevadas, ventos intensos e chuvas escassas, sendo que os rios que passam pela região se tornam secos no verão. Os vegetais típicos da Caatinga são cactáceas (mandacaru, coroa-de-frade e facheiro), umbuzeiro, juazeiro, faveleira, aroeira e barriguda (paineira-branca). Dentre os animais destacam-se jaguatirica, gato-maracajá, tatu-bola e mocó (roedor semelhante ao preá), gavião carcará, serpentes e lagartos.

É SEMPRE BOM SABER MAIS!

Mata de Cocais

No passado, considerava-se a Mata de Cocais como sendo um bioma. Essa região, que abrange parte dos Estados do Maranhão e do Piauí, hoje é considerada região de transição entre a Floresta Amazônica e a Caatinga.

As temperaturas são elevadas e há muita chuva, por causa da proximidade com a Amazônia.

Dentre os vegetais típicos, podemos destacar as palmeiras babaçu e carnaúba. Das sementes da primeira extrai-se o óleo de babaçu, utilizado na fabricação de margarinas, enquanto das folhas da carnaubeira obtém-se a cera de carnaúba, empregada, por exemplo, no polimento de automóveis. Os animais são os mesmos que habitam a Floresta Amazônica e a Caatinga.

PALÊ ZUPPANI/PULSARIMAGENS

Palmeira babaçu: fonte de óleo comestível, derivado de suas sementes.

Cerrado

Originalmente, esse bioma ocupava cerca de 25% do território nacional. Abrange os Estados de Minas Gerais, Goiás, Mato Grosso, Mato Grosso do Sul, Tocantins e algumas áreas do Estado de São Paulo. O Cerrado apresenta um longo período de seca (cerca de seis meses, com temperaturas elevadas), seguido de um período chuvoso igualmente duradouro. Em seu solo pobre em nutrientes crescem árvores esparsas, de pequeno porte, troncos retorcidos e casca espessa, além de vegetação rasteira.

Descubra você mesmo!

Pesquise na internet ou em livros da biblioteca de sua escola qual é a diferença básica entre Cerrado e Caatinga quanto ao solo e disponibilidade de água.

FABIO COLOMBINI

Cerrado: árvores de pequeno porte, esparsas, com troncos tortuosos e casca grossa. Observe também a camada de vegetação rasteira cobrindo o solo.

PANTHERMEDIA/KEYDISC

Tamanduá-bandeira: animal do Cerrado, que se alimenta de formigas.

Os vegetais típicos são ipê-amarelo, angico, barbatimão, pequizeiro, mangabeira, gabirobeira, murici e palmeira-bacuri. Dentre os animais típicos, podemos destacar cupins (os cupinzeiros aparecem como elevações no terreno, conhecidas como murundus), formigas, lobos-guará, tamanduás-bandeiras, tatus, corujas, gaviões e seriemas.

ESTABELECENDO CONEXÕES

Agricultura

Os primeiros estudiosos do Cerrado acreditavam que as características apresentadas pela vegetação dessa importante formação ecológica brasileira eram devidas à escassez de água. Puro engano.

A água não é um fator que limita a distribuição da vegetação no Cerrado. Embora as camadas superficiais do solo disponham de pouca água, principalmente na estação seca, percebe-se que, à medida que se aprofunda no solo, existe boa disponibilidade de água, até se atingir o lençol freático, que é profundo. Para as plantas que possuem raízes profundas o solo nunca é seco, enquanto as que têm raízes superficiais crescem principalmente na época das chuvas, quando o sistema radicular recebe água com certa regularidade.

O solo é poroso, ácido e pobre em nutrientes minerais, necessitando de correção da acidez para fins agrícolas. Foi essa prática, afinal, que permitiu que o Cerrado do Centro-Oeste brasileiro se transformasse na maior região produtora de soja em nosso país.

Lençol freático: depósito de água subterrâneo, de grande extensão, resultado da infiltração da água da chuva.

Mata Atlântica (Floresta Atlântica)

A Mata Atlântica originalmente recobria cerca de 15% do território nacional. Hoje, restam apenas aproximadamente 7% da formação original, constituída de fragmentos florestais distribuídos ao longo da costa. Está presente em 16 estados brasileiros, desde o Rio Grande do Norte até o Rio Grande do Sul. A grande umidade trazida pelos ventos que sopram do mar produz muita chuva. As temperaturas médias são elevadas.

A vegetação é exuberante, com árvores de grande porte formando uma cobertura contínua. São típicos o pau-brasil, jacarandá-da-baía, manacá-da-serra e ipê-roxo. Os animais mais conhecidos desse bioma são mico-leão-dourado, onça-pintada, paca, tucano e sabiá.

Tucano, uma das aves típicas da Mata Atlântica.

PANTHERMEDIA/KEYDISC

Mata Atlântica. Serra de Paranapiacaba, SP.

FABIO COLOMBINI

DE OLHO NO PLANETA

Ética & Cidadania

O palmito e a preservação da biodiversidade na Mata Atlântica

Empada de palmito, pastel de palmito, salada de palmito... Só de pensar nessas delícias já dá água na boca. O palmito, um dos ingredientes mais nobres utilizados na culinária brasileira, é extraído da palmeira-juçara *Euterpe edulis*. O palmito corresponde à região de crescimento do tronco e, uma vez extraído, não é mais produzido pela mesma palmeira, pois ao se retirar uma região importante do tronco, a palmeira para de crescer, não renova suas folhas e acaba morrendo.

Nativa da Mata Atlântica, a palmeira que produz o palmito atualmente se encontra sob risco de extinção nas regiões de ocorrência natural, devido ao extrativismo descontrolado. A cada retirada de um palmito deveria corresponder o plantio de outra palmeira-juçara, sob condições controladas, no sentido de repor a que é perdida. Infelizmente, não é assim que tem acontecido. Essa palmeira exerce um papel central na manutenção da biodiversidade animal da Mata Atlântica, uma vez que suas sementes e frutos servem de alimento a inúmeros animais como, por exemplo, tucanos, sabiás, periquitos, maritacas e porcos-do-mato. Além disso, a palmeira é fonte de açúcar, óleo, cera, fibras, material para construções rústicas, e de matéria-prima para a produção de celulose.

A exploração predatória do palmito, quando feita de forma ilegal, não traz riscos somente à biodiversidade da Mata Atlântica. Quando isso acontece, o palmito é cortado às pressas, cozido e embalado na própria floresta, sem os devidos cuidados de higiene, colocando em risco também a saúde dos que o consomem, uma vez que é grande, nessas condições, a possibilidade de contaminação.

➤ Em algumas fazendas da costa brasileira, é comum destinar áreas exclusivamente para o plantio da palmeira-juçara. Essa medida pode contribuir para a preservação da palmeira-juçara nativa?

É SEMPRE BOM SABER MAIS!

Mata de Araucárias

Esse bioma foi altamente devastado e, hoje, a porcentagem de matas preservadas não chega a 2% do que existia originalmente. De tão pouco que sobrou, esse bioma hoje é considerado como parte da Mata Atlântica. Abrange os estados do Rio Grande do Sul, Paraná e Santa Catarina, com alguma penetração nos estados de São Paulo e Minas Gerais. As temperaturas são baixas no inverno e as chuvas são abundantes.

Dentre os vegetais típicos, destaca-se o pinheiro-do-paraná (também chamado de araucária, cujas sementes são os conhecidos pinhões). A gralha-azul, esquilos, pacas e capivaras são animais desse bioma.

FABIO COLOMBINI

Mata de Araucárias: bioma brasileiro devastado.

Gralha-azul, ave dispersora dos pinhões (sementes de araucária).

FABIO COLOMBINI

DAN EDÉSIO PINSETA

Pantanal

Região de relevo plano, nos Estados do Mato Grosso e Mato Grosso do Sul. Alterna épocas de cheia e de vazante (também chamada de seca). Por causa da proximidade do Cerrado e da Mata Amazônica, o Pantanal é fortemente influenciado por esses dois biomas. O Pantanal é considerado a maior planície alagada do mundo.

Os vegetais típicos desse bioma são jenipapo, pau-de-novato, palmeira-carandá e ingá. Dentre os animais característicos estão macaco bugio, garça, biguá, anta, capivara, jacaré-de-papo-amarelo, serpente jiboia e o tuiuiú (também chamado de jaburu), considerado a ave-símbolo do Pantanal.

Zona litorânea

A zona litorânea é popularmente chamada de "costa" ou litoral. É uma região de transição entre o oceano e a terra firme. Nessa região, podemos encontrar três tipos principais de formação: **manguezais**, **dunas** e **restingas**.

Manguezais

Manguezais (ou mangues) são regiões de transição entre os ambientes terrestre, marinho e de água doce. Formam-se nas regiões em que os rios desaguam no mar, estando, portanto, sujeitos ao regime de marés. Os solos são escuros, lamacentos e pobres em oxigênio. A água é salobra, rica em sais provenientes do mar. Os manguezais constituem "berçários" de muitas espécies animais. Inúmeros deles se alimentam, se refugiam e se reproduzem nessa formação ecológica. Dentre os mais significativos, destacam-se caranguejos do mangue, camarões e ostras.

Distribuem-se por muitas regiões costeiras do Brasil. Abrangem desde o Estado do Amapá até o de Santa Catarina.

A vegetação típica inclui três espécies de árvores de pequeno tamanho, que também são chamadas de mangue, nas quais se apoiam algas e plantas de menor porte.

FOTOTECA

Pantanal-matogrossense: maior planície alagada do mundo.

FÁBIO COLOMBINI

Salobra: água rica em sais, de sabor desagradável.

Rhizophora mangle (mangue-vermelho ou mangue-bravo), árvore típica do manguezal, em que se veem ramos dos caules que a apoiam no solo lamacento.

FABIO COLOMBINI

Caranguejo no manguezal.

Dunas

São regiões em que a areia das praias é deslocada pelos ventos e se deposita formando elevações típicas de muitas praias do Nordeste brasileiro. A vegetação é rasteira e uma das plantas mais conhecidas é a ipomeia pé-de-cabra (*Ipomoea pes-caprae*). Vários animais habitam as dunas, entre eles o caranguejo branco, conhecido pelo nome de siri-fantasma ou maria-farinha, que cava buracos na areia.

Dunas: areia em constante movimento.

Maria-farinha, caranguejo comum nas dunas e na areia das praias.

Ipomeia pé-de-cabra (*Ipomoea pes-caprae*), planta rasteira comum em dunas.

Restingas

Regiões de transição entre as dunas e a vegetação rasteira e de matas do litoral brasileiro. Formam largas faixas cobertas por uma vegetação mista, que os indígenas chamavam de *jundu* ou *nhundu* (termo derivado do tupi-guarani, *nhu* = = campo + *tu* = sujo), com o significado de mata ruim, misturada, rasteira, de pouca utilidade. Os vegetais típicos são o araçá-da-praia, a mangaba e a pitangueira. Uma vez que representam regiões de transição, as restingas são frequentadas por animais das dunas e das matas vizinhas.

Restinga: transição entre as dunas e as matas litorâneas.

FABIO COLOMBINI

Campos sulinos

Também conhecidos pelo nome de *pampas* (palavra de origem indígena, que significa regiões planas). Característicos do Estado do Rio Grande do Sul, abrangem cerca de 170 mil quilômetros quadrados.

A vegetação é predominantemente rasteira, constituída, em sua maioria, de variedades de capins (gramíneas), responsáveis pelas extensas pastagens da região. Em alguns pontos, se avistam pequenas matas, denominadas de capões.

A distribuição de chuvas é regular. O clima é úmido, porém as secas no verão são comuns, assim como a presença de estações do ano bem demarcadas.

Os animais típicos são tatu, cachorro-do-mato, gato-do--pampa, cisne-de-pescoço-preto e coruja-buraqueira (assim chamada por fazer buracos no solo).

Coruja-buraqueira: ave dos pampas gaúchos.

Pampas sulinos: região cuja vegetação rasteira (pastagens) favorece a atividade pecuária (criação de gado bovino).

Nosso desafio

Para preencher os quadrinhos de 1 a 8 você deve utilizar as seguintes palavras: Caatinga, Campos, Cerrado, Floresta Amazônica, Mata de Araucárias, Mata de Cocais, Pantanal.

À medida que você preencher os quadrinhos, risque a palavra que você escolheu para não usá-la novamente.

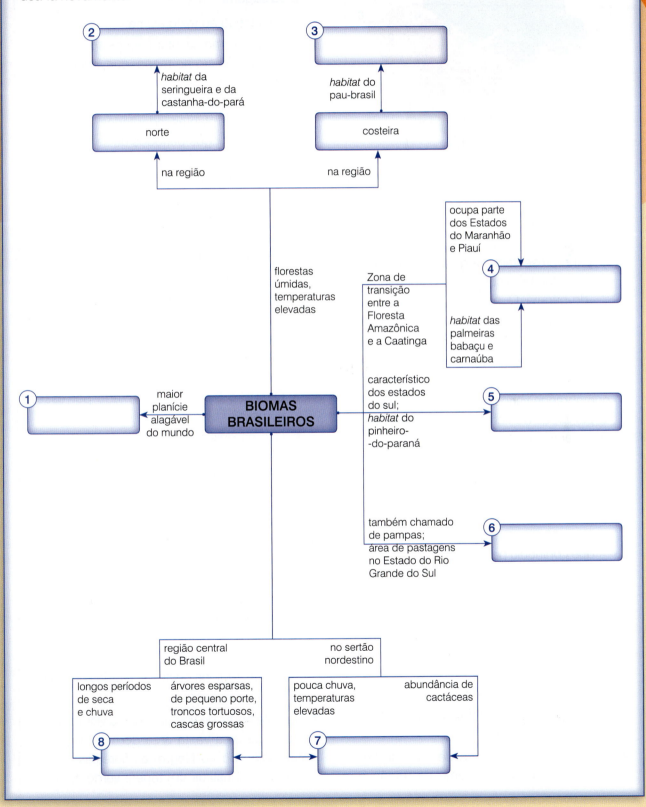

Atividades

1. Com relação às áreas destacadas no mapa:

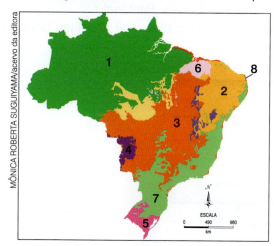

MÔNICA ROBERTA SUGUIYAMA/acervo da editora

ESCALA
0   490   980
km

a. Identifique os biomas indicados pelos números 1, 5 e 6.

b. O bioma indicado em 7 tem como principal representante vegetal a árvore araucária, também conhecida como pinheiro-do-paraná. Qual é esse bioma?

c. Cite os nomes das duas palmeiras típicas do bioma indicado em 6.

2. Em 8 está representada a vasta região costeira brasileira. Grande parte dessa região, que abrange vários estados, ainda é coberta por áreas de floresta pertencentes a um importante bioma nacional.

a. Qual é esse bioma?

b. Uma espécie de árvore ainda existente nesse bioma foi muito explorada após o descobrimento do Brasil. O cerne dessa árvore é avermelhado, cor de brasa, fato que contribuiu para o nome dado ao nosso país. Qual é essa árvore?

3. O bioma indicado em 3 originalmente ocupava cerca de 25% do território nacional e grande parte de sua área, notadamente na região central do Brasil, é hoje destinada ao plantio de soja e outros vegetais.

a. Qual é o bioma indicado em 3?

b. Cite dois animais e dois vegetais encontrados nesse bioma.

4. Este bioma ocupa cerca de 10% do território nacional, notadamente na região do sertão nordestino. Durante a estação seca, a maioria das árvores perde as folhas e os troncos esbranquiçados e secos dominam a paisagem.

Com relação ao texto acima:

a. A que bioma as informações se referem? Cite o número no mapa, que indica esse bioma.

b. Nesse bioma, é também comum a ocorrência de plantas adaptadas às condições de longos períodos de seca e cujas folhas são modificadas em espinhos. Qual o nome comum dessas plantas? Cite um exemplo.

c. O mocó é um pequeno roedor (alimenta-se de plantas) encontrado nesse bioma. Jaguatiricas atuam como predadores de mocós. Na cadeia alimentar por eles formada, quais os níveis tróficos ocupados por esses dois animais?

5. O número 4 indica a região considerada a maior planície alagada do mundo. Com relação a essa informação:

a. Qual é o bioma representado por esse número?

b. Cite os dois estados brasileiros em que esse bioma ocorre.

c. Uma ave de grande tamanho é considerada o animal-símbolo desse bioma. Qual é essa ave?

6. Relativamente à grande faixa costeira indicada pelo número 8, encontram-se três outros biomas, um dos quais é região de transição entre ambientes terrestre, marinho e de água doce, e possui solo escuro e lamacento.

a. Qual é esse bioma?

b. Quais são os dois outros biomas presentes nas regiões costeiras citadas no texto dessa questão?

7. Durante horas de voo até onde a vista alcança, vê-se uma vasta área de mata virgem. Na região do rio Negro, as florestas estão longe de constituir um tapete verde, homogêneo, que muitas pessoas imaginam. A mata é diversificada e surpreendente. Num momento, as copas das árvores se acotovelam, sem deixar espaços. Noutro, surgem espaços com árvores majestosas, galhos secos de formas estranhas e árvores tucaneiras carregadas de flores amarelas.

Adaptado de: VARELLA, D. Paisagens da Cabeça do Cachorro. *Folha de S.Paulo,* São Paulo, 21 jun. 2008. p. E12.

a. Procure em um mapa do Brasil a localização do rio Negro. A partir da informação obtida, cite a que bioma o texto se refere.

b. Cite dois vegetais típicos desse bioma e dois animais nele encontrados.

c. Cite os estados brasileiros em que esse bioma está presente.

8. Na cidade de Petrolina, Estado de Pernambuco, existem áreas de Caatinga irrigadas com a água do rio São Francisco, possibilitando o cultivo de plantas de manga, acerola, melão e uva, produtos de consumo interno e de exportação brasileira.

Cite pelo menos dois estados brasileiros (exceto o já mencionado) em que o bioma Caatinga está presente.

9. Cerca de oito dias antes do início da expedição guerreira, um navio francês chegou a um porto a cerca de oito milhas de Ubatuba, que os portugueses chamam de Rio de Janeiro e os selvagens chamam de Niteroi. Lá, os franceses costumam carregar pau-brasil. Num barco, chegaram também em nossas aldeias e, com os selvagens, negociaram pimenta, macacos e papagaios.

Extraído de: STADEN, H., *Duas viagens ao Brasil*. Porto Alegre: L&PM, 2008. p. 101.

a. A que bioma brasileiro o texto acima se refere?

b. Cite o nome de outra espécie de árvore presente nesse bioma.

10. No Parque Nacional das Emas, uma reserva de Cerrado localizada no Estado de Goiás, a observação da fauna é favorecida, pois a região é bem plana. À noite, essa região do Cerrado fica bem iluminada. É que os cupinzeiros – também chamados de murundus – lembram árvores de Natal, porque nelas alojam-se pequenas larvas (formas jovens) de vagalumes atraindo aleluias (reis e rainhas de cupins), mariposas e outros insetos para a sua alimentação.

a. Cite pelo menos outros dois estados brasileiros em que o bioma Cerrado está presente.

b. Sabendo-se que mariposas se alimentam de substâncias produzidas por flores que se abrem durante o período noturno, qual o nível trófico ocupado pelas formas jovens (larvas) de vagalumes que se alimentam das mariposas?

11. Graças aos ventos originados do mar, formam-se essas coleções de areias finíssimas, móveis, que, em muitos locais, permitem o desenvolvimento da ipomeia pé-de-cabra. Afastando-se mais ainda da água do mar, a vegetação é mais abundante, antes, porém, de atingir a mata fechada.

a. A que regiões brasileiras o texto acima se refere?

c. Em que locais do Brasil podem ocorrer essas formações?

Navegando na net

O Ministério do Meio Ambiente, em seu endereço eletrônico

<http://www.mma.gov.br/biomas> (*acesso em:* 25 abr. 2015)

coloca à disposição do internauta mais detalhes sobre os biomas brasileiros. Vale a pena conferir!

Leitura
Você, **desvendando** *a Ciência*

Acidificação dos oceanos
e aquecimento global

As emissões excessivas de CO_2 não estão apenas aquecendo o planeta. Elas estão também acidificando os oceanos. A modificação na química dos oceanos que o gás carbônico causa pode se refletir em alteração climática, provocando aumento da temperatura global.

Climatologistas consideravam que o CO_2, que é absorvido pelos oceanos, tende a ser armazenado e, assim, não afetaria o clima. Mas um novo estudo sugere que a acidificação que ele causa pode se refletir para todo o planeta, ao atuar, acredite, no fitoplâncton. Algas microscópicas do fitoplâncton produzem uma substância química chamada de sulfeto de dimetila (DMS), que é lançada na atmosfera e, acumulando-se, reflete a luz solar de volta ao espaço e ajuda a esfriar o planeta.

O grupo da cientista Katharina Six, do Max Planck Institute for Meteorology, em Hamburg, Alemanha, recolheu dados experimentais revelando que o fitoplâncton produz menos DMS na medida em que a água do mar fica menos alcalina, ou seja, mais ácida. Depois de submeter os dados a modelos climáticos, estimaram uma queda de 18% na liberação de DMS pelos oceanos até o ano de 2100, em comparação à era pré-industrial. Se a concentração de CO_2 na atmosfera dobrar – o que pode ocorrer ao longo deste século – o aumento de temperatura estimado é de 2 °C a 4,5 °C. No entanto, só a acidificação dos oceanos poderá contribuir com um aumento adicional entre 0,23 °C a 0,48 °C.

Adaptado de: Acid ocean plants will accelerate global warning.
New Scientist, London, p. 16, 31 Aug. 2013.

Relacione as informações do texto acima com seus reflexos sobre os recifes de coral.

TecNews

O que há de mais moderno no mundo da Ciência!

Gás de xisto e autossuficiência energética?

O gás de xisto representa a nova fonte natural de gás metano (CH_4) e outros hidrocarbonetos e é considerado substituto do carvão, cuja queima libera grande quantidade de CO_2 para a atmosfera. As rochas de xisto são encontradas em vários locais, e, de acordo com dados geológicos, foram formadas, no passado, a partir de lama lentamente esmagada, juntamente com partículas de argila, quartzo, calcita e outros minerais, solidificando-se e constituindo as rochas de xisto.

O gás de xisto é mais barato do que o carvão nos EUA, sendo considerado o substituto ideal para a geração de energia elétrica. Os EUA pretendem alcançar a autossuficiência energética até 2035, graças à exploração dessa nova fonte, considerada, por eles, uma espécie de "energia verde". No entanto, existem preocupações sobre o escape de metano para a atmosfera. Também considerado um gás de estufa, e, comparando com o CO_2, molécula por molécula, é capaz de reter 25 a 30 vezes mais calor, o que é preocupante, na medida em que a exploração e a obtenção do gás de xisto podem propiciar o escape do CH_4 em direção à atmosfera.

A China é o país com a maior reserva dessa formação geológica, vindo a seguir os Estados Unidos e a Argentina. O Brasil ocupava a 10ª posição em 2013. É preciso não esquecer que a China é considerada, atualmente, graças à utilização de carvão para a geração de energia, a maior emissora de CO_2, um dos gases de estufa.

 CLICK E ABASTEÇA AS IDEIAS   **INVESTIGANDO...**

Veja nossa sugestão de *links* sobre o assunto e abasteça suas ideias!
• http://www.greenpeace.org/brasil/pt/Blog/gs-de-xisto-uma-ddiva-perigosa/blog/45220/
• http://www.wwf.org.br/?37182/Explorao-de-gs-de-folhelho-amplia-impactos-socioambientais

Com seus colegas de classe, pesquise sobre como é feita a extração do gás de xisto (também chamado gás de folhelho) e resumidamente descreva o processo, indicando por que muitos estudiosos consideram esse processo arriscado.

ÁGUA: FUNDAMENTAL
para a vida

Sem dúvida, a água é uma das substâncias fundamentais para a vida – sem ela, não teríamos como sobreviver. No entanto, nem sempre aqueles que a possuem em abundância cuidam para que não haja seu desperdício, sem se dar conta de que, atualmente, segundo dados da Organização das Nações Unidas (ONU), cerca de 800 milhões de pessoas (quase quatro vezes a população brasileira) não têm acesso à água tratada. E para 2030 prevê-se um aumento de 40% na necessidade dessa substância. A manutenção da água em nosso planeta e sua distribuição de forma equilibrada são grandes desafios deste século e é preciso, desde já, utilizá-la de forma responsável.

Nesta unidade, você conhecerá algumas das propriedades da água. Aprenderá como a energia proveniente do Sol promove o ciclo da água, que contribui para a sua purificação e distribuição pelo planeta Terra.

As mudanças da matéria

capítulo

6

Somos feitos de quê?

Essa é uma pergunta que pode ter várias respostas. Assim, como todo o Universo, somos feitos de matéria e energia.

Para sobreviver, os seres vivos precisam ingerir alimentos para deles extrair a matéria e a energia de que necessitam. Sem a energia proveniente dos alimentos, você não conseguiria ter disposição para estudar, praticar esportes ou brincar com seus colegas de escola na hora do recreio.

Do mesmo modo que ocorre com a gasolina ou o álcool para um carro, podemos dizer que o alimento que ingerimos contém substâncias que são o nosso combustível. Desse combustível, nosso organismo irá extrair a energia que será utilizada para a realização de nossas atividades.

Neste capítulo, você vai aprender um pouco mais sobre a matéria, a energia e suas transformações.

Matéria e energia

Quando observamos o ambiente em que vivemos, podemos notar a existência de uma infinidade de formas e cores dos diferentes materiais que nos rodeiam.

Olhe ao seu redor e perceba que existem materiais muito resistentes que formam a parede, o teto ou o piso de sua sala de aula. Existem também materiais mais frágeis e maleáveis como objetos feitos de vidro, plástico ou papel, ou, ainda, aqueles que não podemos segurar com as mãos, como o ar, por exemplo.

> **Maleável:** que tem elasticidade; flexível, dobrável; que pode ser modelado.

CTACIK/PANTHERMEDIA/KEYDISC

Também podemos sentir o calor do Sol, percebemos a luz que ilumina a sala e o som de uma campainha. Parede, piso, objetos de vidro, de plástico, o ar que respiramos, são considerados **matéria**; o calor, a luz e o som são formas de **energia**.

De um modo simples, podemos dizer que *matéria* é tudo aquilo de que são feitas as coisas. Por exemplo, um livro, o solo, uma árvore ou um animal são constituídos de matéria e, por isso, em linguagem científica são chamados de corpos materiais. De um modo mais preciso, podemos dizer que matéria é tudo o que tem *massa* e ocupa lugar no espaço, isto é, que apresenta *volume*. Todas as substâncias que formam os materiais, que existem na Terra, na Lua, nos planetas, que formam os seres vivos e seus alimentos, são formas diferentes de matéria.

Este livro que você está lendo e o caderno em que escreve são feitos de diferentes tipos de matéria. Você poderia citar algumas delas?

Todos os seres vivos são formados de matéria e energia, que sustentam a vida. Quando você se alimenta, está adquirindo matéria e energia para o seu crescimento e para a realização das suas atividades diárias. Você já sabe que certos alimentos, os açúcares, são os principais fornecedores de energia para os seres vivos.

Diferentes tipos de matéria (alimentos, água, ar, vidro, plástico, papel etc.) e de energia (calor, luz, som etc.) provocam sensações que podem ser percebidas por meio dos nossos sentidos (tato, visão, olfato, audição, paladar). Por meio dessas sensações podemos conhecer e compreender em grande parte o mundo em que vivemos e o Universo de uma forma geral.

Todos temos uma ideia sobre o que seja energia e até sabemos reconhecer alguns tipos dela. Mas dar uma definição exata é muito difícil.

De um modo geral, podemos relacionar a ideia de energia com a realização de algum trabalho ou atividade: energia elétrica, energia térmica (calor), energia luminosa (luz), entre outras. Pense, por exemplo, nas atividades ou trabalhos do nosso dia-a-dia que dependem da *energia elétrica* ou do calor (*energia térmica*). Você já sabe que sem a *energia luminosa* as plantas não

Descubra você mesmo!

Em sua casa, observe algumas embalagens, como as de alimentos enlatados, pacotes de arroz e de farinha de trigo, entre outros produtos. Elas trazem informações sobre a quantidade de seus conteúdos. Verifique seus rótulos e faça uma lista em seu caderno da massa e do volume de alguns produtos. Por que é importante conhecer essa informação nos produtos que compramos?

realizam a fotossíntese, processo responsável pela produção de matéria orgânica que alimenta todos os seres vivos direta ou indiretamente. E qualquer trabalho que depende da atividade de seus músculos seria impossível de executar sem a energia que você obtém dos alimentos que consome.

ESTABELECENDO CONEXÕES

Saúde

Quando ingerimos uma quantidade grande de alimentos e não conseguimos gastar toda a energia por eles fornecida, o "excesso" fica armazenado em nosso corpo para ser usado mais tarde. É o que ocorre, por exemplo, quando ingerimos quantidades de açúcares que ultrapassam nossas necessidades diárias. Parte desse excesso converte-se em gordura que, se não consumida, pode causar problemas de obesidade.

EM CONJUNTO COM A TURMA!

Pesquise com seus colegas as formas de energia usadas em suas casas e anotem suas observações. Anotem também as transformações da energia elétrica em aparelhos de uso doméstico. Completem suas informações com os dados dos outros grupos de trabalho.

Como medir a matéria?

Como já vimos, matéria é tudo aquilo que apresenta massa e volume. A **massa** é uma medida da quantidade da matéria contida em um corpo e seu **volume** é a medida do espaço ocupado por ele. Se desejarmos medir a matéria, devemos pensar em uma forma de determinar sua massa e seu volume. Mas como medi-los?

Na primeira atividade deste capítulo, você listou a massa e o volume de alguns produtos. Você pode observar que a massa é mais frequentemente medida em **quilograma (kg)**, **grama (g)** ou **miligrama (mg)**, que são chamadas de **unidades de medida**. E você sabe qual instrumento é utilizado para medir a massa de objetos e substâncias? Isto mesmo, é a **balança**.

Observe algumas relações entre unidades de medida de massa:

$$1 \text{ kg} = 1.000 \text{ g}$$
$$1 \text{ g} = 1.000 \text{ mg}$$

Para medir o volume ocupado por líquidos podemos utilizar recipientes graduados, ou seja, com escalas (marcações utilizadas como referência).

PANTHERMEDIA/KEYDISC

Quando subimos em uma balança, estamos medindo a **massa** de nosso corpo.

O volume de corpos sólidos não porosos, mesmo com formas irregulares (como massa de modelar, por exemplo), pode ser medido mergulhando-se o corpo em um recipiente graduado contendo água. O acréscimo de volume, que pode ser facilmente observado na escala do recipiente, corresponde ao volume do corpo.

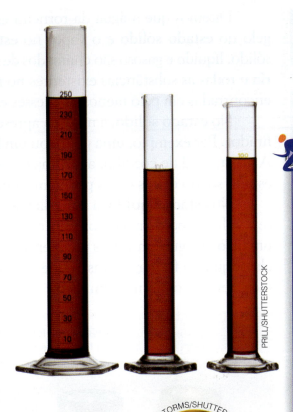

Uma proveta é um instrumento graduado que pode ser usado para medir o volume de líquidos e sólidos, mesmo que estes apresentem formas irregulares.

PRILL/SHUTTERSTOCK

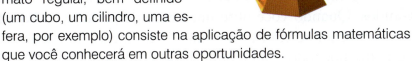

VALDIS TORMS/SHUTTERSTOCK

Fique por dentro!

Outro modo de calcular o volume de um corpo, quando se trata de um corpo de formato regular, bem definido (um cubo, um cilindro, uma esfera, por exemplo) consiste na aplicação de fórmulas matemáticas que você conhecerá em outras oportunidades.

A unidade mais usada para medir volume é o **litro (L)**. Também é muito utilizado o **mililitro (mL)**, que é equivalente ao **centímetro cúbico (cm³)**.

A correspondência entre algumas unidades de medida de volume é:

$$1\ L = 1.000\ mL$$
$$1\ mL = 1\ cm^3$$

Os estados físicos da matéria

A água que sai de uma torneira e que se transforma em gelo em um congelador ou que "desaparece" de uma panela quando colocada sobre a chama de um fogão, transformando-se em vapor, são exemplos de transformações que a matéria, no caso, a água, pode sofrer.

Jogo rápido

1. Você acha que um corpo poroso (uma esponja de limpeza, por exemplo) mergulhado em um recipiente graduado teria o volume corretamente avaliado? Justifique sua resposta.

2. É possível encontrar muitos frascos utilizados para medir volumes na cozinha de sua casa, como copo de liquidificador, jarras e mamadeiras. Também é possível encontrar pequenas balanças em muitas residências. Observe os frascos e a balança e identifique as unidades de medida utilizadas nesses dois instrumentos de medida.

3. Por que a quantidade de alguns produtos é expressa em quilogramas, outras em gramas ou miligramas? O mesmo pode ocorrer com as medidas volumétricas: litros ou mililitros. Por que, às vezes, é mais conveniente expressarmos o volume em litros e outras vezes em mililitros?

A água no estado sólido é conhecida como gelo.

VALENTYN VOLKOV/SHUTTERSTOCK

Dizemos que a água da torneira está no **estado líquido**, o gelo no **estado sólido** e o vapor no **estado gasoso**. Os estados sólido, líquido e gasoso são chamados de **estados físicos da matéria** e todas as substâncias existentes no nosso planeta podem ser encontradas em pelo menos um desses estados físicos.

No **estado sólido**, a matéria apresenta forma e volume definidos. Por exemplo, uma pedra ou um lápis são objetos sólidos. A areia, o sal de cozinha, a farinha e o açúcar também estão no estado sólido e seus grãos possuem forma e volume definidos.

No **estado líquido**, a matéria não tem forma definida, mas seu volume permanece constante. Por exemplo, colocando-se um litro de água em vários recipientes diferentes notaremos que ela adquire a forma do frasco que a contém, porém o seu volume é sempre o mesmo, um litro.

Por não terem forma definida, os líquidos adaptam-se à forma dos recipientes em que são colocados. Nas fotos, cada recipiente contém 1 L de líquido.

GRASIELE FAVATTO/acervo da editora

No **estado gasoso**, a matéria não tem forma nem volume definidos. Quando você abre um frasco de perfume, o líquido em seu interior se transforma em gás na forma de vapor, que se espalha por todo o ambiente. É dessa forma que você pode perceber o cheiro do perfume. O mesmo ocorre quando se prepara uma refeição. Os vapores liberados durante o preparo dos alimentos trazem o cheiro da comida até você.

Por que a matéria se transforma?

Por que a água da chuva desaparece da calçada molhada? O que faz com que a água desapareça da roupa colocada no varal para secar? Você deve ter notado que isso ocorre mais rapidamente em dias quentes ou quando expostas diretamente ao Sol. Da mesma maneira, a água colocada em um vasilhame sobre a chama de um fogão tende a desaparecer. Isso acontece porque a água se transforma em vapor, um gás invisível que se mistura com o ar e se espalha pelo ambiente. Neste caso, dizemos que a matéria (a água) sofre uma transformação, uma mudança de estado físico, passando do estado líquido para o estado gasoso.

E por que a matéria muda de estado? Porque, neste caso, ela recebeu energia. O fogo da chama ou o Sol estão transferindo energia térmica, ou seja, calor, para a água. E, ao se aquecer, a água começa a desprender-se na forma de vapor.

Agora, pense na situação inversa. Se retirarmos energia térmica (calor) da água no estado gasoso ela se transformará em líquido novamente? A resposta é afirmativa.

O chão molhado e as roupas estendidas no varal secam porque retiram calor (energia térmica) do ambiente e a água evapora enquanto o ar ao redor for continuamente renovado.

Ao fornecermos ou retirarmos energia térmica de uma substância ela poderá sofrer uma mudança de estado físico. É por isso também que ao colocarmos água líquida no congelador ela se transforma em gelo, pois a geladeira retira energia térmica (calor) da água.

É SEMPRE BOM SABER MAIS!

Você já deve ter observado uma situação curiosa: quando retiramos uma latinha de refrigerante da geladeira, notamos, depois de certo tempo, o aparecimento de pequenas gotas de água, que parecem surgir da própria lata. Qual a origem dessas pequenas gotas?

Como o ar contém água na forma de vapor, este, ao entrar em contato com a superfície fria da latinha, perde calor, ou seja, a superfície fria retira energia térmica do vapor, e este se transforma, mudando seu estado físico para líquido.

A água sob a forma de vapor, em contato com a superfície fria da lata gelada, passa para o estado líquido.

Aquecido a 1.500 graus Celsius (1.500 °C), o ferro se funde e passa para o estado líquido.

Uma pedra de gelo (água no estado sólido) retirada do congelador absorve calor do ambiente e passa para o estado líquido por meio da fusão.

Dos rios poluídos são liberados gases cujo cheiro não é agradável, principalmente em dias de calor. Na foto, poluição do rio Tietê na cidade de Pirapora do Bom Jesus (SP).

Tipos de transformação da matéria

Todas essas transformações da matéria recebem o nome genérico de **mudanças de estado físico**, mas, conforme o tipo de transformação, recebem nomes específicos, como veremos a seguir.

- **Fusão**: é a passagem do estado sólido para o estado líquido. Exemplo: o gelo (água no estado sólido), ao ganhar calor, transforma-se em água no estado líquido; metais (ferro, chumbo, ouro) tranformam-se em líquido quando atingem sua temperatura de fusão.

- **Solidificação**: é a mudança de estado oposta à fusão, isto é, a passagem da matéria do estado líquido para o estado sólido. Exemplo: a água na forma de líquido transforma-se em gelo, neve ou granizo ao perder calor.

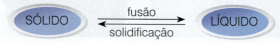

- **Vaporização**: é a passagem da matéria do estado líquido para o estado de vapor ou gás.

Você já deve ter observado que a vaporização pode ocorrer de duas maneiras: *lenta* ou *rápida*, representadas como exemplos pela roupa que seca no varal e pela água que ferve em uma panela. Esses dois processos são chamados, respectivamente, de *evaporação* e *ebulição*.

- **Liquefação ou condensação**: é a mudança de estado contrária à vaporização, ou seja, é a passagem do estado gasoso para o estado líquido. Exemplo: a água no estado de vapor, contida no ar atmosférico, em contato com uma superfície fria, perde calor e se transforma em água no estado líquido. Você se lembra da latinha de refrigerante retirada da geladeira e deixada sobre a mesa?

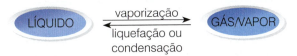

LÍQUIDO ⟶ vaporização ⟶ GÁS/VAPOR
⟵ liquefação ou condensação

- **Sublimação**: ocorre quando a matéria passa diretamente do estado sólido para o estado gasoso, ou do estado gasoso para o sólido sem passar pelo estado líquido. A bolinha de naftalina, matéria no estado sólido, colocada em armários ou gavetas para evitar a presença de insetos e mofo, desaparece depois de algum tempo. Ela sofre lentamente o processo de sublimação, passando do estado sólido diretamente para o estado de vapor. Um processo semelhante ocorre com o gelo seco (gás carbônico na forma sólida), muito usado em refrigeração e para produzir efeitos especiais em espetáculo de música ou dança.

Os fenômenos de fusão, vaporização e sublimação (sólido para gasoso) de uma substância acontecem sempre que há recebimento de calor. Os processos de solidificação, condensação e sublimação (gasoso para sólido) sempre são acompanhados de perda de calor.

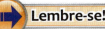

Lembre-se!

Existe diferença entre **gás** e **vapor**?

Você já deve ter notado que, muitas vezes, ao nos referirmos aos estados físicos da matéria, usamos a palavra **gás** em algumas situações e, em outras, a palavra **vapor**. Por exemplo, falamos em vapor-d'água e em gás oxigênio. Existe diferença no significado dessas palavras?

Sim, existe. Dizemos que uma substância se encontra no estado de vapor quando ela pode se liquefazer apenas com a diminuição de sua temperatura ou com o aumento da pressão (um ou outro, separadamente). Por exemplo, podemos fazer com que a água no estado de vapor se torne líquida apenas comprimindo o vapor. A compressão faz com que ocorra um aumento da pressão e o vapor se liquefaz.

Por outro lado, a água em seu estado de vapor pode tornar-se líquida também pela diminuição de sua temperatura. Por exemplo, a água do arroz cozinhando se transforma em vapor que, ao tocar na tampa da panela que se encontra a uma temperatura menor, perde calor para a tampa, esfria e se liquefaz.

Dizemos, então, que o vapor é um estado físico em a substância pode ser liquefeita utilizando-se apenas de um processo: diminuição de temperatura ou aumento de pressão. Já uma substância que se encontra no estado gasoso para ser liquefeita deve ser submetida aos dois processos simultaneamente: aumento de pressão e diminuição de sua temperatura.

ENTRANDO EM AÇÃO!

Você vai precisar de um funil, um recipiente com tampa, um prato fundo, um copo e água.

Coloque meio copo de água dentro do prato fundo e a mesma quantidade de água dentro do recipiente. Tampe-o bem, tomando o cuidado para que não haja vazamento de líquido.

Mantenha essas preparações em local aberto, uma ao lado da outra, por 24 horas. Depois, observe o que aconteceu e responda:

1. Houve mudança na quantidade de líquido dos recipientes? Em caso afirmativo, em qual ou quais deles?

2. Com base no texto deste capítulo, como você explica o resultado observado?

Descubra você mesmo!

Observe o ambiente em que você vive, principalmente a cozinha de sua casa. Você deverá encontrar muitas transformações de materiais. Faça uma lista das principais transformações da matéria que envolvem mudanças de estado físico e ocorrem diariamente em sua casa. O que pode estar causando as transformações que você observou?

■ De que é feita a matéria?

A resposta a essa pergunta foi dada pela primeira vez cinco séculos antes de Cristo por um filósofo grego de nome Demócrito. Para ele, se um pedaço de material fosse dividido em partes cada vez menores, chegaria a partículas de dimensões tão pequenas que não poderiam mais ser divididas. A essas partículas indivisíveis Demócrito chamou **átomos** (a = não, sem + + $tomos$ = partes, divisões).

Os átomos são divisíveis

Você aprenderá mais tarde que a "ideia" dos gregos persistiu durante muitos séculos, mas já não é a mesma. Sabe-se hoje que os próprios átomos são formados por partículas ainda menores e que, sob determinadas condições – por exemplo, quando grande quantidade de energia é aplicada em seus núcleos, eles podem ser divididos, liberando grande quantidade de energia, chamada de **energia nuclear**. É o que ocorre nas explosões atômicas e nas usinas nucleares.

Os átomos não são todos iguais

Você também aprenderá que materiais diferentes são formados por átomos diferentes. Por exemplo, uma barra de ferro é formada por átomos diferentes dos átomos que compõem o mercúrio dos termômetros.

Moléculas

Na natureza, átomos iguais ou diferentes podem agrupar-se formando, por exemplo, as moléculas. **Moléculas** são, então, partículas formadas por um conjunto de átomos. Assim, por exemplo, o gás oxigênio é constituído por moléculas formadas pela união de 2 átomos de **oxigênio**. Por isso, cada molécula desse gás é representada por O_2.

No caso da água, as moléculas são formadas pela união de 2 átomos do elemento químico hidrogênio com 1 átomo de oxigênio. Por isso, representa-se a fórmula da molécula água por H_2O, em que H simboliza o hidrogênio e O simboliza o oxigênio. Podemos representar cada molécula de água assim:

representação de um átomo de oxigênio

representação de uma molécula de oxigênio

GRASIELE FAVATTO/ acervo da editora

Representação de moléculas de oxigênio. (Cores-fantasia. Ilustração fora de escala.)

PANTHERMEDIA/KEYDISC

Balão de oxigênio.

água

PANTHERMEDIA/KEYDISC

GRASIELE FAVATTO/ acervo da editora

Representação de moléculas de água. (Cores-fantasia. Ilustração fora de escala.)

Em conclusão, podemos dizer que a matéria é constituída por átomos isolados, como o gás hélio, ou por agrupamento de átomos, como as moléculas que constituem a água. Mas como as moléculas são sempre formadas por átomos, em última análise podemos afirmar que toda matéria é feita de átomos.

Como os átomos ou as moléculas se comportam no interior da matéria?

As moléculas, assim como os átomos, também são muito pequenas, de forma que não conseguimos enxergá-las a olho nu. É por isso que, em vez de tentar ver, imaginamos esses átomos ou seus agrupamentos – as moléculas – como pequenas bolinhas. Essas esferas permanecem fixas em suas posições nos sólidos, mas vibrando. Quando aquecemos o sólido, essas moléculas vibram cada vez mais e começam a se deslocar. Nesse momento, o sólido está se transformando no estado líquido. Fornecendo mais energia, as moléculas se movimentam o bastante para se separarem umas das outras. Nessas condições, o líquido passa para o estado gasoso.

Exemplificando: em um cubo de gelo em um copo, as moléculas da água que o formam vibram muito pouco porque o gelo se encontra no estado sólido. Quando aquecemos o gelo, essas moléculas vibram cada vez mais, deslocam-se e o gelo se transforma e começa a surgir água no estado líquido. Quando aquecemos o líquido, fornecemos mais energia às moléculas, de tal forma que elas escapam para o ar na forma de vapor, ou seja, água no estado gasoso.

É SEMPRE BOM SABER MAIS!

Matéria pode ter cheiro e gosto; energia, não.

Agora que você já se familiarizou com os conceitos de matéria e de energia, saiba que por meio do sentido do tato, da audição e da visão detectamos formas de *energia* (calor, som e luz, respectivamente). Por meio dos sentidos do olfato e da gustação temos a percepção de algumas características de deter-minados tipos de *matéria*. Esses sentidos só conseguem perceber moléculas dissolvidas em água. Na umidade das fossas nasais, por exemplo, dissolvem-se moléculas de substâncias químicas que causam a sensação de odor. Na saliva ou na água dos próprios alimentos dissolvem-se moléculas de substâncias químicas responsáveis pelos diversos sabores.

DE OLHO NO PLANETA

Sustentabilidade

Energia limpa – adote essa Ideia!

O homem é o animal que mais causa poluição e danos ao meio ambiente. Isso acontece, em parte, porque a vida na sociedade de hoje utiliza em grandes quantidades fontes de energia poluentes, como os combustíveis fósseis (petróleo, gasolina, diesel), ou que causam transformações significativas no meio ambiente, como as usinas hidrelétricas.

Nas usinas, a força das águas represadas dos rios é utilizada para a produção de energia elétrica. Essas usinas são a principal maneira de se obter energia elétrica no Brasil. O único problema é que para construir represas e usinas é preciso alagar uma área enorme e muitas vezes alterar o caminho que o rio percorre. Essa modificação do meio ambiente interfere na vida dos animais e das plantas da região, além de mudar radicalmente a paisagem, muitas vezes destruindo belezas naturais. Também saem prejudicadas as pessoas que moram por perto e têm que se mudar por causa da inundação.

Uma das maneiras de dar "uma mãozinha" para a natureza é usar formas alternativas de energia, as chamadas energias limpas. A energia solar e a energia eólica (do vento) podem ser transformadas em energia elétrica.

Além de serem fontes praticamente inesgotáveis, elas não deixam resíduos no meio ambiente. As energias limpas estão sendo cada vez mais utilizadas para construir um futuro diferente para o nosso planeta.

Adaptado de: <http://www.canalkids.com.br/meioambiente/cuidandodoplaneta/sol.htm>. *Acesso em:* 30 abr. 2015.

EM CONJUNTO COM A TURMA!

Economizar energia é uma medida essencial para evitar desperdícios e contribuir com o meio ambiente. Faça um grupo de discussão com seus colegas e aponte medidas importantes que você e sua família possam adotar no seu dia a dia para economizar energia.

Nosso desafio

1. Preencha os quadrinhos utilizando as seguintes palavras: condensação ou liquefação, fusão, gasoso, solidificação, sublimação, vaporização.

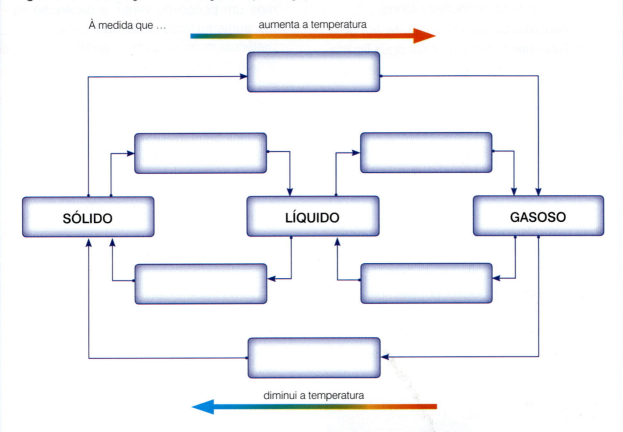

2. Para preencher os quadrinhos de 1 a 9, você deve utilizar as seguintes palavras: átomos, calor, energia, gasoso, líquido, luz, matéria, molécula, sólido.

  À medida que você preencher os quadrinhos, risque a palavra que você escolheu para não usá-la novamente.

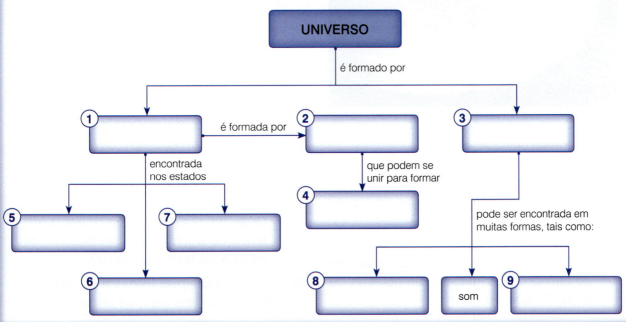

Atividades

1. Nos itens abaixo, identifique a que processos de mudança de estado da matéria referem-se as transformações citadas.

  a. Água líquida transformando-se em gelo.

  b. Gelo transformando-se em água líquida.

  c. Água líquida transformando-se em vapor-d'água.

  d. Vapor-d'água transformando-se em água líquida.

2. Por que as poças de água que ficam nas ruas após a chuva vão desaparecendo lentamente? Para onde vai a água dessas poças?

3. O que diferencia ebulição de evaporação? Dê exemplos desses fenômenos?

4. Observe uma panela contendo água sendo aquecida em um fogão; por exemplo, quando sua mãe está cozinhando o arroz. Nela, você pode notar o aparecimento de pequenas gotas de líquido na face da tampa voltada para o interior do recipiente.

VYASELEVA ELENA/SHUTTERSTOCK

  a. Como podemos explicar o surgimento dessas gotas de água?

  b. Você pode usar este comportamento da água em uma panela de arroz sendo cozido para explicar a formação da chuva? Justifique.

5. Você já deve ter notado que, em dias frios, quando toma banho, o espelho e o azulejo do banheiro ficam repletos de gotinhas de água. Por que isso ocorre?

6. Quando saímos de uma piscina com o corpo todo molhado sentimos frio. Se recebemos um pouco de vento, a sensação de frio aumenta. Você pode fazer uma experiência muito simples: espalhe um pouco de álcool sobre sua mão e, em seguida, assopre. Repita este procedimento, porém colocando água em sua mão. Você vai notar que a sensação de frio é maior com o álcool do que com a água. Com base nas informações acima, responda os itens a seguir:

  a. Como se chama a mudança de estado físico que está ocorrendo nas situações descritas acima?

  b. Nessa mudança de estado físico, a água e o álcool perdem ou recebem calor?

  c. Como você explica a sensação de frio, quando a água ou o álcool evaporam?

7. Elabore um pequeno texto para explicar por que uma pedra de gelo retirada do congelador e colocada sobre a mesa se transforma em água no estado líquido. Se essa água for deixada sobre a mesa, o que ocorrerá com ela?

8. Como você aprendeu no início deste capítulo, o Universo é feito de matéria e energia.

  a. De que é feita a matéria?

  b. Cite dois exemplos de matéria, que são necessárias para a manutenção de sua vida.

  c. Cite duas modalidades de energia essenciais à sua vida.

9. Nosso corpo se comunica com o meio externo por meio dos sentidos do tato, da audição, da visão, do olfato e da gustação.

  a. Quais desses sentidos detectam formas de energia e qual a modalidade de energia detectada?

  b. Quais desses sentidos percebem a existência de algumas características de determinados tipos de matéria?

10. O que são energias limpas e por que elas estão sendo cada vez mais utilizadas?

A importância da água para os seres vivos

Quanta água existe na Terra?

Você consegue imaginar qual seria a quantidade de água que temos hoje em nosso planeta? Pois é, esse é um número bastante difícil de se estimar, mas os cientistas conseguiram chegar a um resultado surpreendente.

Estima-se hoje que a quantidade de água disponível na Terra seja de 1,4 bilhão de km^3. Só para você ter uma ideia, esse volume daria para encher 700 trilhões de piscinas olímpicas! Esse volume imenso representa realmente toda a água, desde o xixi que você faz no começo da manhã até o suor eliminado quando você transpira brincando com seus amigos. Além da água presente no corpo de vegetais e animais, incluindo os seres humanos, esse volume ainda inclui os estoques de água sob a forma de gelo nos polos e no topo das montanhas, passando, evidentemente, por todos os oceanos, mares, lagos e rios. Também faz parte desse volume a água retida pelas florestas e a que se encontra infiltrada no solo, bem como a água das chuvas, da neve e das nuvens.

Parece muita água, não é mesmo? Mas é preciso lembrar que nem toda ela serve para ser consumida pelos seres vivos. Podemos consumir apenas a água potável, isto é, água doce, sem a presença de poluentes e microrganismos. O que garante a fonte constante de água potável, que abastece as nascentes e dá origem aos rios, é o ciclo hidrológico, um dos fenômenos mais fascinantes da Terra. Nesse ciclo, a água presente na Terra circula pelo solo, mares e atmosfera, passando pelos três estados físicos: sólido, líquido e gasoso.

Adaptado de: CAPOZZOLI, U. Ciclo hidrológico responde por água potável. *Scientific American Brasil*, São Paulo, a. 6, n. 70, p. 46-47, mar. 2008. *Disponível em:* <http://www.santoandre.sp.gov.br/biblioteca/bv/hemdig_txt/080270012.pdf>. *Acesso em:* 30 abr. 2015.

Neste capítulo, conheceremos detalhes sobre o ciclo hidrológico, também chamado de ciclo da água, e sua importância na natureza.

■ Por que a água é essencial para a vida?

Toda vez que se pensa na existência de vida em Marte ou em algum outro planeta, a principal preocupação é saber se lá existe água. Por que será que ela é necessária para a existência de vida como a conhecemos? Qual seria a razão de a água estar presente em todo e qualquer organismo, desde os simples microrganismos, como as bactérias, até seres mais complexos, como as grandes árvores da Mata Atlântica e os seres humanos? Para responder a essas perguntas, vamos inicialmente conhecer algumas funções desse líquido tão importante.

Algumas funções da água

FCG/SHUTTERSTOCK

A água é chamada de **solvente universal** para os seres vivos, porque dissolve a maioria das substâncias da natureza, tais como sais, gases, açúcares, muitas proteínas, algumas vitaminas etc. Dissolvidas em água, as substâncias químicas componentes dos organismos vivos reagem mais facilmente. Somente na água podem ocorrer todas as reações químicas vitais entre as numerosas substâncias que compõem os seres vivos.

Outra função da água é contribuir para a **manutenção da temperatura corporal**. A água eliminada pelo suor de uma pessoa evapora graças ao calor retirado da superfície do seu corpo, o que evita a elevação da temperatura do organismo. Elevações da temperatura do corpo, como acontece nos estados febris, podem produzir alterações no funcionamento normal do organismo. Por isso é necessário descobrir qual a causa das febres e buscar tratamento adequado para voltar à temperatura normal do corpo.

■ A água nos seres vivos

Observe a tabela a seguir. Ela contém dados referentes ao teor de água, em porcentagem, presente em alguns organismos ou estruturas de diferentes organismos. Cerca de 97,5% de toda a água da Terra está nos oceanos. Nos seres vivos, é um dos componentes mais abundantes. A tabela mostra, por exemplo, que nas águas-vivas, um exemplo de organismo marinho, o teor de água pode chegar a 98%. No ser humano, o teor de água varia com a idade e de acordo com o órgão que consideramos. Nos vegetais, dependendo da estrutura, o teor de água também apresenta variação. Mas uma coisa é certa: a água é um componente essencial dos seres vivos.

A transpiração favorece a manutenção da temperatura corporal.

Teor de água em diferentes organismos (em %)*

Organismo		Teor de água
Água-viva (organismo marinho)		98%
Minhoca (animal terrestre)		80%
Vegetais	Sementes	10-20%
	Folha de alface	95%
	Batata	78%
	Tomate	95%
Ser humano	Feto (3 meses)	94%
	Recém-nascido	69%
	Adulto	63%
	Pulmão	70%
	Músculo	83%

*Dados compilados pelos autores.

A água nos vegetais

A fotossíntese é um dos importantes fenômenos da natureza. É realizada por todos os vegetais terrestres e aquáticos e pelas algas aquáticas componentes de uma comunidade conhecida como fitoplâncton. É um processo que resulta na produção de alimento orgânico essencial para a sobrevivência de todos os seres vivos da Terra atual. Na grande maioria das cadeias alimentares aquáticas e terrestres, seres fotossintetizantes abastecem de alimento orgânico (açúcares, proteínas, gorduras, vitaminas etc.) e oxigênio todos os demais seres delas participantes. E para a ocorrência desse processo é fundamental a participação da água, juntamente com o gás carbônico, a energia fornecida pela luz do Sol e um pigmento de cor verde, a clorofila.

As águas-vivas habitam os oceanos e são muito famosas pelas queimaduras que podem ocasionar quando seus tentáculos encostam na pele de nadadores. Quando adultas medem, em média, 25 cm de diâmetro.

VINTROM/PANTHERMEDIA/KEYDISC

FLPA/D P. WILSON/KEYSTONE

Organismos microscópicos do fitoplâncton, comunidade de seres vivos aquáticos produtores de matéria orgânica por meio da fotossíntese (aumento desconhecido).

 gás carbônico **+** água — luz / clorofila → matéria orgânica **+** oxigênio

CHEE-ONN LEONG/PANTHERMEDIA/KEYDISC

Seivas vegetais: água em movimento

Na árvore que você vê na foto ao lado, as substâncias inorgânicas e orgânicas encontram-se dissolvidas na água, componente das seivas vegetais. Existe a **seiva inorgânica**, que é uma solução de água e substâncias minerais, que circula da raiz às folhas, onde será utilizada na fotossíntese. E existe a **seiva orgânica**, uma solução de água e nutrientes orgânicos produzido nas folhas pela fotossíntese e que é levada a todos os demais locais da planta – caule, raiz, brotos, frutos etc. – onde será consumida ou armazenada.

Lembre-se!

A seiva **inorgânica** (água e minerais) é retirada do solo e conduzida da raiz até as folhas. A seiva **orgânica** (água e nutrientes produzidos pela fotossíntese) é transportada das folhas para outras partes do vegetal.

Por outro lado, as folhas constantemente perdem água no estado de vapor por inúmeros poros, fenômeno conhecido como **transpiração**. E a água perdida precisa ser reposta pela seiva inorgânica.

Tanto a seiva orgânica como a inorgânica circulam continuamente pelo corpo do vegetal por meio de finíssimos tubos (ou vasos) condutores, que encaminham às diversas partes do organismo a água e as substâncias necessárias ao seu bom funcionamento.

A água nos animais complexos

Nos animais complexos, como o homem, o beija-flor, o lagarto, o sapo e o peixe, por exemplo, o sangue funciona como importante veículo de distribuição de diversas substâncias. O sangue contém grande quantidade de água e inúmeras substâncias dissolvidas, entre elas nutrientes orgânicos, hormônios, sais minerais para abastecer as células. Além disso, no sangue também existem células, como os glóbulos vermelhos responsáveis pelo transporte do oxigênio.

As sequoias são as árvores mais altas do planeta (podendo atingir mais de 80 m de altura) e algumas delas chegam a viver mais de 2.000 anos. Água e minerais devem percorrer o caule da raiz até as folhas, onde ocorre a fotossíntese.

CHEE-ONN LEONG/PANTHERMEDIA/KEYDISC

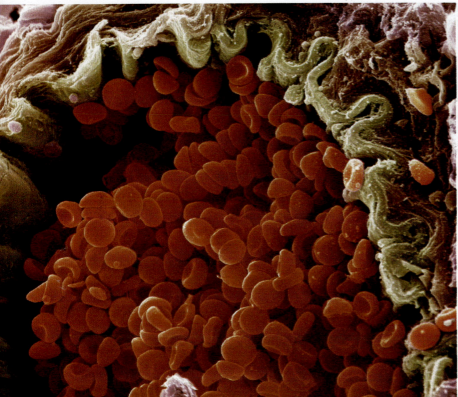

STEVE GSCHMEISSNER/SPL/LATINSTOCK

Na foto, glóbulos vermelhos dentro de uma arteríola (vaso sanguíneo de calibre menor do que o das artérias). (A imagem foi colorida artificialmente para facilitar a visualização e ampliada 525 vezes.)

O sistema circulatório, formado pelo coração e vasos sanguíneos, é responsável pelo transporte de inúmeras substâncias a todas as partes do corpo.

SEBASTIAN KAULITZKI/PANTHERMEDIA/KEYDISC

Passando pelos diversos órgãos, o sangue "entrega" as inúmeras substâncias essenciais que serão utilizadas pelas células. Ao mesmo tempo, ele "recolhe" impurezas que serão encaminhadas para o meio exterior. É o caso do gás carbônico, eliminado pelos pulmões, e da ureia, excretada por meio dos rins. E tudo isso ocorre graças à água que, no seu vai e vem, possibilita o transporte das diversas substâncias pelo corpo desses organismos.

Jogo rápido

O suor, a respiração e a urina envolvem a perda de água pelo organismo humano. O volume de água perdido pela urina, por dia, por uma pessoa normal, é de cerca de 1 litro. A água perdida nessas situações deve ser reposta. Além da ingestão direta, que outras fontes servem para a reposição da água?

ESTABELECENDO CONEXÕES

Saúde

Diarreia: perda de água e sais

Toda vez que ocorre uma infecção intestinal, principalmente provocada por contaminação de alimentos por microrganismos causadores de doenças, um dos sintomas é a **diarreia**. É uma ocorrência preocupante, sobretudo em crianças, na medida em que envolve grande perda de água e sais minerais (desidratação). A água do organismo é perdida e fará falta para o trabalho dos diversos órgãos. Nessa situação, é preciso repor a água, juntamente com os sais minerais essenciais, sempre sob supervisão de um médico, que indicará as quantidades necessárias de soros reidratantes a serem ingeridos ou injetados no sentido de recuperar o equilíbrio do organismo, preservando a saúde da pessoa.

DE OLHO NO PLANETA

Meio Ambiente

22 de março: Dia Mundial da Água

O Dia Mundial da Água foi criado pela ONU (Organização das Nações Unidas) no dia 22 de março de 1992. Desde então, esse dia é destinado à discussão sobre os diversos aspectos relacionados a esse importante bem natural.

Mas por que a ONU se preocupou com a água se dois terços do planeta Terra são formados por esse precioso líquido? A razão é que pouca quantidade, cerca de 0,008%, do total da água do planeta é potável (própria para o consumo). E, como se sabe, grande parte das fontes dessa água (rios, lagos e represas) está sendo contaminada, poluída e degradada pela ação predatória do homem. Essa situação é preocupante, pois, em um futuro próximo, poderá faltar água para o consumo de grande parte da população mundial. Pensando nisso, foi instituído o Dia Mundial da Água, cujo objetivo principal é criar um momento de reflexão, análise, conscientização e elaboração de medidas práticas para resolver tal problema.

No dia 22 de março de 1992, a ONU também divulgou um importante documento: a "Declaração Universal dos Direitos da Água". Esse texto apresenta uma série de medidas, sugestões e informações que servem para despertar a consciência ecológica da população e dos governantes para a questão da água.

Mas como se deve comemorar essa importante data? Não só nesse dia, mas também nos outros 364 dias do ano, é preciso ter atitudes que colaborem na preservação e economia desse bem natural. Sugestões não faltam: não jogar lixo nos rios e lagos; economizar água nas atividades cotidianas (banho, escovação de dentes, lavagem de louças etc.); reutilizar a água em diversas situações; respeitar as regiões de **mananciais** e divulgar essas ideias.

> **Manancial:** fonte de água.

ORTIZ, B. *22 de março:* Dia Mundial da Água. *Adaptado de:* <http://www.interlegis.leg.br/noticias/2009/03/22-de-marco-dia-mundial-da-agua>. *Acesso em:* 30 abr. 2015.

DELFIM MARTINS/PULSAR IMAGENS

Represa Billings, maior reservatório de água da Grande São Paulo em fev. 2013.

De onde vem a água da chuva?

Você já notou como muitos acontecimentos ao seu redor repetem-se em determinados intervalos de tempo? Por exemplo, a noite que segue o dia e as estações que sempre se repetem a cada ano. Esses e muitos outros fenômenos naturais acontecem, como se costuma dizer, em ciclos. Observe seu comportamento e você perceberá que nós também obedecemos a um regime cíclico. A cada dia você se levanta, escova os dentes, toma seu café, vai para a escola, volta para sua casa, faz as tarefas escolares e, no final do dia, deita-se para dormir. No dia seguinte, tudo se repete.

A água também tem seu ciclo que representa o caminho que ela percorre na natureza. A formação das chuvas faz parte desse ciclo, como você verá a seguir.

Ciclo da água

A água que evapora dos oceanos, rios, lagos, pântanos e da terra se dirige para a atmosfera. Da água que as plantas retiram do solo, grande parte evapora pelas folhas e também encaminha-se para a atmosfera. O mesmo ocorre com a água na forma de vapor eliminado pelos pulmões ou através da pele de diversos animais na transpiração, ou pela urina.

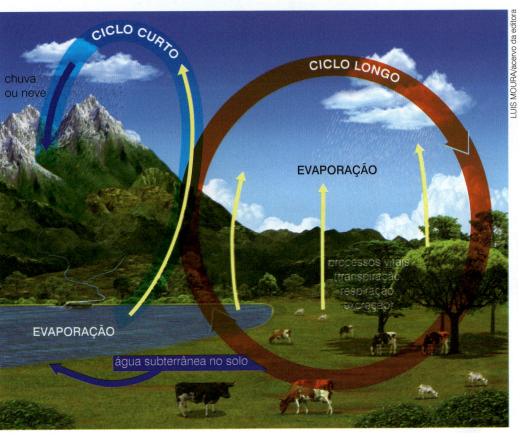

Ciclo da água na natureza. O ciclo curto (evaporação, condensação e precipitação) completa-se sem passar pelos organismos vivos. No ciclo longo, a água circula através das comunidades (produtores e consumidores).

Nas regiões altas e frias da atmosfera, o vapor-d'água se condensa em gotas muito pequenas, formando as nuvens. Essas pequenas gotas se unem em gotas maiores e mais pesadas. Quando as nuvens estão carregadas, devolvem a água na forma de chuva, granizo ou neve.

A água que atinge o solo pode evaporar-se ou escorrer em direção aos rios e oceanos. Parte dessa água infiltra-se na terra. A água que se infiltra no solo forma reservatórios subterrâneos, os chamados *lençóis subterrâneos* ou *lençóis freáticos*.

A água desses lençóis abastece as nascentes dos rios, os lagos e os oceanos. Mais evaporação, mais nuvens, mais chuva, mais neve e, assim, o ciclo se repete.

E de onde vem a energia para isso tudo? Toda a energia para manter o ciclo da água vem do calor do Sol. Por isso, diz-se que o ciclo da água é "movido por energia solar". A quantidade de água existente no planeta não aumenta nem diminui. Acredita-se que a quantidade atual de água seja praticamente a mesma de há 3 bilhões de anos. Isto é possível porque o ciclo da água se repete de modo constante.

Uma das grandes reservas de água subterrânea de nosso país é o chamado Aquífero Guarani. Esse corpo de água se estende por 8 estados brasileiros e parte dos territórios da Argentina, Paraguai e Uruguai. Ao todo seu volume de água é estimado em 37.000 km³ e sua área em 1.087.000 km².

Aquífero Guarani

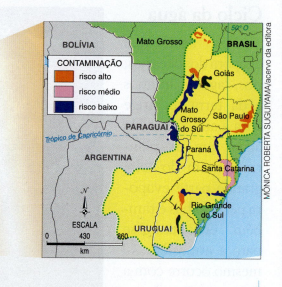

Fonte: ANA – Agência Nacional de Águas. Projetos. Programas e Projetos fiscalizados. *Programa Estratégico de Ação. Disponível em:* <http://www.ana.gov.br/bibliotecavirtual/arquivos/20100223172711_PEA_GUARANI_Port_Esp.pdf>. Acesso em: 6 jul. 2015.

No Brasil, o Aquífero Guarani estende-se pelos Estados do Rio Grande do Sul, Santa Catarina, Paraná, São Paulo, Minas Gerais, Goiás, Mato Grosso do Sul e Mato Grosso.

DE OLHO NO PLANETA

Meio Ambiente

Chuva ácida

Os veículos automotores, como carros, ônibus, caminhões e tratores, por exemplo, utilizam produtos derivados de petróleo, como a gasolina ou o óleo diesel, conhecidos como combustíveis fósseis, pois são originados a partir da decomposição de matéria orgânica.

Esses combustíveis são queimados pelos veículos e geram a energia necessária para se movimentarem. Porém, essa queima de derivados de petróleo libera muitos produtos para a atmosfera, entre eles o enxofre e o nitrogênio. Essas substâncias se transformam rapidamente em dióxido de enxofre e óxidos de nitrogênio. O dióxido de enxofre e os óxidos de nitrogênio reagem com o vapor-d'água na atmosfera, transformando-se em ácidos sulfúrico e nítrico, respectivamente. Esses se precipitam com a água, tornando a chuva ácida.

Além de corroer monumentos e objetos de mármore e de cobre, a água das chuvas ácidas contamina o solo, rios e lagos, prejudicando animais e vegetais.

ESTABELECENDO CONEXÕES

Cotidiano

HELMA SPONA/PANTHERMEDIA/KEYDISC

Orvalho. Vapor-d'água que se condensa em contato com superfícies frias.

Brrrrrrr... Que frio!

De manhã, quando o ar está frio e úmido, objetos ao ar livre, carros e plantas, às vezes ficam cobertos por gotas de água, sem que tenha chovido: é o **orvalho**. Ele se forma quando o vapor-d'água presente no ar perde calor ao entrar em contato com a superfície desses objetos e se condensa, ou seja, passa do estado gasoso para o estado líquido.

Se a temperatura estiver muito baixa, pode ocorrer o congelamento dessa água que se depositou nessas superfícies, formando uma camada de gelo: é a **geada**. Ela pode causar muito prejuízo às plantações, pois pode destruir folhas e frutos.

Geada. Em temperaturas muito baixas, o orvalho congela.

EMILY P./PANTHERMEDIA/KEYDISC

Neve, granizo e neblina

Nas camadas mais altas de certos tipos de nuvens, a temperatura é inferior a 0 °C (zero graus Celsius ou centígrados). Nesse caso, o vapor-d'água condensa-se e solidifica-se na forma de *flocos* que, em determinadas condições ambientais, precipitam-se na forma de **neve**. Esse fenômeno ocorre comumente no alto de montanhas e em alguns países situados nas regiões temperadas do globo terrestre. Em nosso país, a precipitação de neve ocorre durante o inverno em algumas localidades da Região Sul.

Pasto coberto de neve na serra gaúcha em São José dos Ausentes, RS (jul. 2013).

GERSON GERLOFF/PULSAR IMAGENS

FOTOBUEHL/PANTHERMEDIA/KEYDISC

Durante algumas tempestades, pode ocorrer a precipitação de **granizo** ou **chuva de pedra**, causando grandes prejuízos. Isso ocorre quando, nas nuvens, flocos de gelo parcialmente fundidos formam gotas de água que são lançadas para cima, para as regiões mais frias dessas nuvens, por *fortes ventos*. Desse modo, a água volta a se congelar formando blocos de gelo cada vez maiores, que caem na terra como granizo.

Granizo.

DANIEL LORETTO/PANTHERMEDIA/KEYDISC

Você poderia perguntar: por que essas pedras de gelo não se fundem ("derretem") ao atravessar camadas mais baixas e mais quentes da atmosfera e caem como chuva normal? Isso até acontece, em parte, mas devido ao tamanho desses blocos e a rapidez com que descem, não há tempo suficiente para ocorrer a fusão completa das pedras.

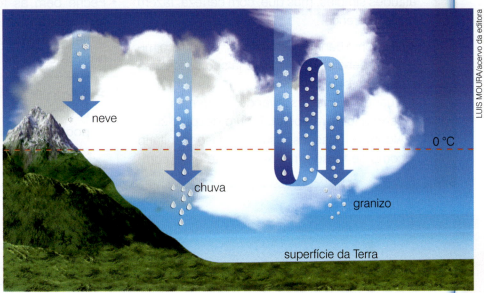

Nas camadas mais altas da nuvem, acima do traço horizontal (0 °C), a temperatura está abaixo de 0 °C. Nesse caso, temos a formação de flocos de gelo. Abaixo do traço horizontal, a temperatura está acima de 0 °C; o gelo se funde e a água resultante precipita-se como chuva. Se ventos fortes empurrarem essa água para as camadas mais altas (mais frias) da nuvem, forma-se o granizo. Formação de neve (à esquerda), de chuva (no centro) e de granizo (à direita).

A formação da **neblina**, também chamada de **nevoeiro**, se dá quando o vapor-d'água se condensa em gotículas que ficam suspensas nas partes mais baixas da atmosfera. Por isso, podemos dizer que a neblina é como uma nuvem que se forma perto do solo.

A neblina nas estradas prejudica a visibilidade e pode causar muitos acidentes.

DE OLHO NO PLANETA

Você e a água

Abaixo seguem algumas dicas para você evitar o desperdício de água em sua casa. São atitudes simples, mas que, com certeza, fazem muita diferença.

- Não tome banhos demorados, pois cinco minutos debaixo do chuveiro já são suficientes para um bom banho.
- Quando estiver escovando os dentes, não deixe a torneira aberta. É puro desperdício!
- Algumas pessoas usam o vaso sanitário como se fosse uma lixeira. Evite esse comportamento: lugar de lixo é no lixo e não no vaso sanitário.
- Feche bem as torneiras, pois quando mal fechadas podem trazer muito prejuízo. Uma torneira pingando durante todo um dia desperdiça cerca de 46 litros de água.

➢ A boa utilização dos recursos do planeta depende de todos. Que outra atitude poderia ser adotada em sua casa para reduzir o desperdício de água potável?

Nosso desafio

Nos dois desafios a seguir, utilize as palavras indicadas para preencher os quadrinhos que compõem os mapas de conceitos. À medida que você preencher os quadrinhos, lembre-se de riscar a palavra que escolheu para não usá-la novamente.

1. Preencha os quadrinhos com os termos a seguir: animais, células, fotossíntese, pulmões, rins, seiva elaborada, seiva orgânica, vegetais.

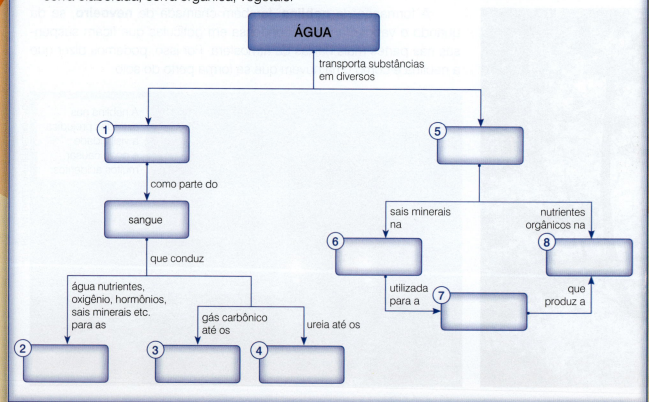

2. Preencha os quadrinhos com os termos: chuvas, lençóis freáticos, seres vivos, vapor-d'água.

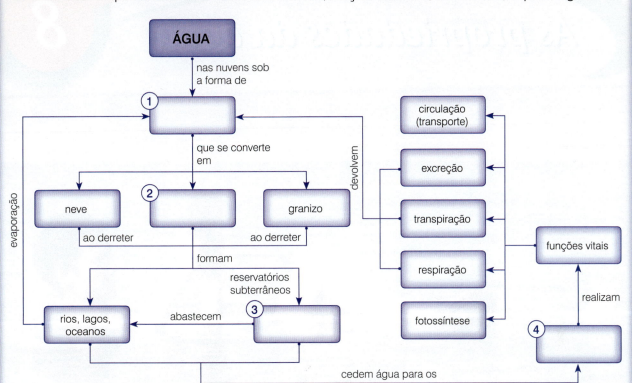

Atividades

1. "Toda vez que se pensa na existência de vida em Marte ou em algum outro planeta, a principal preocupação é saber se lá existe água", foi a frase que você leu no início do item *Por que a água é essencial para a vida?* Cite algumas funções da água que justificam a frase acima em termos da sobrevivência dos seres vivos.

2. A fotossíntese é, sem dúvida, um importante processo produtor de alimento orgânico e de oxigênio indispensável para a sobrevivência da grande maioria dos seres vivos da Terra atual. Desse processo participam a luz do Sol, clorofila, o gás carbônico e outra substância, sem a qual o processo não ocorreria. A esse respeito e utilizando os seus conhecimentos sobre o assunto, responda:

a. Qual a outra substância essencial para a realização de fotossíntese?

b. Que seres vivos são responsáveis pela realização de fotossíntese na Terra atual?

3. Tanto em animais complexos, como o homem, quanto em vegetais de grande tamanho, a água circula pelo corpo conduzindo substâncias essenciais e, muitas vezes, removendo substâncias que devem ser eliminadas. Utilizando as informações que você obteve ao ler esse capítulo, responda:

a. Qual o líquido circulante nos animais complexos, que realiza essas funções?

b. Quais são os líquidos circulantes nos vegetais complexos, que conduzem substâncias para as diversas partes desses organismos?

4. O caminho percorrido pela água ao passar da atmosfera para a superfície da terra, passando ou não pelos seres vivos e voltando novamente para a atmosfera constitui o ciclo da água ou ciclo hidrológico.

a. Que mudanças de estados físicos da água ocorrem durante este ciclo?

b. Qual o papel da energia térmica solar na manutenção do ciclo hidrológico?

capítulo 8

As propriedades da água

Nadar, sim; afundar, não!

Você já ouviu falar no Mar Morto? Na verdade, não é um mar, mas sim um lago, que se estende na fronteira da Jordânia com Israel, ou seja, no Oriente Médio.

Sua grande extensão, 80 km de comprimento por 18 km de largura, é que fez com que esse lago fosse chamado de "mar" e a alta concentração de sal em suas águas não possibilita a existência de vida, com exceção de uma bactéria muito especial (*Haloarcula marismortui*), daí o nome de "morto". Mas o que tem de tão especial esse "lago-mar"?

O Mar Morto está localizado em um vale, na verdade, a 360 m abaixo do nível do mar, local onde venta pouco, quase nunca chove e o ar sobre ele é quente e seco. Com isso, aumentam as condições para que haja uma evaporação lenta e constante de suas águas. Menos quantidade de líquido e altíssima quantidade de sais (300 g/L, enquanto nos oceanos temos 5 g/L) tornam suas águas mais densas do que nosso corpo, fazendo com que não afundemos nelas. Por isso, é até possível se aconchegar nas águas do Mar Morto e ler um livro ou jornal, por exemplo, como se vê na foto.

Neste capítulo, vamos aprender algumas das propriedades da água, entre elas a densidade, que dá ao lago-mar suas características tão especiais.

■ Afundar ou flutuar?

Você, certamente, já notou que alguns objetos afundam e outros flutuam na água, e que, ao mergulhar, você tem a sensação de que está mais leve. Você fica de fato mais leve porque o seu peso diminui ou algum fenômeno físico produz essa sensação? É possível que objetos "pesados", quando colocados na água se tornem objetos com menos peso e por isso flutuem?

Para respondermos a essas questões vamos começar com um fato que você certamente já deve ter observado: o óleo de cozinha flutua na água. Se você despejar água lentamente em um copo que já contenha um pouco de óleo (apenas um dedo é suficiente), notará que óleo e água não se misturam.

Formam-se duas camadas e o óleo ocupa a parte superior. Algumas pessoas tentam explicar esse fato afirmando que a água é mais "pesada" que o óleo e, por isso, ficou por baixo. Seria essa explicação verdadeira?

Se despejarmos mais óleo no copo, de modo que essa quantidade seja maior que a da água em massa e volume, ainda assim a camada de óleo permanecerá sobre a água.

Em conclusão: o óleo flutua não porque é "mais leve" que a água, mas devido a uma propriedade da matéria, chamada **densidade**, que discutiremos a seguir.

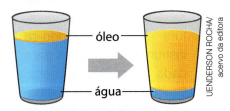

O óleo sempre flutua na água em qualquer quantidade. Portanto, o peso de um objeto ou de um líquido não é o que o faz flutuar ou afundar em outro líquido.

Densidade

Ao entender o que é densidade de uma substância ou de um material, você descobrirá porque o óleo, isopor, cortiça, parafina e gelo flutuam na água e porque blocos de alumínio, ferro ou chumbo de qualquer tamanho afundam nesse mesmo líquido.

Vamos começar analisando, na tabela ao lado, a *quantidade de massa* que existe em *um mesmo volume* de alguns desses materiais.

Analisando os dados da tabela, notamos que as substâncias que flutuam na água diferem das que afundam, pela quantidade de massa que possuem por unidade de volume. Isto é, as substâncias que flutuam têm menor quantidade de massa por unidade de volume (1 cm^3) do que a água, que possui exatamente 1 grama por centímetro cúbico.

Materiais	Volume (cm³)	Massa (g)
Isopor	1	0,03
Azeite de oliva	1	0,92
Água sólida (gelo)	1	0,92
Água líquida	1	1
Ferro	1	7,8
Chumbo	1	11,3

1 cm

1 cm   1 cm

ALEX TARASSON/SHUTTERSTOCK

Um volume igual a 1 cm³ é igual ao volume de um cubo de arestas com comprimento igual a 1 cm.

Por outro lado, as substâncias que afundam na água, têm mais massa em cada centímetro cúbico do que a água. A relação entre a quantidade de *massa* (m) contida em certo *volume* (V) de uma dada substância corresponde a uma nova grandeza física chamada *densidade* (d).

Para sabermos qual a **densidade** de determinado material, basta dividir sua massa pelo volume ocupado, como está expresso a seguir:

$$\text{densidade (d)} = \frac{\text{massa (m)}}{\text{volume (V)}}$$

Podemos, então, dizer que o isopor tem *densidade* 0,03 gramas por centímetro cúbico ou, matematicamente, $0,03 \text{ g/cm}^3$; o azeite de oliva, $0,92 \text{ g/cm}^3$; a água líquida, 1 g/cm^3; o ferro, $7,8 \text{ g/cm}^3$; e o chumbo, $11,3 \text{ g/cm}^3$. Como esses números constituem a densidade das respectivas substâncias, podemos afirmar que os materiais com densidade superior à da água afundam quando nela mergulhados. Os que possuem densidade menor, flutuam.

<table>
<tr><th>Materiais</th><th>Volume (cm³)</th><th>Massa (g)</th><th>Densidade (g/cm³)</th><th>Condição</th></tr>
</table>

Materiais	Volume (cm^3)	Massa (g)	Densidade (g/cm^3)	Condição
Isopor	1	0,03	0,03	flutua
Azeite de oliva	1	0,92	0,92	flutua
Água sólida (gelo)	1	0,92	0,92	flutua
Água líquida	1	1	1	—
Ferro	1	7,8	7,8	afunda
Chumbo	1	11,3	11,3	afunda

É interessante observar que um material pode flutuar em um líquido e afundar em outro. O ferro ($d = 7,8 \text{ g/cm}^3$), por exemplo, afunda na água mas flutua no mercúrio ($d = 13,6 \text{ g/cm}^3$). Um pedaço de parafina ($d = 0,9 \text{ g/cm}^3$) flutua na água mas vai ao fundo no álcool ($d = 0,79 \text{ g/cm}^3$).

Agora que já sabemos por que alguns objetos afundam e outros flutuam em meios líquidos, falta compreender por que temos a sensação de que ficamos mais leves quando mergulhamos. Para isso, precisamos entender o que vem a ser uma outra grandeza física chamada *pressão*.

Fique por dentro!

Chama-se **grandeza** tudo o que pode ser medido ou calculado (comprimento, área, volume, massa, densidade, temperatura etc.) empregando-se instrumentos próprios para cada caso (régua, trena, frascos graduados, balanças, termômetros etc.). As medidas são expressas em unidades, tais como grama (g), metro (m), litro (L), grau (°) etc.

Jogo rápido

1. Por que o gelo flutua na água?
2. O que queremos dizer quando afirmamos que a densidade do chumbo é maior do que a densidade do ferro?
3. Uma bolinha de gude possui densidade igual a $2,7 \text{ g/cm}^3$. Essa bolinha, quando colocada em um recipiente com água, que possui densidade igual a 1 g/cm^3, afunda ou flutua? Por quê?

É SEMPRE BOM SABER MAIS!

Tensão superficial

Será possível caminhar sobre a superfície da água? Provavelmente você deve ter pensado que isso não é possível. Bem, para nós, humanos, e para a maioria dos grandes animais, isso realmente é verdade. Mas para alguns insetos e aranhas, caminhar sobre a água é uma realidade.

Observe a foto ao lado e perceba como esse inseto consegue apoiar-se sobre a água. Isso só é possível porque a água apresenta uma propriedade muito especial, chamada de **tensão superficial**, que ocorre devido às forças de atração que as moléculas de água do interior do líquido exercem sobre a superfície. Por causa disso, as moléculas da superfície da água tendem a se comportar como uma membrana elástica, permitindo que insetos leves ou até mesmo pequenos objetos possam ficar sobre sua superfície sem afundar.

Inseto leve caminha ou apoia-se na superfície da água sem afundar.

Força e pressão

O conceito de força pode ser considerado intuitivo, pois em nosso dia a dia já estamos familiarizados com ele. Mas podemos conceituar **força** como algo que, ao atuar sobre um corpo, provoca alteração de sua velocidade e/ou sua deformação.

As pessoas costumam confundir força com **pressão**. Assim, vamos fazer uma pequena verificação, que permitirá compreender a diferença entre essas duas grandezas.

Tome um lápis apontado e comprima as duas extremidades com os dedos indicadores, aplicando forças de igual intensidade.

Você sentirá uma sensação de dor somente no dedo em contato com a extremidade mais fina. Por que isto ocorre?

A única diferença está na área das extremidades do lápis em contato com os dedos. A extremidade fina (ponta) possui a menor área de contato.

> **Intuitivo:** aquilo que pode ser compreendido de maneira instintiva.

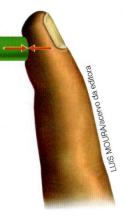

A área de contato maior está submetida a uma pressão menor, pois a força se distribui por uma área maior. A região de contato com menor área concentra a força num pequeno ponto. Assim, *forças iguais* aplicadas a ambas as extremidades do lápis provocam *pressões diferentes* nas superfícies. Se forças iguais podem produzir pressões diferentes, então força não é o mesmo que pressão. A pressão sempre está relacionada com certa área de aplicação; força, não.

A palavra **pressão** é usada quando se quer expressar certa quantidade de força aplicada a uma área de uma superfície.

Como vimos, forças iguais aplicadas a áreas superficiais de tamanhos diferentes produzem pressões diferentes. Por isso, na ponta do lápis a pressão é maior porque a força aplicada está "concentrada" em uma área menor; na extremidade oposta, a mesma força produz uma pressão menor porque está "distribuída" em uma área maior.

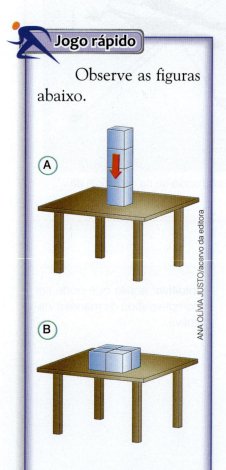

Jogo rápido

Observe as figuras abaixo.

ANA OLÍVIA JUSTO/acervo da editora

Quatro cubos iguais (massa e volume) de um mesmo material sólido foram apoiados sobre a superfície de uma mesa em duas situações diferentes (A e B). Em qual delas a pressão exercida sobre a mesa é maior? Por quê?

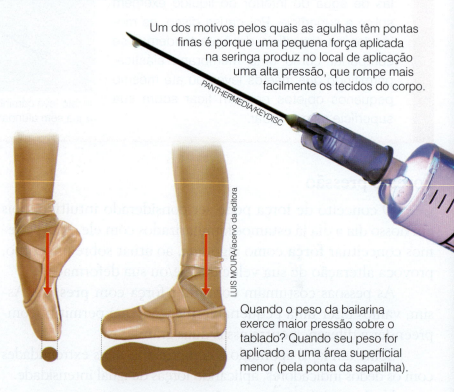

Um dos motivos pelos quais as agulhas têm pontas finas é porque uma pequena força aplicada na seringa produz no local de aplicação uma alta pressão, que rompe mais facilmente os tecidos do corpo.

PANTHERMEDIA/KEYDISC

LUIS MOURA/acervo da editora

Quando o peso da bailarina exerce maior pressão sobre o tablado? Quando seu peso for aplicado a uma área superficial menor (pela ponta da sapatilha).

A partir dessas observações, concluímos que:

- existe diferença entre força e pressão: somente a *pressão* depende da área;
- quanto menor a área de contato, maior a pressão;
- quanto maior a força, maior a pressão.

Podemos nos referir à intensidade de uma força (maior, menor) sem fazer referência à área em que é aplicada. Já a pressão depende da extensão da área em que uma força de certa intensidade é aplicada.

A água exerce pressão

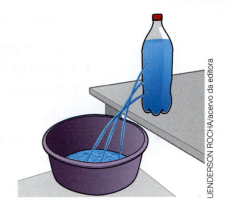

Observe a figura ao lado, que mostra a água jorrando por orifícios de mesmo tamanho feitos em uma garrafa plástica. Você nota alguma diferença nos jatos que saem dos furos feitos em alturas diferentes na garrafa?

Você deve ter observado que quanto mais distante estiver o furo da superfície da água no interior da garrafa, maior a distância que o jato atinge.

Essa observação revela que a água exerce uma força sobre a superfície interna da garrafa, ou seja, exerce uma *pressão*. Essa pressão varia de acordo com a altura da água no recipiente, sendo maior no fundo do que na superfície. Por isso, a água que jorra do furo localizado mais próximo do fundo da garrafa é "empurrada" com maior intensidade (maior pressão) atingindo uma distância maior.

A pressão exercida pela água recebe o nome de **pressão hidrostática**.

ESTABELECENDO CONEXÕES

Saúde

Pressão e profundidade

Se, ao nadar, você costuma dar alguns mergulhos, saiba que à medida que se desloca para o fundo, a pressão da água sobre o corpo aumenta, pois a "altura" da água sobre você torna-se maior. O efeito desse aumento de pressão pode causar desconforto em sua orelha externa porque a água comprime o ar que permanece no conduto auditivo sobre o tímpano.

Pressão em todas as direções

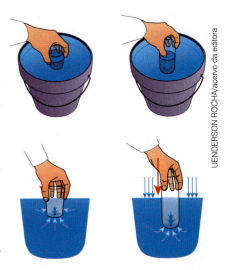

É o peso das camadas de ar da atmosfera ou o peso da própria água que produz a pressão sobre os corpos na superfície da Terra ou mergulhados em água. É por isso que quanto maior a profundidade, maior a pressão que as moléculas de água aplicam na parede de um recipiente ou nos corpos que se encontram submersos. Mas será que a força gerada pela pressão da água só atua de cima para baixo e para os lados? Pode a pressão criar forças de baixo para cima?

Um recipiente cilíndrico transparente, como uma garrafa plástica com a base perfurada (furo com diâmetro de 0,5 cm), é forçado para dentro da água contida em uma tigela ou balde, como mostra a figura ao lado.

Um jato de água entra no recipiente através do furo em sua base. Quanto mais aprofundada estiver a base da garrafa, maior será a intensidade do jato. Isso revela que a pressão da água também é exercida de baixo para cima e aumenta com a profundidade.

Vamos resumir nossas conclusões:

- a água exerce pressão, que aumenta com a profundidade;
- a pressão da água é exercida em todas as direções, inclusive de baixo para cima

Não é somente a pressão da água que produz forças em todas as direções. Isso acontece com qualquer outro líquido ou gás. Por exemplo, a pressão do ar de nossa atmosfera (pressão atmosférica) age sobre todos os pontos da superfície dos nossos corpos.

A observação seguinte nos ajudará a compreender melhor a ação da pressão atmosférica: um copo cheio de água, fechado por uma carta de baralho (ou pedaço de papel cartão equivalente), é invertido cuidadosamente com uma das mãos apoiada sobre a carta. Ao retirarmos essa mão com cuidado, notaremos que a carta mantém-se na boca do copo e não cai. Por quê?

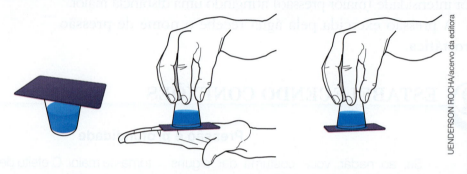

UENDERSON ROCHA/acervo da editora

O peso da água no interior do copo empurra para baixo a carta de baralho, que, no entanto, não cai. Isso só é possível se a força com que a água empurra a carta para baixo for anulada por uma força que empurre a carta para cima. Qual a origem dessa força? A pressão atmosférica que envolve o copo, criada pelo peso do ar, gera uma força de baixo para cima na carta de baralho, impedindo que o peso da coluna de água que está no interior do copo a empurre para baixo.

Podemos, então, concluir que a pressão de um gás ou de um líquido produz forças em *todas* as direções, inclusive de baixo para cima.

Jogo rápido

Se deslizarmos lentamente a carta pela "boca" do copo, provocando uma pequena abertura, o que acontecerá? Por quê?

ESTABELECENDO CONEXÕES

Cotidiano

Os seres vivos, sempre estão sob a ação da pressão atmosférica no meio terrestre, e das pressões atmosférica e hidrostática no meio aquático.

Esses indivíduos não são esmagados pois apresentam mecanismos capazes de igualar a pressão interna com a pressão externa. Os habitantes dos ambientes aquáticos estão submetidos a pressões maiores, tanto externa quanto internamente. Esta é a razão pela qual pessoas, e até mesmo submarinos, só podem mergulhar até determinada profundidade; do contrário, seriam esmagados pela enorme pressão da água, que, como você já sabe, aumenta com a profundidade.

Empuxo

Agora, podemos compreender por que temos a sensação de ficarmos mais leves quando mergulhamos.

Imagine um objeto qualquer, como um pequeno bloco de madeira, imerso em um líquido. Isto significa que ele está sob a influência de forças tanto laterais como de cima para baixo e de baixo para cima, já que a pressão da água atua em todas as direções.

Agora, observe a figura ao lado, em que cada seta representa uma força.

Note como todas as forças nas laterais se anulam, pois para cada força que surge em um sentido sempre existirá outra com sentido contrário, porém com a mesma intensidade (na figura, indicada pelo tamanho da seta). Note, na figura, como as duas setas horizontais menores se anulam (→←). O mesmo acontece com as duas setas horizontais maiores (———→←———).

Porém, isto não ocorre na vertical, onde a força aplicada de baixo para cima é maior do que a força aplicada de cima para baixo, pois a pressão embaixo é maior do que a pressão na parte de cima do bloco. Dessa forma os pares de forças verticais opostas representados na figura, não se anulam, resultando sempre uma força para cima.

É essa força resultante de todas as forças aplicadas pelo líquido com sentido para cima que recebe a denominação de **empuxo**. Como essa força possui sentido contrário ao peso do corpo, poderá anulá-lo tornando o corpo mais leve.

É importante notar que o peso do corpo não é afetado quando ele está submerso. O que ocorre é o surgimento de uma força que poderá anular ou até superar o peso do corpo.

UENDERSON ROCHA/acervo da editora

Figura 1   Figura 2

Na Figura 1, cada seta representa uma força e o comprimento da seta, sua intensidade (quanto maior a seta mais intensa a força). São representadas apenas algumas forças, no entanto todo o bloco está sob a influência da pressão do líquido e, portanto, de forças geradas pelo líquido. Na horizontal, as forças se anulam, mas, na vertical, a intensidade da força para cima supera a intensidade da força para baixo e, portanto, temos uma resultante para cima que é denominada **empuxo** (E), representada na Figura 2.
Na Figura 1, para simplificar, não representamos a força da gravidade, que é o peso (P) do corpo.

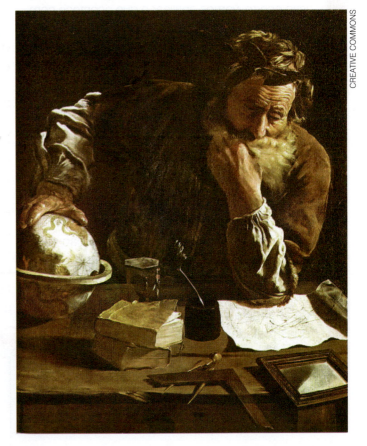

CREATIVE COMMONS

O primeiro a conceber a existência do empuxo foi Arquimedes, físico e matemático grego, nascido em 287 a.C.
Arquimedes Pensativo, de Domenico Fetli.
Óleo sobre tela, 98 x 73,5 cm, 1620.
Galeria Alte Meister, Dresden, Alemanha.

Fique por dentro!

É importante notar que o empuxo também pode ser causado por gases, como os que compõem o ar atmosférico, porém a sua intensidade é menos percebida do que o empuxo causado pela água.

Resumindo, podemos dizer que **empuxo** é uma força vertical, exercida pelo líquido e dirigida para cima, que atua sobre um corpo total ou parcialmente imerso e se opõe ao peso do corpo. Veja as figuras a seguir:

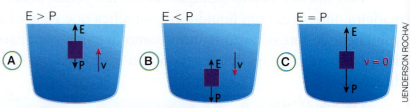

A – Quando a intensidade do empuxo for *maior* do que o peso, o corpo se dirige para cima. Isso ocorre quando a densidade do líquido é *maior* do que a densidade do corpo.
B – Quando a intensidade do empuxo for *menor* do que o peso, o corpo se dirige para baixo (afunda). Isso ocorre quando a densidade do líquido é *menor* do que a densidade do corpo.
C – Quando a intensidade do empuxo for *igual* à intensidade do peso, o corpo permanece parado no interior do líquido no local em que for colocado. Isso ocorre quando a densidade do líquido é *igual* à densidade do corpo.

É SEMPRE BOM SABER MAIS!

Por que os navios "flutuam"?

Embora construídos com grande quantidade de materiais mais densos do que a água, como o ferro, por exemplo, essas embarcações flutuam, desde que a água não invada o seu interior.

Para entendermos mais facilmente como isso ocorre, vamos analisar o que acontece com uma bolinha de massa de modelar quando imersa na água. Acompanhe pelas figuras abaixo.

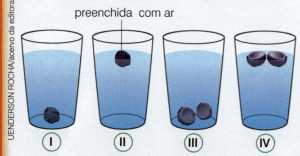
preenchida com ar

Como a massinha de modelar é mais densa do que a água, qualquer porção dela afunda na água (Figura I).

Porém, mesmo uma esfera de massa de modelar pode flutuar na água, desde que cheia de ar (Figura II). Se, no entanto, for cortada em duas metades e ambas forem completamente mergulhadas na água, afundam (Figura III).

Porém, se forem colocadas sobre a superfície líquida, de modo que a água não entre na parte côncava, flutuarão (Figura IV).

Uma parte do corpo flutuante sempre permanece imersa, deslocando certo volume de líquido. Se isso não ocorresse, não haveria o empuxo que permite ao corpo flutuar, pois o empuxo é uma força aplicada pelo líquido sobre o corpo. Os navios encontram-se na mesma situação de uma meia bola flutuante: construídos geralmente com materiais mais densos do que a água, podem flutuar desde que a água não entre em seu interior.

Naturalmente, como qualquer outro objeto flutuante, mesmo os navios devem deslocar certa quantidade de água: o objeto se aprofunda na água o tanto que basta para provocar uma força para cima (empuxo), que tem intensidade igual ao peso do navio.

Quanto mais carregada for uma embarcação, maior será a parte do casco submersa, portanto, maior será o empuxo, isto é, maior será a força que a água exerce de baixo para cima sobre o objeto, mantendo-o flutuante. Se o navio e sua carga superarem a força do empuxo a embarcação afundará.

Descubra você mesmo!

Um submarino na superfície flutua como um navio comum. Pesquise o que é feito para que ele fique submerso na água a grandes profundidades.

Vasos comunicantes

Observe, na figura abaixo, que quatro recipientes com formas e capacidades (volumes) diferentes se comunicam em suas bases por um tubo, formando um único recipiente. Recipientes desse tipo, que se comunicam entre si, são chamados de **vasos comunicantes**.

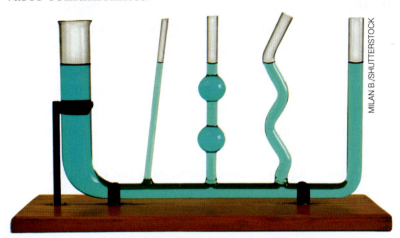

MILAN B./SHUTTERSTOCK

O nível da água é o mesmo nos recipientes, independentemente de seu volume ou forma. Se despejarmos água em um desses vasos, a pressão na base desse vaso aumenta, aumentando também as forças que empurram as moléculas de água, forçando o seu escoamento pelo tubo horizontal em direção aos outros vasos. Portanto, a água vai escoar e se distribuir entre todos de tal forma que o nível da água se torne o mesmo em todos os recipientes. Somente assim a pressão na base de cada tubo tem a mesma intensidade. Isso faz com que as forças se anulem e as moléculas de água permaneçam em "repouso".

Concluímos, então, que a *pressão não está associada com a quantidade de água contida nos recipientes, mas com a altura da coluna de água nesses frascos.* Quando as alturas das colunas de água se igualam, cessa o fluxo de água no tubo da base, indicando que a pressão é a mesma ao longo desse tubo. Assim, em um sistema de vasos comunicantes, a pressão depende apenas da altura da coluna de água e não de seu diâmetro.

Jogo rápido

Duas caixas de água cilíndricas foram construídas com a mesma altura, porém uma delas possui o dobro do diâmetro da outra. Se uma torneira for instalada junto à base em cada uma das caixas, a água vai jorrar com mais pressão de qual delas, quando ambas estiverem cheias e as torneiras abertas?

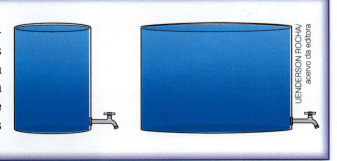

UENDERSON ROCHA/ acervo da editora

Jogo rápido

Se você retornar à observação da página 121 (recipiente com base perfurada e mergulhada em um balde com água), poderá responder à seguinte pergunta: por que a água que brota da fonte ou do poço comum flui mais lentamente do que a água que jorra do poço artesiano?

Agora que conhecemos o princípio dos vasos comunicantes, podemos entender como a água percorre o subsolo.

A água da chuva pode infiltrar-se no solo poroso até encontrar uma camada impermeável. Nesse ponto, a água ficará acumulada ou escoará na forma de um rio subterrâneo que poderá brotar em algum ponto como uma nascente, originando um rio.

A água retida pelas camadas impermeáveis é denominada **água freática** ou **lençol freático.** Neste caso, para ser retirada, são necessárias bombas hidráulicas. Existem também poços artesianos, em que a água pode jorrar com grande pressão e atingir a superfície porque as perfurações desses poços são muito mais profundas, atingindo mais de 100 m que as perfurações de um poço comum.

Observe a figura abaixo, que mostra um esquema de fontes de água.

LUIS MOURA/acervo da editora

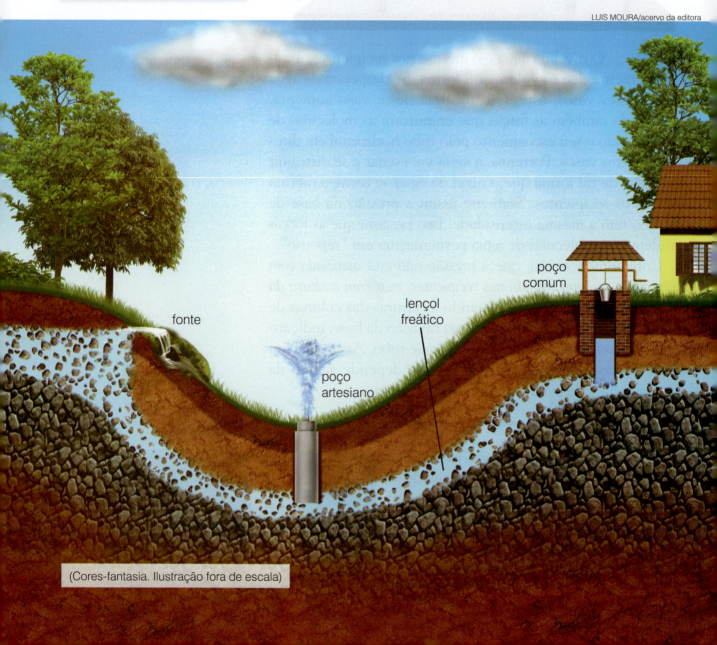

(Cores-fantasia. Ilustração fora de escala)

■ O sistema de distribuição de água potável

Você aprendeu como a natureza faz para distribuir a água pelo planeta, tanto pela atmosfera quanto pelo subsolo. O homem também criou sistemas para a distribuição de água. Da mesma forma que os sistemas de distribuição de água na natureza, a distribuição de água de uma cidade, ou mesmo de uma casa, utiliza-se da pressão gerada em um sistema de vasos comunicantes. Os reservatórios de água de uma região são sempre construídos no ponto mais alto para que a água tratada possa chegar naturalmente a todas as caixas-d'água e torneiras das casas, conforme o princípio dos vasos comunicantes.

Grandes edifícios de apartamentos têm reservatórios de água geralmente localizados no subsolo. Para que essa água seja conduzida para as caixas situadas acima do último andar, são necessárias bombas hidráulicas acionadas por energia elétrica. Uma vez armazenada no alto do edifício, a água flui para os apartamentos segundo a propriedade dos vasos comunicantes. (Cores-fantasia. Ilustração fora de escala)

LUIS MOURA/acervo da editora

reservatório do bairro

EM CONJUNTO COM A TURMA!

1. A partir do que vocês aprenderam sobre pressão de água, que apartamentos em um edifício recebem água com maior e com menor pressão?
2. Até que altura a caixa-d'água de uma residência poderia ser instalada sem a necessidade de bombas para enchê-la?
3. Pesquisem para que serve um sistema de "boia" em uma caixa-d'água.

Mas de onde vem a água que abastece os reservatórios de nosso bairro ou região? E o que acontece com ela depois que a utilizamos?

Captação e tratamento de água

A água que chega a nossas casas é obtida de fontes naturais, como rios, lagos ou **mananciais**. Depois de captada, ela é levada através de **adutoras** para as represas das chamadas **estações de tratamento**, locais em que a água é submetida a um tratamento para a retirada de impurezas e microrganismos que possam nos causar doenças.

Acompanhe pelo esquema a seguir as etapas do tratamento da água para torná-la própria para o nosso consumo.

> **Manancial:** fonte, nascente.

> **Adutoras:** sistema de canos bem grossos e longos, que leva a água de onde é captada até o local em que será tratada.

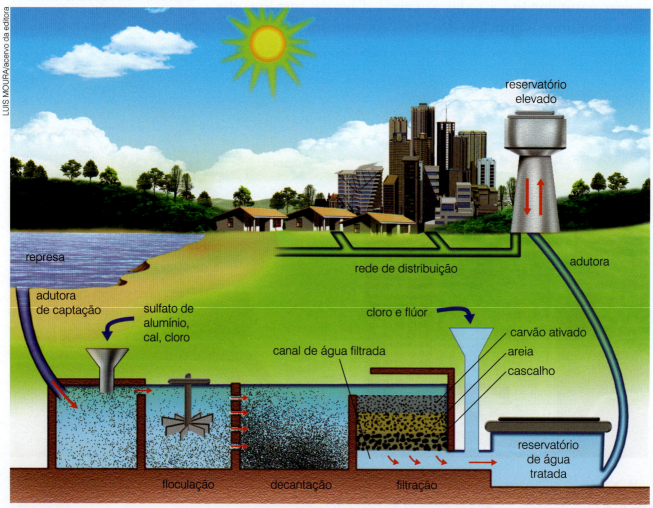

Etapas de tratamento de água.
(Cores-fantasia. Ilustração fora de escala.)

Adaptado de: BRANCO, S. M. Quem mexeu na nossa água? São Paulo: Instituto Samuel Murgel Branco/SABESP, 2010.

Depois de enviada pelas adutoras ao reservatório da estação de tratamento, a água

1. recebe os seguintes produtos químicos:
   a. sulfato de alumínio – que faz com que as partículas de sujeira existentes na água se agrupem;
   b. cal – para corrigir a acidez da água;
   c. cloro – a fim de eliminar microrganismos;
2. é agitada de modo suave para facilitar a formação de flocos com a sujeira existente na água. Essa etapa é conhecida como **floculação**;

3. a seguir, a água passa para outro tanque em que fica em repouso. Com isso, os flocos de sujeira, que são mais densos do que a água, afundam. Esse processo de separação das partículas sólidas da água líquida é chamado de **decantação**;

4. pronto, agora a água passa por um processo de **filtração**, em que filtros de carvão, areia e cascalho retiram quaisquer flocos de sujeira que ainda estiverem presentes ou até mesmo microrganismos;

5. a água tratada recebe a adição de cal, cloro para matar eventuais microrganismos, e flúor, importante elemento para auxiliar na redução das cáries dentárias, e é enviada para os reservatórios.

Tratamento de esgoto

A água utilizada para a higiene pessoal (banhos, lavatórios), descartada de vasos sanitários, limpeza em geral e alimentação transforma-se em esgoto doméstico. O esgoto também pode se originar das chuvas (esgoto pluvial) e das atividades comerciais e industriais (esgoto industrial). A coleta e o tratamento de esgotos são importantes para a saúde pública porque evitam a contaminação e a transmissão de doenças, além de preservar o meio ambiente.

Acompanhe pela ilustração a seguir as etapas que envolvem o tratamento de esgoto doméstico.

Etapas de tratamento de esgoto. (Cores-fantasia. Ilustrações fora de escala.)

Adaptado de: Tratamento de esgotos. *Disponível em:* <http://site.sabesp.com.br/site/interna/Default.aspx?secaoID=49>. *Acesso em:* 7 jul. 2015.

Das residências, o esgoto é encaminhado para as redes coletoras até chegar nas **estações de tratamento de esgoto** (ETE), também chamadas de **estações depuradoras**, locais em que será tratado. Nessas estações, o esgoto

1. passa por **grades** de diferentes espessuras para a retirada de materiais que não devem passar pelo sistema, como plásticos, papel, garrafas etc.;
2. após passar pelas grades, o esgoto é transportado para caixas de areia para a **precipitação** da areia contida nele;
3. o esgoto passa para um **decantador primário**, local em que as partículas mais pesadas irão para o fundo, formando um lodo. Este poderá ser tratado e utilizado para a produção de gás;
4. o esgoto obtido do decantador, composto ainda por matéria orgânica e microrganismos, passa para **tanques de aeração**. Nesses tanques, uma grande quantidade de ar comprimido é borbulhada continuamente. O oxigênio favorece a multiplicação dos microrganismos, que se alimentam da matéria orgânica ainda presente;
5. em seguida, o esgoto passa para outros tanques (**decantadores secundários**) onde se dá a precipitação da grande quantidade de microrganismos que se formou nos tanques de aeração. Nos decantadores secundários, a parte líquida do esgoto já reduziu 90% das impurezas. No entanto, essa água não é potável, mas já pode ser lançada nos rios.

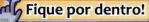

Fique por dentro!

A água que sai dos decantadores secundários não é potável, mas pode ser reaproveitada para diversos fins, como lavagem das ruas e praças, para regar jardins, geração de energia, refrigeração de equipamentos industriais. Essa água é chamada de **água de reuso**.

ESTABELECENDO CONEXÕES

Cotidiano

Tratamento de esgoto em pequenas cidades

Todo o processo de tratamento de esgotos apresentado acima é mais usado em grandes cidades, em que a quantidade de esgotos a ser tratada é muito grande.

Em pequenas cidades, principalmente nas regiões de clima tropical, para o tratamento de esgotos utilizam-se as chamadas **lagoas de estabilização** ou **de tratamento**.

Nessas lagoas, a aeração, isto é, o fornecimento de O_2 aos microrganismos decompositores, fica a cargo da fotossíntese realizada por algas microscópicas e bactérias.

O lodo acumulado no fundo dessas lagoas deve ser removido periodicamente e tratado antes de ser lançado em um curso-d'água coletador.

DE OLHO NO PLANETA

Meio Ambiente

Utilização de resíduos do tratamento de esgoto

O cuidado com o meio ambiente é um item cada vez mais importante em todos os processos e atividades humanas. O aproveitamento dos resíduos do tratamento de esgoto é um bom exemplo dessa atitude.

No tratamento de esgoto, o lodo recolhido dos decantadores ainda contém grande quantidade de água para ser retirada. Para isso, passa por tanques onde se torna mais concentrado por meio da separação de parte da água presente. A parte sólida restante é encaminhada para equipamentos chamados *biodigestores*, onde a matéria orgânica é degradada por microrganismos em um processo que leva à produção do gás metano (CH_4). Parte desse gás pode gerar energia; parte é queimada sem prejuízo para a atmosfera. O lodo que sai dos *biodigestores* passa por gigantescas prensas que compactam os resíduos sólidos. Estes, por sua vez, são depositados nos aterros sanitários ou aproveitados como adubo em algumas atividades agrícolas (reflorestamento, por exemplo).

Nosso desafio

Para preencher os quadrinhos de 1 a 8, você deve utilizar as seguintes palavras: empuxo, mais leves, massa, pressão, profundidade, superfície, volume, 1 g/cm³.

À medida que você preencher os quadrinhos, risque a palavra que você escolheu para não usá-la novamente.

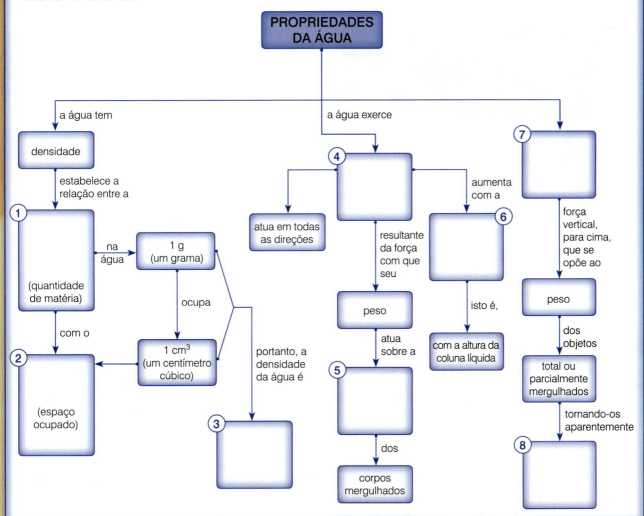

Atividades

1. Um cubo de 4 g de madeira maciça possui volume igual a 8 cm^3. Esse cubo de madeira flutua em água?

2. No oceano Pacífico encontra-se a região mais profunda conhecida pelo homem. Sua profundidade atinge 11.000 metros. É uma região muito fria e escura do fundo oceânico, pois não é atingida pela luz do Sol. Os peixes encontrados nessa região não sobrevivem nas águas próximas à superfície, pois são adaptados à pressão das águas profundas. Por que nas profundezas dos oceanos é grande a pressão exercida pela água?

3. Observe a foto apresentada na figura abaixo. Ela nos mostra a barragem de uma usina hidrelétrica. Nessas usinas, a energia da água em movimento é transformada em energia elétrica. Por que a barragem apresenta a base mais espessa?

MARQUES/SHUTTERSTOCK

4. Da mesma forma que a pressão da água dificulta a presença do homem em algumas regiões do planeta, ela também pode ser usada para algumas aplicações práticas. Cite alguns exemplos da utilização da pressão pelo homem.

5. Você se encontra acompanhado por um amigo em um passeio à beira de um lago, quando, ao observar um pedaço de madeira flutuando na superfície da água, ele afirma: "A madeira é mais leve, por isso flutua na água". A afirmação de seu amigo está correta? Aplicando as ideias desenvolvidas neste capitulo, o que poderia ser dito ao seu amigo?

6. O princípio dos vasos comunicantes é usado nos sistemas de abastecimento de água e de coleta de esgotos. Explique o principio básico de funcionamento dos vasos comunicantes, que permite funcionamento dos sistemas de distribuição de água e coleta de esgotos em uma cidade.

7. Um prego é colocado entre dois dedos que produzem a mesma força, de modo que a ponta do prego é pressionada por um dedo e a cabeça do prego pelo outro. Em qual dos dedos a pressão é maior? Por quê?

8. O que ocorreria se, em uma cozinha, um reservatório de água estivesse apoiado no piso e ligado a uma torneira situada a meio metro abaixo do nível máximo do reservatório (observe a figura)?

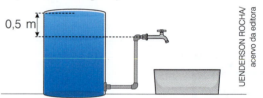

0,5 m

UENDERSON ROCHA/ acervo da editora

9. Se alguém afirmasse: "A pressão exercida pelos líquidos atua somente sobre o fundo dos recipientes", o que você poderia sugerir para demonstrar que essa afirmação está errada.

10. Você aprendeu muita coisa sobre pressão, então tente explicar por que caminhar descalço sobre areia é menos desagradável do que caminhar sobre pedregulhos.

Navegando na net

A Sabesp – Companhia de Saneamento Básico do Estado de São Paulo, em seu endereço eletrônico

<http://www.sabesp.com.br> (*acesso em:* 7 jul. 2015)

apresenta várias animações esclarecendo todo o tratamento da água e do esgoto. Além disso, na aba "Professores e estudantes", o internauta encontrará a opção "Clubinho Sabesp". Vale a pena conferir: há jogos, notícias e muitas outras informações.

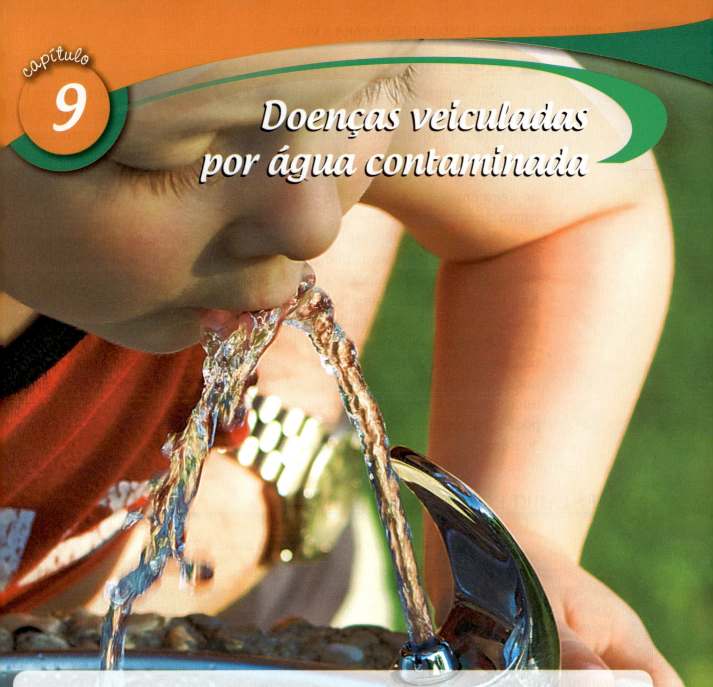

Doenças veiculadas por água contaminada

A água merece respeito

A vida neste planeta começou na água e hoje, onde quer que haja água, quase sempre há vida. A água, portanto, é fundamental para a sobrevivência dos seres vivos.

Porém, as ações do homem, principalmente no século passado, despejando na água adubos, restos de seres vivos, microrganismos e substâncias químicas conhecidas como resíduos tóxicos acabaram **tornando-a imprópria para a vida**. Nessas condições, a água passa a ser um veículo para transmitir doenças.

Segundo a OMS (Organização Mundial de Saúde), em torno de 80% de todas as doenças que existem nos países em desenvolvimento são atribuídas à água contaminada. No Brasil, as doenças transmitidas pela água são responsáveis por 80% das internações em hospitais.

Então, a água para ser consumida precisa ser potável, ou seja, ser uma água tratada, limpa, livre de produtos tóxicos e de organismos causadores de doenças.

Neste capítulo, estudaremos algumas das principais doenças veiculadas pela água.

■ Água: importante para a vida

Não somos uma ilha, mas vivemos cercados de água por todos os lados! Você já parou para pensar nisso? Nosso planeta e nossos corpos são constituídos por grandes quantidades de água. Vamos ver alguns exemplos? Nosso planeta, apesar de se chamar Terra, é formado por aproximadamente 70% de água. Um feto, aos 3 meses de gestação, possui 94% de água em seu corpo; uma criança recém-nascida, 69%; um adulto, em torno de 60%.

Atividades que dependem da água, como higiene pessoal, lavar e preparar alimentos e irrigar as plantas, também são fundamentais para uma boa saúde. Porém, para realizar essas atividades, a água precisa estar limpa, ou seja, não pode estar contaminada por microrganismos que possam nos causar doenças, nem poluída por substâncias tóxicas.

Entretanto, algumas ações do homem têm poluído as águas, como acontece quando são despejados nos rios, esgotos domésticos e industriais sem tratamento e agrotóxicos e metais pesados (mercúrio, por exemplo). Além disso, microrganismos parasitas, ovos e larvas (fases jovens) de vermes e de insetos podem contaminar a água e afetar nosso organismo causando ou transmitindo doenças, como as que veremos neste capítulo.

 ## ESTABELECENDO CONEXÕES

 Saúde

Afinal, o que é "saneamento básico"?

Saneamento básico é um serviço público que envolve um conjunto de ações que visa prevenir doenças e, consequentemente, promover a saúde. O saneamento básico é composto de duas principais ações: **abastecimento de água própria para consumo e coleta e tratamento de esgotos**.

O saneamento envolve outras atividades, como o controle de transmissores de doenças (insetos, pombos, ratos, por exemplo), coleta de lixo, drenagem de águas pluviais (das chuvas), controle de inundações e a promoção do bem-estar social, melhorando, por exemplo, as condições das habitações e dos espaços de lazer. A finalidade do saneamento básico é, então, proporcionar uma qualidade de vida melhor à população.

A falta de saneamento básico é responsável por mais de 100 doenças, entre as quais cólera, giardíase, amebíase, hepatite A e leptospirose.

O saneamento básico do Brasil ainda está longe de ser adequado. Segundo o *Atlas do Desenvolvimento Humano no Brasil 2013*, publicado pelo PNUD (Programa das Nações Unidas para o Desenvolvimento), 87,13% da população brasileira possuía domicílio com banheiro e água encanada em 2010. Ou seja, para uma população de, aproximadamente, 200 milhões de habitantes, cerca de 26 milhões de pessoas ainda não possuíam em suas residências banheiro e água encanada.

Descubra você mesmo!

A partir da informação dada no texto sobre o percentual da população brasileira que possuía domicílio com banheiro e água encanada em 2010, como calcular o número de pessoas no Brasil que ainda não tinham os benefícios do saneamento básico?

Quando não há estações de tratamento de água e de esgoto

Vimos no capítulo anterior como ocorre o tratamento da água e de esgoto em estações especializadas. Mas e quando não há esses sistemas? O que podemos fazer para termos certeza de que a água que bebemos não é um veículo transmissor de doenças?

Além de filtrar a água com o uso de filtros caseiros, facilmente encontrados em praticamente todas as cidades, ferver a água ainda é uma forma muito fácil e acessível para a sua esterilização, tomando-se sempre o cuidado de, depois de esterilizada, acondicioná-la em recipientes limpos, devidamente tampados.

Com relação aos esgotos, quando não há rede de coleta é preciso que seja construída, uma **fossa seca**, ou seja, um local em que os esgotos serão recolhidos. Em geral, a fossa é simplesmente um buraco no solo em que sobre ele se coloca um piso e um vaso sanitário. Naturalmente, ela não pode ser construída perto da casa em que se mora em virtude do cheiro que exala (de tempos em tempos, é preciso jogar dentro da fossa cal misturado com terra a fim de diminuir o mau cheiro) e da possibilidade de termos nesse local organismos patogênicos. Tampouco pode ser construída próximo ao poço a fim de evitar qualquer contaminação.

Lembre-se!

Mesmo as residências que tenham o abastecimento de água já tratada pelas estações de tratamento, ainda assim devem submetê-la à filtragem ou fervura antes de ser ingerida.

Fique por dentro!

Quando o conteúdo da fossa seca estiver a aproximadamente 50 cm da borda, é hora de aterrar essa fossa e cavar uma nova.

Patogênico: que tem a possibilidade de causar doenças.

LUIS MOURA/acervo da editora

Adaptado de: SAAE. *Esgoto: Disponível em:* <http://saaesetelagoas. com.br/fossaSeptica.aspx> . Acesso em: 7 jul. 2015.

Esquema de fossa seca. As distâncias indicadas na figura são as recomendadas para a instalação da fossa. Quando o terreno for em declive, a fossa seca deve ficar em nível mais baixo do que o poço. (Cores-fantasia. Ilustração fora de escala.)

Outro tipo de fossa é a **fossa séptica**. Nesse tipo de fossa pode ser feita a separação do material sólido do líquido. Para esse tipo de fossa, é necessário que haja água encanada na casa.

Na verdade, trata-se de um tanque enterrado no solo, revestido de tijolos ou com cerâmica ou com blocos e concreto, com entrada para os canos que trazem o esgoto da casa e com saída para os canos que levarão a parte líquida do esgoto para outro compartimento, chamado *sumidouro*.

No sistema de fossa séptica, a parte sólida do esgoto forma uma espécie de lodo que fica armazenado no fundo do tanque, enquanto a parte líquida não é retida e passa para o *sumidouro*.

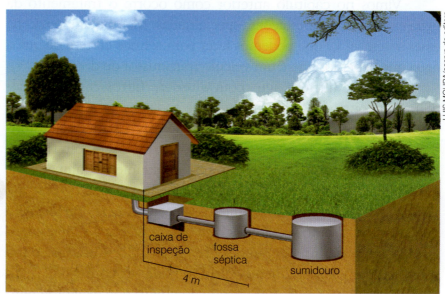

Esquema de fossa séptica. O sumidouro é um poço sem laje de fundo que permite a penetração do efluente da fossa séptica no solo e a caixa de inspeção serve para facilitar a manutenção do sistema, caso haja entupimento. (Cores-fantasia. Ilustração fora de escala.)

Adaptado de: CAESB. *Instruções para instalação de fossa séptica e sumidouro em sua casa.* Disponível em: <http://www3.caesb.df.gov.br/_conteudo/FolhetosManuais/Instala%C3%A7%C3%A3oFossaS%C3%A9pticaSumidouro.pdf>. *Acesso em: 7 jul. 2015.*

Água e saúde

Beber água que não tenha sido tratada devidamente, filtrada ou fervida, pode trazer sérios riscos à saúde humana. Entre as principais doenças que podem ser contraídas por meio de água contaminada estão **amebíase, giardíase, "barriga-d'água", cólera** e **leptospirose**. Já **dengue, febre amarela** e **malária** são doenças cujos organismos transmissores necessitam da água para se desenvolver.

Amebíase

A amebíase é uma doença causada por um protozoário (organismo formado por uma única célula) parasita, uma ameba da espécie *Entamoeba histolytica*. Esses protozoários habitam o intestino grosso humano. Os principais sintomas da amebíase são a ocorrência de diarreia e dores abdominais.

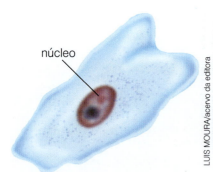

núcleo

Entamoeba histolytica. Apenas essas duas palavras esclarecem qual o organismo, onde vive e o que faz, sem deixar dúvida sobre seu hábito parasitário: ameba (*amoeba*) interna (*Ent-*) que destroi (*lytica*) tecidos (*histo*). (Cores-fantasia. Ilustração fora de escala.)

Ciclo da amebíase

1. Antes de abandonar o intestino, as amebas produzem uma capa de proteção transformando-se em formas de resistência chamadas **cistos**.

2. Os cistos são eliminados com as fezes e contaminam o ambiente.

3. Os indivíduos que bebem água contaminada ou se alimentam de frutas e verduras mal lavadas podem ingerir os cistos.

4. Os cistos, ao atingirem novamente o intestino grosso, liberam novas amebas, fechando o ciclo.

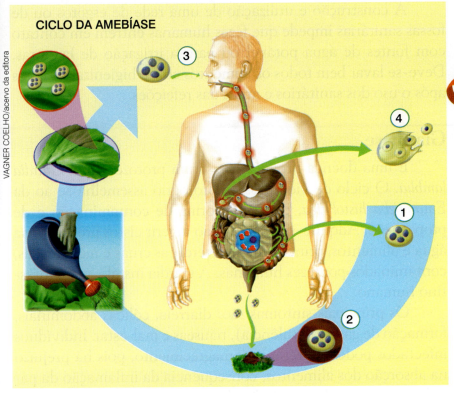

CICLO DA AMEBÍASE

(Cores-fantasia. Ilustração fora de escala.)

VAGNER COELHO/acervo da editora

Fique por dentro!

A amebíase é uma doença que existe praticamente em todo o mundo, atingindo em torno de 10% da população mundial, ou seja, em torno de 600 milhões de pessoas!

No Brasil, atinge entre 5% e 25% da população.

Em alguns casos, as amebas podem provocar lesões (ferimentos) na parede intestinal e a ocorrência de sangramento. Entrando na corrente sanguínea, o parasita pode atingir o fígado, pulmões, cérebro ou pele, com consequências muito graves.

ESTABELECENDO CONEXÕES

Cotidiano

As infecções causadas pela *Entamoeba histolytica* duram, às vezes, anos, sem que os indivíduos parasitados apresentem os sintomas da doença. Esse fato constitui um problema sério para a saúde pública, sobretudo quando esses portadores assintomáticos exercem alguma atividade que envolva a manipulação de

Assintomático: sem sintomas.

alimentos, como cozinheiros, empregadas domésticas ou donas-de-casa, cujas mãos podem estar contaminadas após a defecação. Daí a importância de se lavar as mãos, conservando as unhas limpas e cortadas.

Moscas e baratas, entrando em contato com fezes contaminadas por cistos da *Entamoeba*, podem carregá-los em suas patas e contaminar alimentos.

Diagnóstico, tratamento e prevenção

Para se fazer o diagnóstico de amebíase é necessário que um doente se submeta a um exame de fezes, que irá detectar ou não a presença do parasita.

O tratamento da amebíase por meio de medicamentos que matam o parasita deve ser sempre realizado com orientação médica.

Diagnóstico: reconhecimento de uma doença a partir de seus sintomas e resultados de exames.

Descubra você mesmo!

Procure na internet ou em dicionários o significado das palavras prevenção e tratamento e explique a diferença entre elas.

A construção e utilização de uma rede de esgotos ou de fossas sanitárias impede que fezes humanas entrem em contato com fontes de água potável ou para a irrigação de lavouras. Deve-se lavar bem todos os alimentos crus e higienizar as mãos após o uso dos sanitários e antes das refeições.

Giardíase

É uma doença provocada por um protozoário, a *Giardia lamblia*. O ciclo de vida desse protozoário assemelha-se ao da *Entamoeba histolytica*, quanto à forma de contaminação e de propagação. Adquire-se a doença ao ingerir cistos presentes na água e alimentos, principalmente verduras cruas e mal lavadas, contaminados por fezes humanas. A giárdia instala-se no intestino humano.

Os principais sintomas são: diarreia, cólicas abdominais, formação de gases (flatulência), náuseas e mal-estar. Indivíduos infectados podem apresentar emagrecimento, pois há prejuízo na absorção dos alimentos, consequência da inflamação da parede intestinal pela população dos parasitas.

O tratamento é feito por medicamentos específicos. As medidas preventivas são as mesmas adotadas para a amebíase.

Esquistossomose ou "barriga-d'água"

A **esquistossomose**, popularmente conhecida como "barriga-d'água", é causada por um verme, o esquistossomo, cujo nome científico é *Schistosoma mansoni*. O macho mede cerca de 6 a 10 mm de comprimento e abriga, em um canal do seu corpo, a fêmea, mais comprida e fina que o macho.

Casal de esquistossomos, vermes parasitas causadores da "barriga-d'água".

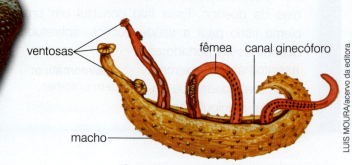

ventosas

fêmea   canal ginecóforo

macho

(Cores-fantasia. Ilustração fora de escala.)

LUIS MOURA/acervo da editora

EYE OF SCIENCE/SPL/LATINSTOCK

Ciclo da esquistossomose

1. Os vermes adultos vivem nos seres humanos, dentro de vasos sanguíneos que ligam o intestino ao fígado.
2. Após a reprodução, os ovos são empurrados ao intestino de onde são eliminados para o ambiente junto com as fezes.

3. Os ovos só se desenvolvem em meio aquático, (lagoas, represas de água parada e açudes) onde se transformam em larvas (formas jovens) microscópicas, os **miracídios**, que precisam entrar em determinada espécie de caramujo no qual se transformam em outras larvas, as **cercárias**, igualmente microscópicas.

4. As cercárias abandonam o caramujo e, para dar continuidade ao ciclo de vida do verme, devem penetrar através da pele humana,

5. perfurando-a principalmente na região de pés e pernas em contato com a água. Chegando aos vasos sanguíneos do fígado, transformam-se em vermes adultos, fechando o ciclo.

Fique por dentro!

A penetração de cercárias através da pele produz irritação e coceira. É por isso que, em regiões onde ocorre a esquistossomose, é comum ouvir a expressão popular "lagoas de coceira" para se referir aos locais contaminados por cercárias. Pelo mesmo motivo, frase muito popular expressa o modo de contaminação pela esquistossomose: "se nadou e coçou é porque pegou".

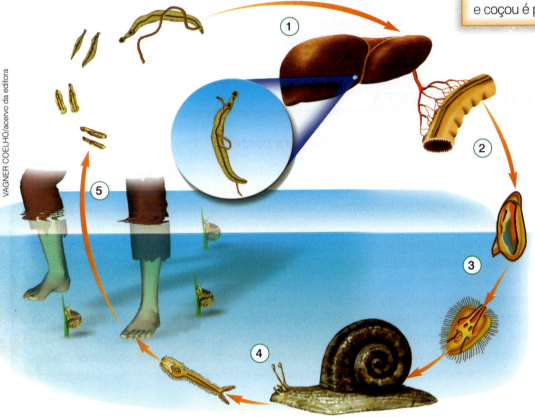

VAGNER COELHO/acervo da editora

Ciclo de vida do esquistossomo. Como você deve ter notado, o *Schistosoma mansoni* necessita de dois hospedeiros para completar seu ciclo de vida: um molusco do grupo dos caramujos e o ser humano. (Cores-fantasia. Ilustração fora de escala.)

É SEMPRE BOM SABER MAIS!

Por que o nome "barriga-d'água"?

O indivíduo acometido pela esquistossomose pode apresentar, de início, coceira e irritação na pele por onde as larvas cercárias penetraram, mal-estar, febre, diarreia e emagrecimento. Nos casos mais graves, a doença pode evoluir e causar aumento do fígado e do baço, hemorragias e a barriga pode ficar volumosa devido ao acúmulo de líquido na cavidade abdominal, razão pela qual a esquistossomose é conhecida por "barriga-d'água".

Diagnóstico, tratamento e prevenção

Para se confirmar essa parasitose, deve-se realizar um exame de fezes, que revela a presença de ovos.

O tratamento é realizado com medicamentos que combatem o verme, prescritos por um médico.

Evitar que fezes entrem em contato com açudes, represas ou lagoas é uma forma de interromper o ciclo do parasita. Isso é possível quando a população dispõe de fossas sanitárias ou de rede de coleta e tratamento de esgotos.

Outra medida importante é combater o caramujo hospedeiro das primeiras fases jovens (larvas) do verme, retirando-os da água e destruindo-os ou por meio de seus predadores naturais (controle biológico) como, por exemplo, peixes, patos, outros moluscos e cágados.

Evitar nadar ou lavar roupas em "lagoas de coceira" também é uma medida que evita a doença.

DE OLHO NO PLANETA

Meio Ambiente

Praia imprópria para banhos

No verão, principalmente no período de férias, é comum que os meios de comunicação escrita ou falada informem as condições das praias do nosso litoral.

Uma das maneiras de analisar a qualidade dessas águas é avaliar a quantidade de *coliformes fecais* presentes.

Coliformes fecais são bactérias normalmente encontradas nas fezes humanas. A presença excessiva desses microrganismos indica que a água do mar pode conter muitos outros microrganismos causadores de doenças, colocando em risco a saúde dos banhistas.

Cidades litorâneas com melhor índice de desenvolvimento lançam seus esgotos diretamente no mar, distante das praias, através de uma tubulação que avança mar adentro, chamada *emissário submarino*, que reduz a contaminação da água mais próxima da praia.

Pena que esgotos clandestinos contaminem canais ou rios que atravessam as cidades à beira-mar. Em algumas áreas de urbanização mais recente não é difícil encontrar um riozinho cheio de dejetos humanos, desaguando na praia.

Cólera

A cólera é uma doença grave causada por uma bactéria, o *vibrião colérico* (*Vibrio cholerae*) que se adquire por meio da ingestão de água e alimentos (verduras, legumes, frutas, pescado) contaminados por fezes humanas que possuíam essa bactéria. Ela instala-se e multiplica-se no intestino provocando diarreia intensa e desidratação acentuada, que podem levar o doente à morte.

Pescado: peixe ou outro animal aquático (ostra, marisco, camarão, lula) consumido como alimento.

A coleta e tratamento de esgotos, o consumo de água tratada e de alimentos bem lavados ou cozidos são medidas que evitam essa e outras doenças. Moscas e baratas podem carregar o vibrião em suas patas; por isso esses insetos devem ser eliminados.

Leptospirose

A leptospirose ou "doença do xixi do rato" é transmitida quando há contato com a urina do rato contaminada pela bactéria *Leptospira interrogans*. Durante as enchentes e inundações, as bactérias, presentes na urina do roedor, espalham-se nas águas que invadem ruas e residências e essas bactérias penetram através da pele, quando em contato com a água contaminada.

Os sintomas da doença incluem febre, dor de cabeça, dores musculares, vômitos, diarreias e icterícia (pele e olhos amarelados). Trata-se de doença grave que pode levar à morte.

O tratamento é feito com antibióticos, sempre prescritos por um médico.

Além de evitar o contato com as águas das inundações deve-se promover o controle das populações de roedores. O lixo, principal fonte de alimento para os ratos, deve ser embalado corretamente e recolhido diariamente, evitando-se a proliferação desses roedores.

É SEMPRE BOM SABER MAIS!

Febre tifoide e hepatite A

A febre tifoide e a hepatite A também são doenças transmitidas pela água ou alimentos contaminados. A primeira é causada por uma bactéria (*Salmonella thyphi*); a outra, por um vírus (HAV). Ambas também podem ser evitadas por medidas de saneamento básico, higiene pessoal e no preparo de alimentos.

Malária

A malária é uma doença causada por algumas espécies de um protozoário (organismo unicelular), o *Plasmodium*, que é transmitido pelas fêmeas de um mosquito do gênero *Anopheles*, conhecido como mosquito-prego.

O mosquito-prego tem características semelhantes às do *Aedes aegypti*, transmissor da dengue e da febre amarela. Desenvolve-se em água limpa e geralmente parada, como, por exemplo, de represas e lagoas, onde coloca seus ovos que, depois, se transformarão em larvas e essas, em mosquitos adultos.

Ciclo da malária

1. Ao picar um indivíduo sadio, o mosquito introduz nele os plasmódios.
2. Os plasmódios se multiplicam inicialmente no fígado e posteriormente no sangue.
3. No sangue, invadem glóbulos vermelhos (hemácias), que se rompem e liberam novos parasitas. A invasão e multiplicação nas células sanguíneas repetem-se inúmeras vezes. Cada vez que hemácias são rompidas, o doente é acometido por acessos de febre alta, seguidos de calafrios.
4. O mosquito-prego contamina-se com os plasmódios quando suga o sangue de um indivíduo com malária. No organismo do mosquito, os parasitas reproduzem-se e atingem a glândula salivar.

A principal manifestação da malária é uma febre que se repete geralmente de 48 em 48 horas.

> **Calafrio:** sensação de frio e tremores.

CICLO DA MALÁRIA

LUIS MOURA/acervo da editora

fígado

hemácia

(Cores-fantasia. Ilustração fora de escala.)

Em nosso país, dois tipos de malária são comuns. A primeira é causada pela espécie *Plasmodium vivax*, que produz acessos febris geralmente de 48 em 48 horas (primeiro e terceiro dias e assim por diante, por isso chamada de febre terçã). Como não há comprometimento do sistema nervoso, fala-se em terçã benigna, isto é, que não é grave e a doença tende a desaparecer sem tratamentos especiais.

O outro tipo é causado pela espécie *Plasmodium falciparum*, que também produz febre do tipo terçã. Porém, neste caso, há sérias consequências para o sistema nervoso, uma vez que as hemácias parasitadas entopem capilares sanguíneos cerebrais, podendo causar coma e levar à morte em três dias. Pela gravidade desse tipo de malária, essa febre é conhecida por terçã maligna.

Diagnóstico, tratamento e prevenção

O diagnóstico da malária é feito por um exame de sangue em que aparecem fases do plasmódio.

O tratamento é feito empregando-se medicamentos que combatem os protozoários. É importante lembrar que os remédios devem ser sempre prescritos por um médico.

Ainda não há vacina para a malária. Então, a principal medida para se prevenir a doença é a eliminação do mosquito transmissor. Por isso, o uso de inseticidas, de repelentes de insetos e de telas de proteção nas residências são medidas adequadas.

Dengue

Os microrganismos causadores de dengue, febre amarela e malária não vivem na água. Porém, os mosquitos que os transmitem aos seres humanos dependem do meio aquático para se desenvolver. Por isso, vamos conhecer essas parasitoses neste capítulo.

A dengue é uma doença causada por vírus e transmitida pelas fêmeas do mosquito *Aedes aegypti*, porque somente elas se alimentam de sangue. Os machos nutrem-se da seiva orgânica de vegetais.

Ciclo da dengue

As fêmeas depositam ovos na superfície de águas paradas. Nesse ambiente, os ovos desenvolvem-se em larvas, as quais sofrem uma série de transformações até chegarem à fase adulta.

As fêmeas do mosquito, quando se alimentam do sangue de indivíduos doentes, adquirem os vírus da dengue e os transmitem a outros indivíduos, e assim o ciclo se fecha.

AMIR RIDHWAN/SHUTTERSTOCK

larvas

ovos

adulto

LUIS MOURA/acervo da editora

Ciclo de vida do mosquito da dengue. (Cores-fantasia. Ilustração fora de escala.)

Larva do mosquito *Aedes aegypti* na água.

Lembre-se!

A dengue é uma doença muito séria e uma ameaça à saúde pública. Um indivíduo com suspeita de ter contraído a doença precisa ser levado **imediatamente** para um posto de saúde, pois a dengue pode matar.

Fique por dentro!

Outra variedade de febre amarela, chamada *silvestre*, é transmitida entre macacos (ou deles para o homem que adentra as florestas) por um mosquito do gênero *Haemagogus*.

Jogo rápido

Por que os exames de fezes não servem para diagnosticar a malária, a dengue e a febre amarela?

A dengue começa a se manifestar 4 a 10 dias após a picada do mosquito contaminado pelos vírus. O indivíduo tem fortes dores musculares e de cabeça, cansaço, sensação de fraqueza, febre alta e desidratação. Em alguns casos, principalmente nos mais graves, o indivíduo pode apresentar um quadro de dengue hemorrágica, com a ocorrência de sangramento (hemorragia) na pele, no nariz e em outros locais.

Diagnóstico, tratamento e prevenção

O diagnóstico preciso é feito por meio de exame de sangue que confirma a presença dos vírus.

O tratamento é parecido com o que se recomenda no caso de uma gripe: repouso e ingestão de bastante líquido. São necessários apenas medicamentos para diminuir os sintomas apresentados, como dores e febres, deixando o doente mais confortável.

A medida preventiva mais eficiente contra a dengue é combater o mosquito transmissor, que pode se desenvolver até mesmo em nossas residências. Portanto, é fundamental vedar reservatórios de água, evitar o acúmulo de água em latas, pneus velhos, vasos de flores e qualquer outro recipiente que possa vir a ser um criadouro desses insetos. Os ovos resistem à desidratação e podem durar até a estação chuvosa do ano seguinte.

Outras medidas preventivas incluem o uso de telas nas janelas, de inseticidas e de repelentes de insetos. Uma vacina contra a dengue está em fase avançada de análise.

Febre amarela

A febre amarela é causada por um vírus, transmitido em meio urbano pelo mesmo inseto transmissor da dengue, o *Aedes aegypti*.

Dengue e febre amarela têm muitas características em comum. O ciclo biológico e as medidas preventivas são as mesmas que vimos para a dengue. Porém, no caso da febre amarela, há uma vacina para combater o vírus. A vacina deve ser administrada pelo menos 10 dias antes de o indivíduo se deslocar para as áreas de risco e seu efeito perdura por 10 anos.

Os sintomas da febre amarela são dores de cabeça, dores musculares, cansaço, febre alta, muita sede, vômitos e hemorragias. Até aqui, o quadro é parecido com o da dengue; porém os indivíduos com febre amarela apresentam também uma outra característica, a icterícia, que é o aparecimento de uma coloração amarelada na pele e nos olhos, fato que originou o nome da doença.

O quadro clínico deve ser sempre avaliado por um médico, que irá prescrever o tratamento correto. É preciso lembrar que, assim como a dengue, a febre amarela é uma doença grave, que pode levar à morte.

Nosso desafio

1. Para preencher os quadrinhos de 1 a 9 você deve utilizar as seguintes palavras: amebíase, bactérias, esquistossomo, esquistossomose, giardíase, hepatite A, pele, protozoários, saneamento básico. À medida que você preencher os quadrinhos, risque a palavra que você escolheu para não usá-la novamente.

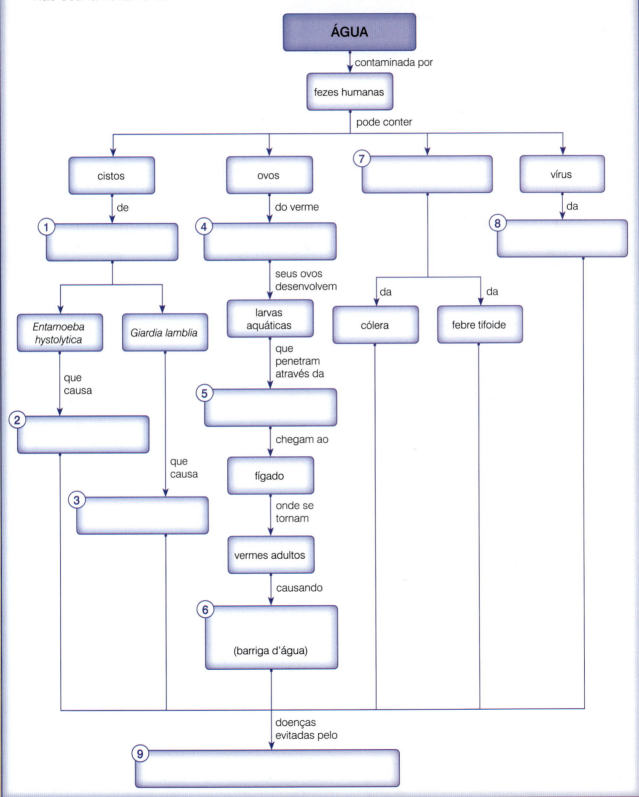

2. Para preencher os quadrinhos de 1 a 6 você deve utilizar as seguintes palavras: *Aedes*, dengue, leptospirose, malária, mosquitos, ratos. À medida que você preencher os quadrinhos, risque a palavra que você escolheu para não usá-la novamente.

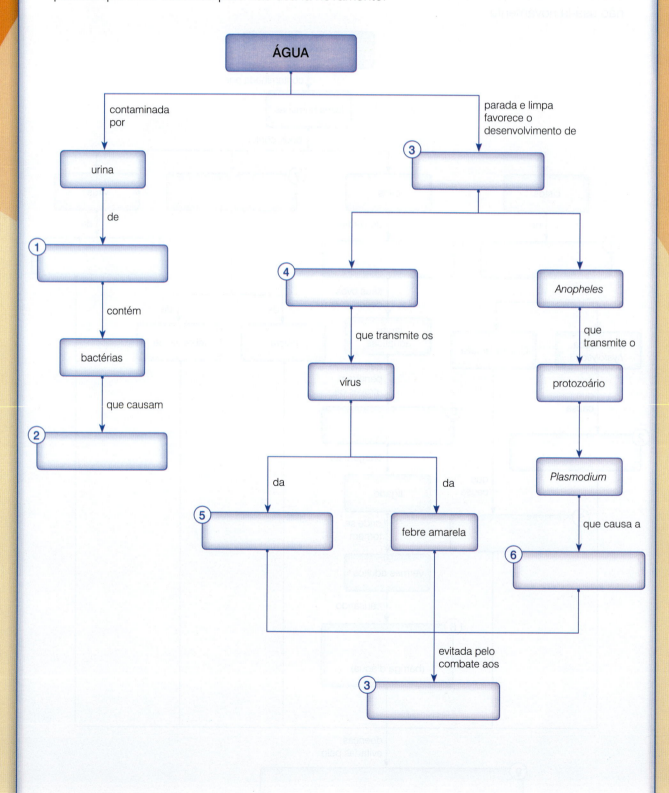

Atividades

1. O saneamento básico envolve algumas ações importantes. Cite as duas principais.

2. A frase popular "se nadou e coçou é porque pegou" é associada a que doença? Por quê?

3. Deixar acumular água em latas, garrafas, pneus velhos e vasos de plantas pode ser perigoso para a saúde humana. Explique por quê.

4. Qual o nome da doença em que o paciente tem uma febre que se repete, quase sempre regularmente, de 48 em 48 horas, seguida de sensações de frio e de tremores?

5. É correto afirmar que o mosquito-prego (gênero *Anopheles*) é o causador da malária? Justifique.

6. Por que a leptospirose é conhecida popularmente como a "doença do xixi do rato"?

7. Por que a estação das chuvas é favorável à propagação da leptospirose?

8. Consulte o texto deste capítulo e responda: Que doenças podem ser adquiridas por meio da ingestão de água e alimentos contaminados pelas fezes humanas? Nesses casos, que medidas comuns devem ser adotadas para evitá-las?

9. Durante a leitura deste capítulo, você deve ter notado que algumas das doenças descritas apresentam sintomas iguais ou muito semelhantes. Nestes casos, então, para descobrir com segurança qual a doença que acomete um paciente, o que o médico deve fazer?

10. Em um pronto atendimento de hospital, deu entrada um paciente apresentando febre alta, dor de cabeça intensa e dores musculares. Conversando com o médico que o atendeu, relatou que cerca de 30 dias antes teve contato com água de enchente, molhando pés e pernas, sem ingerir a água. Disse também que em sua cidade o saneamento básico é precário e há muitos ratos de esgoto vivendo nas proximidades do rio da cidade. Após a realização de alguns exames, o médico concluiu que o paciente tinha leptospirose e instituiu o tratamento adequado.

Tendo em vista as informações do texto acima, responda:

a. Por que o diagnóstico feito pelo médico não foi o de malária, febre amarela ou dengue?

b. Por meio do relato do paciente, o médico poderia ter pensado que o mesmo poderia ter esquistossomose? Justifique a resposta.

c. Por que a doença que afetou o paciente não poderia ser cólera?

11. Para a maioria das doenças que você conheceu neste capítulo, o saneamento básico é a principal medida que poderia ser adotada em termos de prevenção da ocorrência dessas doenças. Para as outras, como a dengue, a malária e a febre amarela, valem as medidas pessoais de prevenção.

a. Para quais doenças descritas neste capítulo o saneamento básico seria eficiente como prevenção?

b. Cite algumas medidas pessoais que podem ser efetivas na prevenção da malária, da dengue e da febre amarela.

Navegando na net

Gere, para qualquer município brasileiro, gráficos para várias doenças veiculadas pela água, como as vistas neste capítulo. Para isso, visite o site da FIOCRUZ – Fundação Oswaldo Cruz, em seu endereço eletrônico

<http://www.aguabrasil.icict.fiocruz.br/index.php?pag=gra>

(*acesso em:* 3 ago. 2015).

Leitura

Você, **desvendando** a Ciência

Como funciona o submarino

Foi Arquimedes quem abriu caminho para a construção de submarinos. Em seu funcionamento eles usam o Princípio de Arquimedes. Esse princípio diz o seguinte: quando um objeto está mergulhado em um líquido ou em um gás, como, por exemplo, o ar atmosférico, uma força vertical e para cima, que denominamos empuxo, atua sobre ele. A intensidade dessa força pode ser grande ou pequena, dependendo da quantidade de líquido ou de gás que for deslocada pelo objeto. Quanto mais líquido ou gás for deslocado, maior a força que empurra o objeto para cima.

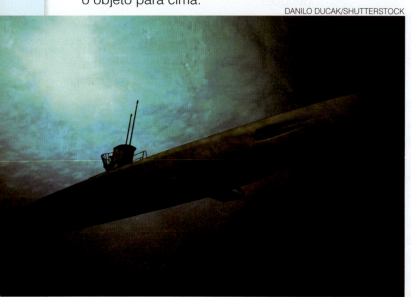

DANILO DUCAK/SHUTTERSTOCK

Portanto, o fato de um objeto flutuar ou afundar está relacionado à ação de duas forças que atuam simultaneamente sobre ele: o empuxo e o seu peso. O peso é a força vertical e para baixo, devido à gravidade. Por exemplo, quando uma pedra é mergulhada em um lago, ela afunda. Isto ocorre porque o seu peso, força vertical e para baixo, supera o empuxo, força vertical e para cima. Agora suponha que você solte uma bola no fundo de uma piscina. Ela sobe à superfície, porque o empuxo que atua sobre ela é maior do que o seu peso. Os submarinos lidam o tempo todo com esses fatos.

Um submarino possui tanques parcialmente cheios com água do mar. Para o submarino submergir é simples: basta aumentar o seu peso. Para que isto ocorra é necessário abrir algumas válvulas localizadas no topo dos tanques para que o ar escape. Com isso a água do mar ocupará os espaços ocupados pelo ar. Trocando o ar pela água do mar, o peso do submarino aumenta, torna-se maior do que o empuxo, e ele submerge.

Para fazê-lo flutuar novamente basta injetar ar comprimido nos tanques. A água é expulsa e o submarino torna-se mais leve, o empuxo supera o seu peso e ele se dirige para cima.

??

Agora que você já sabe como um submarino pode afundar e voltar à superfície, que tal aumentar os seus conhecimentos e aprender mais sobre eles? Você sabe como funciona um submarino nuclear?

TecNews

O que há de mais moderno no mundo da Ciência!

Detector de malária?

Imagine colocar o dedão em um detector eletrônico e, 20 segundos depois, saber se você tem ou não malária (...). As vantagens de usar esse aparelho seriam revolucionárias em termos de saúde pública. Serviria para monitorar uma doença tropical letal (que mata) causada por picadas de mosquitos que chupam o sangue – e, no processo, transferem o parasita causador da enfermidade em seu organismo. (...) Logo, uma técnica simples, barata, capaz de ser usada rotineiramente por pessoal sem treinamento especializado seria uma ótima solução para monitorar a doença. Foi o que fez a equipe de Dmitri Lapotko, da Universidade Rice, de Houston, Texas (...).

Lapotko e colegas usaram pulsos ultrarrápidos de laser para detectar uma substância produzida pelo parasita da malária ao invadir células vermelhas do sangue. O parasita tem um ciclo de vida no mosquito transmissor e no ser humano (...). Ao invadir o glóbulo vermelho, digere a hemoglobina (pigmento que existe no interior dessa célula) e cria um subproduto, chamado de cristais de hemozoína. O pulso de laser energiza a hemozoína e produz uma pequena bolha de vapor, detectável pelos instrumentos dos cientistas.

Os experimentos envolveram células humanas e de camundongos (...). O cientista está otimista quanto aos resultados e acredita que um aparelho simples baseado nessa tecnologia poderia testar 200 mil pessoas por ano, bem mais rápido do que os testes atuais – e pela metade do preço (...). Quando o laser atinge a célula infectada, ele faz mais do que detectar o parasita: ele explode o alvo. Ou seja, a técnica teria potencial terapêutico? "Sim, já demonstramos o efeito terapêutico, e o estudo está sendo enviado para publicação", diz Lapotko.

BONALUME NETO, R. Teste não invasivo detecta malária em 20 segundos. *Folha de S.Paulo*, 9 jan. 2013. Caderno Ciência + Saúde, p. C7.

 CLICK E ABASTEÇA AS IDEIAS

Veja nossa sugestão de *links* sobre o assunto e abasteça suas ideias!
- http://www.drauziovarella.com.br/letras/m/malaria
- http://www.agencia.fiocruz.br/mal%C3%A1ria

 INVESTIGANDO...

Com seus colegas de classe pesquise os números oficiais sobre a incidência de malária no Brasil atualmente.

A ATMOSFERA
terrestre

Assim como a água é fundamental para a vida, da forma como a conhecemos, o ar também o é. Sem ele, nós, seres humanos, não teríamos como sobreviver, não só pelo oxigênio que dele retiramos no processo de respiração, mas também pela proteção que essa camada nos oferece contra meteoros, raios ultravioleta e, até mesmo, na manutenção da temperatura do planeta.

Mas quais são as características da camada de ar que envolve nosso planeta? Como teria se formado e de que é constituída? Quais são os principais fenômenos atmosféricos? Este e outros assuntos relativos à atmosfera terrestre serão o tema desta nova unidade.

O ar que envolve a Terra

Uma "casca" que não é rígida!

Com certeza, você já viu um ovo! De galinha, pata, marreca... não importa. Você já percebeu que a casca do ovo protege o que está em seu interior.

Nosso planeta também possui o que poderia ser comparado a uma "casquinha", porém gasosa, e não sólida, que também o protege, participa de ciclos da matéria e auxilia a manter a temperatura de nosso planeta, por exemplo. Essa "casquinha" é a camada de ar que envolve a Terra, ou seja, a atmosfera terrestre.

Você pode estar imaginando que essa camada é bem extensa, mas – acredite! – 50% dela está concentrada em menos de 5,6 km de altura e 90%, menos de 16 km de altura. Comparando com o diâmetro da Terra, que é de aproximadamente 17.742 km (no Equador), você vai concordar que a camada de ar que nos protege é, de fato, bem fina!

Apesar de sua pouca espessura, é na atmosfera terrestre que ocorrem a maioria das transformações químicas e físicas que possibilitam a existência de vida em nosso planeta. Neste capítulo, você conhecerá um pouco dessas transformações e saberá por que são essenciais para a manutenção da vida.

O planeta Terra e sua atmosfera

A atmosfera (do grego *atmós*, vapor, ar + *sphaîra*, esfera, ou seja, esfera de ar) é a camada de gases que envolve um corpo celeste como, por exemplo, um planeta. No caso da Terra, esses gases são, principalmente, o nitrogênio, o oxigênio, o gás carbônico, o vapor-d'água e os gases nobres (argônio, hélio, neônio, xenônio, criptônio e radônio). Todos esses gases não se perdem no espaço interplanetário pelo mesmo motivo que nossos corpos não se soltam da superfície do planeta: a Terra atrai qualquer corpo (sólido, líquido ou gasoso) pela ação de sua gravidade.

Jogo rápido

A partir do que você leu no texto, que condições são necessárias para que um planeta mantenha uma atmosfera ao seu redor?

É SEMPRE BOM SABER MAIS!

A Lua e a atmosfera

A Lua, satélite natural da Terra, sendo menor e com menos massa que ela, possui uma gravidade seis vezes menor que a do nosso planeta e uma atmosfera quase insignificante. Comparativamente com a Terra, podemos afirmar que a Lua não possui atmosfera, já que ela é aproximadamente oito bilhões de vezes menos densa do que a atmosfera da Terra.

A maior parte da pequena quantidade de gases que existem na superfície da Lua tem origem em seu interior. Esses gases, uma vez liberados, escapam para o espaço interplanetário, devido à baixa gravidade da Lua.

É por causa da existência da atmosfera em nosso planeta que o céu é azul. Como na Lua não existe atmosfera, lá o céu é permanentemente escuro, como a noite.

Descubra você mesmo!

Procure na internet ou em livros e revistas, algumas informações sobre a existência de atmosfera em outros planetas e em seus satélites naturais, também chamados de luas.

NASA

Foto da atmosfera terrestre, vendo-se ao fundo a Lua. Essa imagem foi obtida a partir da Estação Espacial Internacional (8 jan. 2012).

Disponível em: <http://www.nasa.gov/mission_pages/station/multimedia/gallery/iss030e031275.html>. *Acesso em:* 7 jul. 2015.

A formação da atmosfera da Terra

A atmosfera da Terra, camada de gases (ar) que a envolve, tem sua origem em processos físicos, químicos e biológicos que ocorreram continuamente durante toda a vida do planeta. Portanto, o ar que respiramos hoje não é o mesmo de quando a atmosfera surgiu juntamente com o planeta há 4,6 bilhões de anos. No inicio, não havia oxigênio e o hidrogênio era abundante.

O nosso planeta, em sua origem, estava repleto de rochas (em brasa) e sua atmosfera era uma nuvem de poeira e gases. Com todo o calor que se desprendia de sua superfície, os gases que se originavam durante a formação do planeta acabavam se perdendo para o espaço. Lentamente o planeta foi esfriando, formando uma superfície sólida. Os gases liberados do interior do planeta, agora mais frio, se acumularam sobre a superfície e assim surgiu uma segunda atmosfera, composta principalmente por hidrogênio, dióxido de carbono (gás carbônico) e vapor-d'água. Mais tarde, com a contínua diminuição da temperatura, o vapor-d'água da atmosfera se condensou, formando os oceanos e mares.

Nos primeiros 2 bilhões de anos de história da Terra, um grupo de seres microscópicos que conseguiam viver na ausência de oxigênio surgiu, iniciando a longa jornada para tornar nosso planeta habitável.

Esses seres multiplicaram-se em um ambiente repleto de erupções vulcânicas, que liberavam grandes quantidades de hidrogênio que passou a ser utilizado na produção de metano, cuja principal função era manter o planeta aquecido, como numa estufa, proporcionado condições para o surgimento de outro grupo de seres microscópicos que, mais uma vez, mudariam a atmosfera terrestre.

Isso ocorreu há cerca de 2,3 bilhões de anos e esses novos seres microscópicos, capazes de produzir oxigênio por meio da fotossíntese, preencheram nossa atmosfera com esse gás. Sem ele, a maior parte dos seres vivos atuais nunca existiria.

A importância da atmosfera para os seres vivos

A atmosfera terrestre atual é fundamental para os seres vivos, entre outros fatores, porque:

- contém oxigênio (O_2), gás essencial para a combustão (queima) de materiais e para a respiração da maioria dos seres vivos (animais, vegetais, algas etc.). É produzido principalmente pelo fitoplâncton marinho e pelas plantas terrestres no processo de fotossíntese;
- contém gás carbônico (CO_2), produzido nas combustões e na respiração, e utilizado na fotossíntese para a produção de substâncias orgânicas (açúcares, proteínas, lipídios etc.), que são consumidas na nutrição de todos os seres vivos das teias alimentares;
- contém nitrogênio (N_2), que não é utilizado diretamente pelas plantas e animais. Esse gás é fixado por bactérias presentes no solo ou em associação com algumas espécies de plantas. Essas bactérias transferem o nitrogênio para as plantas, que o utilizam na produção de compostos nitrogenados

(proteínas, DNA). E assim esses compostos entram nas cadeias alimentares de todos os ecossistemas;

- contém quantidades variáveis de vapor-d'água que, ao se condensar, forma as chuvas (ciclo da água), devolvendo água à superfície terrestre;

- retém parte do calor proveniente do Sol, impedindo grandes variações de temperatura. A presença do gás carbônico e de vapor-d'água na atmosfera forma uma barreira que retém parte do calor que retorna da superfície terrestre para a atmosfera. É o que se conhece como "efeito estufa", pela semelhança com o que ocorre em uma estufa de plantas;

- protege contra vários tipos de radiação solar. Os raios ultravioletas (UV), que podem aumentar os riscos de câncer de pele e doenças nos olhos (catarata, por exemplo), são parcialmente filtrados pela atmosfera.

- protege contra a "chuva" de meteoritos, pedaços de rochas e metais que chegam do espaço exterior. A grande velocidade e o atrito com a atmosfera fazem com que esses corpos sejam tão aquecidos que acabam por se volatilizar e raramente chegam a atingir a superfície da Terra. São chamados "estrelas cadentes";

- permite a propagação dos sons por meio de vibrações do ar, isto é, das moléculas dos gases presentes no ar.

Jogo rápido

Um astronauta na Lua, batendo com uma ferramenta em uma rocha para coletar alguns fragmentos, produziria algum som?

É SEMPRE BOM SABER MAIS!

O som só se propaga em meios materiais

É por intermédio de vibrações de um meio material, principalmente do ar, que o som se propaga. Você já deve ter sentido o seu corpo vibrando diante de um som intenso. Isso só ocorre porque o ar está vibrando e transferindo essas vibrações para você. Seus ouvidos captam essas vibrações do ar e seu cérebro traduz essas vibrações em sons.

Se não houvesse um meio material, como o ar, seus ouvidos não perceberiam som algum; o som não se propaga no vácuo (ausência de ar).

DE OLHO NO PLANETA

Meio Ambiente

Vento e energia eólica

Você já aprendeu que uma característica das substâncias no estado gasoso é a contínua agitação (movimento) de suas moléculas. É assim, por exemplo, que se pode sentir o movimento do ar que sai dos nossos pulmões, ao expirá-lo ou soprá-lo sobre a pele. De modo semelhante, percebemos uma brisa ou uma rajada de vento. É por isso que se costuma definir *vento* como uma massa de *ar que se movimenta*. E os ventos são importantes para impulsionar as embarcações a vela, para dispersar sementes e poluentes, e mover as nuvens, por exemplo. Fortes demais, os ventos podem causar catástrofes. São eles também os causadores da erosão de formações rochosas, a erosão eólica, capaz de mudar a paisagem no decorrer do tempo.

Erosão: é o processo de desagregação (desunião) produzido sobre o solo por agentes externos, como vento, chuvas etc.

A energia associada ao movimento é denominada de **energia cinética** (do grego *kinesis*, movimento). Portanto, o vento, que é o ar em movimento, possui energia cinética, que chamamos, especificamente neste caso, de **energia eólica** (o termo *eólico* vem do latim *aeolicus*, que significa pertencente ou relativo a Éolo, deus dos ventos na mitologia grega).

Se, de alguma forma, o ar em movimento for usado para produzir outro movimento, a energia será transferida do ar para o outro objeto que agora passará a se movimentar. Normalmente, nós utilizamos uma espécie de grande cata-vento, semelhante àquele que as crianças usam em suas brincadeiras, para captar o movimento do ar. A energia do cata-vento em movimento é transformada principalmente em energia elétrica. Esses cata-ventos recebem o nome de *turbinas eólicas* ou *aerogeradores*. A energia eólica pode ser usada para substituir a energia que provém de combustíveis fósseis (como petróleo, por exemplo), pois é renovável e limpa, não prejudicando a natureza e reduzindo o efeito estufa e o aquecimento global.

Até julho de 2015, o Brasil tinha 264 usinas de energia eólica instaladas em território nacional.

STEPHEN BURES/SHUTTERSTOCK

■ As camadas da atmosfera

Devido à ação gravitacional do planeta, quanto mais próximo da superfície, maior a concentração das moléculas que compõem o ar. Isso ocorre porque o peso de umas sobre as outras acaba por comprimir as moléculas que estão mais em baixo, ou seja, mais próximas à superfície. É por isso que quanto maior a altitude, maior é a dificuldade para respirar, pois quanto mais distante do nível do mar, mais afastadas entre si se tornam as moléculas dos gases que compõem o ar. Dizemos então que o ar se torna cada vez mais **rarefeito**. Nessa condição, uma quantidade menor de moléculas de gases, entre eles o oxigênio, penetra em nossos pulmões em cada movimento de inspiração (entrada de ar). Para compensar a redução do oxigênio, ficamos ofegantes, isto é, o tempo entre uma inspiração e outra diminui. Ou, de outra forma, dizemos que a frequência respiratória aumenta.

Frequência respiratória: número de movimentos respiratórios executados em cada minuto.

Volumes iguais (por exemplo, 1 L) de ar contêm maior número de moléculas em regiões mais baixas, próximo ao nível do mar, onde o ar é comprimido, e menor número de moléculas em regiões mais altas, onde o ar é rarefeito.

Como a atmosfera se altera à medida que nos afastamos do planeta, costumamos dividi-la em camadas.

Vamos analisar algumas características das cinco camadas mais importantes: **troposfera**, **estratosfera**, **mesosfera**, **termosfera** e **exosfera**. Não há um limite definido entre elas; a passagem de uma para outra é gradual.

Troposfera

É a camada de ar em contato com a superfície do planeta. Sua altura é de aproximadamente 15 km (15.000 m). Portanto, é na troposfera que praticamente ocorre todo o ciclo da água. É nela que ocorre a formação dos ventos, nuvens, chuva e neve. É também devido à maior concentração de gases nessa camada, que ela permite a existência da vida, tal como a conhecemos.

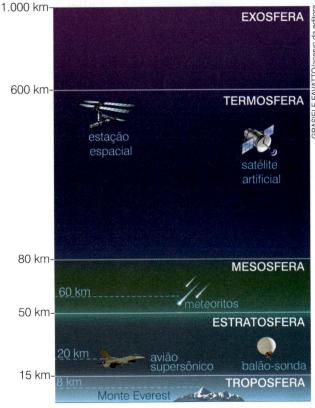

Principais camadas da atmosfera terrestre. (Cores-fantasia. Ilustração fora de escala.)

Lembre-se!

É na troposfera que ocorre a maioria dos transportes aéreos (pequenos aviões, helicópteros e aviões a jato).

Estratosfera

Acima da troposfera, inicia-se a estratosfera, que atinge uma altitude de até 50 km. É uma camada com pouco oxigênio e quase sem nuvens, possuindo baixa umidade. A temperatura pode atingir −50 °C (50 graus abaixo de zero) e o gás que predomina nessa camada é o nitrogênio. É nela que se encontram os balões-sonda e que trafegam os aviões supersônicos, aqueles que atingem velocidades superiores à velocidade do som, pois nessa região praticamente não ocorrem as turbulências, que são comuns na troposfera.

É na estratosfera que se localiza uma camada formada pelo gás ozônio – *a camada de ozônio*. Esse gás atua como um filtro de proteção para a vida na Terra, absorvendo parte dos raios ultravioletas provenientes do Sol. A exposição prolongada a essa radiação pode causar danos nas células, provocando câncer de pele e lesões oculares nos seres humanos.

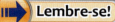

Lembre-se!

Cada molécula do gás ozônio (representado pela fórmula O_3) é formada pela união de três átomos de oxigênio, enquanto que o oxigênio que respiramos é formado por moléculas constituídas pela união de apenas dois átomos do elemento oxigênio (O_2).

Balões-sonda: usados para investigar fenômenos atmosféricos importantes no estudo da meteorologia.

DE OLHO NO PLANETA

Sustentabilidade

Buraco na camada de ozônio: você já ouviu falar?

Em volta da Terra há uma frágil camada de um gás chamado ozônio (O_3), que protege animais, plantas e seres humanos dos raios ultravioleta emitidos pelo Sol. Na superfície terrestre, o ozônio contribui para agravar a poluição do ar das cidades e a chuva ácida. Mas, nas alturas da estratosfera (entre 25 e 30 km acima da superfície), é um filtro a favor da vida. Sem ele, os raios ultravioleta poderiam aniquilar todas as formas de vida no planeta. (...)

Há evidências científicas de que substâncias fabricadas pelo homem estão destruindo a camada de ozônio. Em 1977, cientistas britânicos detectaram pela primeira vez a existência de um buraco na camada de ozônio sobre a Antártida. Desde então, têm se acumulado registros de que a camada está se tornando mais fina em várias partes do mundo, especialmente nas regiões próximas do Polo Sul e, recentemente, do Polo Norte.

Diversas substâncias químicas acabam destruindo o ozônio quando reagem com ele. Tais substâncias contribuem também para o aquecimento do planeta, conhecido como efeito estufa. A lista negra dos produtos danosos à camada de ozônio inclui os óxidos nítricos e nitrosos expelidos pelos exaustores dos veículos e o CO_2 produzido pela queima de combustíveis fósseis, como o carvão e o petróleo. Mas, em termos de efeitos destrutivos sobre a camada de ozônio, nada se compara ao grupo de gases chamado CFCs.

Fonte: WWF.
O que é a camada de ozônio?
Disponível em: <http://www.wwf.org.br/natureza_brasileira/questoes_ambientais/camada_ozonio/>.
Acesso em: 7 jul. 2015.

CFCs: clorofluorcarbonos. São gases liberados pelos *sprays*, geladeiras, aparelhos de ar-condicionado e extintores de incêndio. Atualmente, a indústria já evita o uso desse grupo de substâncias.

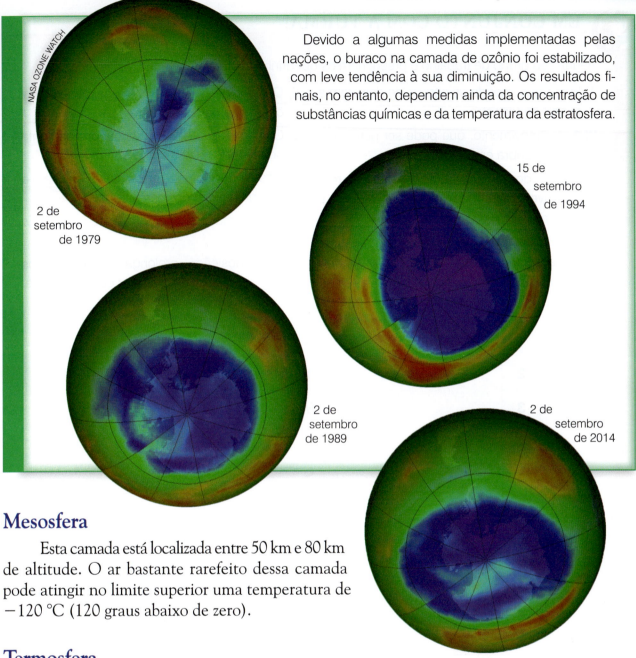

Devido a algumas medidas implementadas pelas nações, o buraco na camada de ozônio foi estabilizado, com leve tendência à sua diminuição. Os resultados finais, no entanto, dependem ainda da concentração de substâncias químicas e da temperatura da estratosfera.

2 de setembro de 1979

15 de setembro de 1994

2 de setembro de 1989

2 de setembro de 2014

NASA OZONE WATCH

Mesosfera

Esta camada está localizada entre 50 km e 80 km de altitude. O ar bastante rarefeito dessa camada pode atingir no limite superior uma temperatura de −120 °C (120 graus abaixo de zero).

Termosfera

Esta camada tem uma espessura que vai de 80 km até 600 km de altitude e possui gases extremamente quentes, podendo atingir temperaturas que chegam a mais de 1.000 °C. É devido à alta temperatura dessa camada que ela é chamada de termosfera (do grego, *thermós* = calor).

0 100 200 300 400 500 600 700
quantidade total de ozônio (unidades Dobson)

Exosfera

Nessa camada, o ar é composto quase que exclusivamente de hidrogênio, é extremamente rarefeito e a temperatura durante o dia pode atingir 2.000 °C, porém à noite essa temperatura cai para −270 °C. Ela pode atingir 1.000 km de altitude e é considerada a fronteira entre a atmosfera e o espaço cósmico. É nessa região que moléculas de hidrogênio estão continuamente sendo perdidas para o espaço. É também na exosfera que se costumam colocar os satélites artificiais.

EM CONJUNTO COM A TURMA!

Reúna seu grupo de trabalho e preencham os quadrinhos com as respostas aos itens abaixo:

1) Força que impede os corpos de deixarem a superfície terrestre.

2) Ar em movimento, que pode ser percebido quando sopra em nossa pele.

3) Órgãos do nosso sistema respiratório, responsável pelas trocas gasosas (oxigênio e gás carbônico).

4) Gás presente na estratosfera; forma uma camada que funciona como filtro protetor à vida na Terra.

5) Queima de _____ fósseis libera gás carbônico para a atmosfera.

6) Camada da atmosfera onde praticamente ocorre todo o ciclo da água.

7) Gás produzido pela fotossíntese, vital para a grande maioria dos seres vivos.

8) Quanto maior a altitude o ar se torna mais _____.

9) A exposição prolongada aos raios _____ pode provocar câncer de pele.

■ A composição da atmosfera terrestre

O ar é uma mistura de gases composta principalmente por nitrogênio e oxigênio.

Se considerarmos o volume de ar atmosférico seco contido em 100 garrafas de 1 L, e pudéssemos separar os gases, o nitrogênio ocuparia a maior parte, 78 dessas garrafas e o oxigênio, 21 delas. Dizemos, então, que o nitrogênio ocupa 78% do volume do ar atmosférico e o oxigênio, 21%. Em 1% restante, isto é, em apenas uma das garrafas, encontramos o volume ocupado pelo gás carbônico (0,03%) e outros gases, os chamados gases raros ou nobres, como o argônio (0,93%) o hélio e o neônio. Dependendo das condições atmosféricas, o ar também pode conter quantidades variáveis de vapor-d'água.

O gás nitrogênio

O nitrogênio é um gás incolor (perfeitamente transparente), inodoro e insípido. Além disso, ele também não é inflamável (é impossível queimar o gás nitrogênio).

Embora esse gás seja o mais abundante, os animais não o utilizam diretamente do ar. Todo o nitrogênio que passa pelos pulmões por meio dos movimentos respiratórios, é devolvido para o ar.

Se os animais não absorvem o nitrogênio diretamente do ar, outro tipo de ser vivo deve fazer isso, e em seguida transferir esse nitrogênio para os animais. O processo de captação e transformação do nitrogênio atmosférico a fim de ser utilizado nas cadeias alimentares é chamado de *fixação de nitrogênio* e começa com a participação de diversos tipos de *bactérias* no solo ou que vivem em associação com algumas espécies de plantas. Em uma das etapas desse processo, bactérias produzem sais de nitrogênio solúveis em água. Esses sais minerais são absorvidos pelas plantas, que os utilizam na produção de proteínas, por exemplo, que contêm o elemento nitrogênio como parte de suas moléculas. Assim, esse elemento está disponível para percorrer as teias alimentares, através dos animais que se alimentam de vegetais ou de outros animais herbívoros e carnívoros.

Agora, falta saber como o nitrogênio é devolvido à atmosfera. É aí que entram em cena bactérias decompositoras de material orgânico. Seres vivos e mortos ou seus dejetos (urina, por exemplo) são decompostos e, como parte desse processo, nitratos (sais nitrogenados) são formados novamente e reutilizados pelos vegetais. Porém, outras bactérias transformam parte desses sais em nitrogênio, que é devolvido à atmosfera na forma de gás. Dessa maneira, o nitrogênio é reciclado na natureza. Todo esse processo é chamado de **ciclo do nitrogênio.**

> **Inodoro:** sem cheiro.
>
> **Insípido:** sem gosto, ou seja, não tem qualquer sabor.

Fique por dentro!

Na indústria, o gás nitrogênio é usado na produção de amônia (ou amoníaco), que é empregado na fabricação de produtos de limpeza, fertilizantes, espumas de colchões e estofados em geral, fios de náilon etc.

LUIS MOURA/acervo da editora

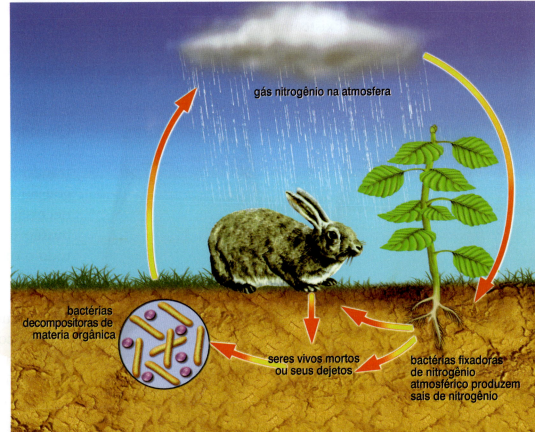

gás nitrogênio na atmosfera

bactérias decompositoras de materia orgânica

seres vivos mortos ou seus dejetos

bactérias fixadoras de nitrogênio atmosférico produzem sais de nitrogênio

Esquema simplificado do ciclo do nitrogênio.

É SEMPRE BOM SABER MAIS!

Rotação de cultura e adubação verde

Plantas pertencentes à família das leguminosas (feijão, soja, amendoim, ervilha, grão-de-bico, lentilha) são muito ricas em proteínas e muito importantes na agricultura, na chamada *rotação de cultura*, para o enriquecimento do solo em compostos nitrogenados. Nas raízes desses vegetais existem nódulos onde vivem bactérias fixado-

Nódulos: caroços pequenos.

ras de nitrogênio, de modo que essas culturas não empobrecem o solo em substâncias nitrogenadas como acontece em outras plantações.

Muitas vezes, alguns tipos especiais de pés de feijão são plantados intercalados no meio de outras culturas. Em seguida, o agricultor passa o arado a fim de incorporar essas leguminosas ao solo, enriquecendo-o com mais sais de nitrogênio. Esse procedimento é conhecido como *adubação verde*.

O gás oxigênio

O gás oxigênio é incolor, inodoro, insípido e solúvel em água, por isso pode ser encontrado dissolvido em rios, lagos e oceanos.

O oxigênio é necessário para fazer com que muitas substâncias queimem, isto é, entrem em **combustão**. Sem oxigênio, um papel jamais queimaria, um carro jamais poderia funcionar utilizando-se, por exemplo, do álcool ou da gasolina, e sua mãe jamais poderia cozinhar utilizando-se do fogão a gás, pois não existiria a chama.

A substância que está sendo queimada é chamada de **combustível**, e o oxigênio, **comburente**. Assim, dizemos que *o comburente reage com o combustível para provocar a combustão*.

Existe uma experiência muito simples em que mostramos que o ar contém um gás necessário para que ocorra a queima das substâncias. Quando cobrimos uma vela acesa com um copo, depois de um pequeno intervalo de tempo a chama da vela se apaga. Deduzimos que a combustão está consumindo um componente do ar. Quando esse componente acaba, a chama se extingue, mostrando que a combustão chegou ao fim. Esse componente necessário para manter a combustão é o oxigênio. Quando todo o oxigênio do interior do copo for consumido, a chama se apaga.

Vamos entender melhor como ocorre o aparecimento da chama na vela. Para iniciar a combustão, é necessário aque-

IMAGEDB.COM/SHUTTERSTOCK

Quando o oxigênio é totalmente consumido, a chama se apaga, pois sem oxigênio não há combustão.

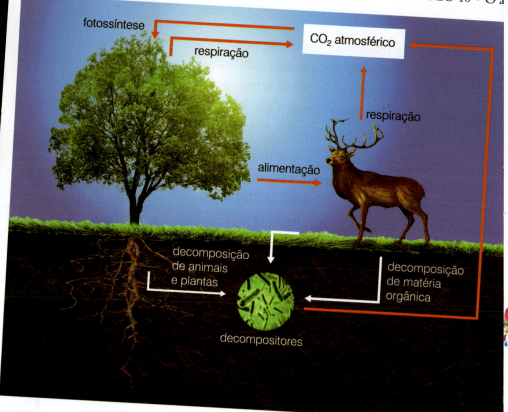

Labels in image: fotossíntese, respiração, CO₂ atmosférico, respiração, alimentação, decomposição de animais e plantas, decomposição de matéria orgânica, decompositores

cer o combustível que, no caso da vela, é a parafina. Para isso acendemos o pavio. O pavio aceso irá transferir calor para a parafina, que derrete, ou seja, sofre fusão, e em seguida, vaporização. O vapor aquecido da parafina reage com o oxigênio do ar liberando luz e calor. Além disso, também é produzido gás carbônico e vapor-d'água. A queima da parafina em uma vela é um exemplo de combustão, em que a parafina é o combustível e o oxigênio é o comburente.

A combustão descrita acima é um exemplo de **fenômeno químico** ou **reação química**, em que o combustível (parafina), na presença de oxigênio, é *transformado* em outras substâncias: neste caso, em gás carbônico e água. Na combustão, houve liberação de energia na forma de luz e calor.

É SEMPRE BOM SABER MAIS!

Fenômenos físicos × fenômenos químicos

Quando a matéria é submetida a transformações que não alteram sua natureza, dizemos que está ocorrendo um **fenômeno físico**. Assim, por exemplo, quando a água passa por mudanças de estados, ela não deixa de ser a substância água, com todas as suas propriedades, em qualquer dos estados em que se encontre.

Agora, considere a queima (combustão) de uma folha de papel. O papel é feito a partir de fibras de celulose, extraída da madeira. Quando o papel é queimado, a celulose deixa de existir, pois transforma-se em novos materiais, como carvão, gás carbônico e vapor-d'água.

Cada um desses produtos tem características diferentes da celulose. Nesse caso, a matéria passa por transformações que alteram sua natureza. Dizemos, então, que está ocorrendo um **fenômeno químico**.

O gás oxigênio e a respiração celular

Agora que já sabemos o que é combustão, podemos entender porque o oxigênio é necessário para os seres vivos. Você ainda vai aprender muito mais a respeito desse assunto tão importante, a **respiração celular**, porém convém ter uma ideia de como ela ocorre.

Você sabe que, ao aumentarmos nossa atividade física, aumentamos a frequência de nossos movimentos respiratórios. Normalmente, nós dizemos que isso ocorre porque precisamos de mais ar. Na realidade, o que o corpo precisa é de mais *oxigênio*, pois o organismo precisa produzir mais energia. Para que isso ocorra é necessário intensificar reações químicas que estão continuamente acontecendo no interior das células de seu corpo. Essas reações utilizam glicose (um tipo de açúcar) e oxigênio, liberando energia, água e gás carbônico, que será eliminado pela respiração.

glicose + oxigênio → gás carbônico + água + energia

Reação química simplificada da respiração celular.

EM CONJUNTO COM A TURMA!

Efeito estufa e aquecimento global

Na Lua, a temperatura média no equador é aproximadamente 55 ºC negativos. Por que a temperatura na Lua é tão diferente da temperatura na Terra?

Existem muitos fatores que influenciam a temperatura terrestre, porém o mais importante é a atmosfera. Para entendermos como isso ocorre, primeiramente vamos observar o funcionamento de uma estufa, dessas que se utilizam para cultivar vegetais. As estufas são feitas de vidro, material transparente à luz do Sol, que aquece o seu interior. Porém, o vidro é mais dificilmente atravessado pela radiação infravermelha (calor). Dessa forma, o vidro permite a passagem da luz que aquece o interior da estufa, porém atua como um isolante térmico, dificultando a saída do calor de seu interior. Um efeito semelhante é observado em nosso planeta. Só que em vez do vidro, o que retém o calor são os gases de nossa atmosfera, principalmente o gás carbônico e o gás metano.

Esse efeito da atmosfera sob[...] da Terra é chamado de **efeito[...]** melhança com as estufas de v[...]

A temperatura média do[...] ve-se aproximadamente co[...] muitos anos, porque a conce[...] gases também permaneceu a[...] a quantidade de gás carbônic[...] palmente pela queima de comb[...] tem aumentado muito, provoca[...] cação do efeito estufa, levando[...] do aquecimento do planeta, a[...] mos de **aquecimento global**.

Agora você sabe o que é at[...] o homem pode alterar os gases q[...] que sustenta a vida no planeta. J[...] colegas, pesquise como o hom[...] formando a atmosfera do planeta[...] que essa transformação irá afetar[...] de de vida? Que ações individua[...] tomadas para a proteção da atmo[...]

Gases nobres

Os gases nobres recebem esse nome porque dificilmente se combinam com outras substâncias. Também não são utilizados pelos seres vivos nas reações químicas que ocorrem em suas células. Na natureza, existem seis gases nobres:

- **hélio** – depois do hidrogênio, o gás hélio é o mais abundante no Universo, porém na atmosfera encontramos quantidades mínimas desse gás. Por ser um gás muito leve, escapa do campo gravitacional da Terra e se perde no espaço. É exatamente por esse motivo que o gás hélio é usado para fazer flutuar balões e bexigas;

- **neônio** – também chamado de gás neon, é utilizado em anúncios luminosos;
- **argônio** – é o mais abundante dos gases nobres ocupando 0,93% da atmosfera, quantidade que supera até a do gás carbônico (0,03%). Foi muito utilizado nas antigas lâmpadas incandescentes para evitar a combustão do filamento;
- **criptônio** – utilizado na fabricação de lâmpadas fluorescentes;
- **xenônio** – é um dos componentes de lâmpadas de *flash* de máquinas fotográficas;
- **radônio:** – gás radioativo, usado no tratamento de câncer.

Vapor-d'água

Além dos muitos gases que compõem a atmosfera terrestre, sabemos que o vapor-d'água também está presente, em fração pequena (menor que 0,01%), principalmente nas camadas baixas da atmosfera.

A presença e a distribuição de água na atmosfera do planeta afetam o clima de cada região. Já estudamos o ciclo da água (ciclo hidrológico) e aprendemos que a maior parte da água do planeta encontra-se em constante circulação. Quando transferida para a atmosfera, a água que se encontra sob a forma de vapor, se condensa e retorna à superfície terrestre por meio de precipitações, que se dão sob a forma líquida (chuvas) ou sólida (neve e granizo).

Umidade relativa do ar

Chamamos de **umidade relativa do ar** à quantidade de água presente na atmosfera em um dado momento, em relação à quantidade máxima de vapor--d'água que a atmosfera pode conter.

Existem aparelhos – os **higrômetros** – que medem a umidade relativa do ar. Esse conhecimento é necessário para se fazer as previsões do tempo. Quanto maior a umidade relativa maior a probabilidade de chuva.

ESTABELECENDO CONEXÕES

Cotidiano

Respirar confortavelmente depende da umidade do ar. A superfície interna dos nossos pulmões precisa estar sempre úmida para que o oxigênio, ao penetrar nesses órgãos dissolva-se na camada úmida que os reveste. Só assim esse gás poderá passar para o sangue, que o transporta às nossas células. Como toda a "tubulação" (laringe, traqueia e brônquios) que liga o meio externo aos pulmões é recoberta internamente por uma camada de secreção (muco), as partículas em suspensão no ar ficam retidas nesse muco, evitando que atinjam o interior dos pulmões.

Durante as estações mais secas do ano, os meios de comunicação trazem informações sobre os riscos da baixa umidade presente na atmosfera. Nessas ocasiões, em algumas cidades, a exemplo do que ocorre em Brasília, a população sente dificuldades para respirar. Aumentam os problemas respiratórios e a procura por postos de saúde e hospitais para inalações. Recomenda-se a utilização de nebulizadores e a disposição de vasilhas com água ou toalhas molhadas no ambiente doméstico a fim de aumentar o teor de umidade no ar.

FABIO COLOMBINI

Ponte Juscelino Kubitschek e o Lago Paranoá (Brasília, DF). Quando da construção de Brasília, foi necessária a construção de um imenso lago (48 km² de extensão e, em média, 38 m de profundidade) para minimizar o problema da baixíssima umidade relativa do ar. O Lago Paranoá foi construído a partir do represamento do Rio Paranoá.

Nosso desafio

Para preencher os quadrinhos de 1 a 10 você deve utilizar as seguintes palavras: chuvas, efeito estufa, energia, fotossíntese, nitrogênio, oxigênio, produtores, proteínas, raios ultravioleta, respiração celular.

À medida que você preencher os quadrinhos, risque a palavra que você escolheu para não usá-la novamente.

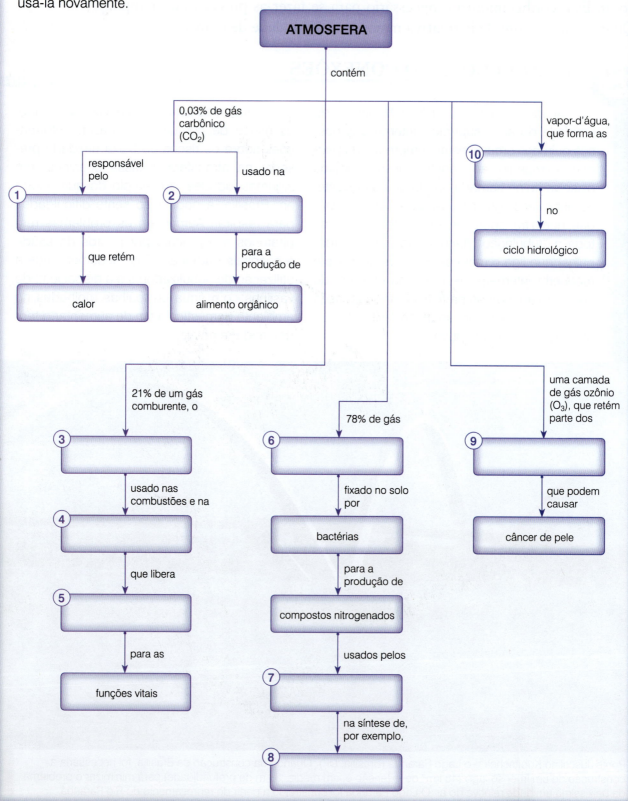

Atividades

1. O ar que respiramos hoje não é o mesmo de quando a atmosfera surgiu com o planeta há 4,6 bilhões de anos. Quais os principais gases existentes na atmosfera primitiva?

2. Como surgiu o oxigênio em nosso planeta?

3. Você sabe que as moléculas de um gás ocupam todo o espaço disponível, então por que as moléculas de ar não se espalham pelo espaço interplanetário?

4. Que nome se dá à energia gerada pelo vento?

5. Por que a energia gerada pelo vento é considerada um tipo de "energia limpa"?

6. O ar pode atrapalhar nossas vidas, como, por exemplo, aumentando o gasto de combustíveis dos veículos, pois quanto maior a velocidade, maior a resistência ao deslocamento. Porém, o movimento do ar pode ser usado a nosso favor, por exemplo, para movimentar grandes cata-ventos, as turbinas eólicas. Existem muitas outras situações em que o vento age a nosso favor. Cite algumas dessas situações.

Turbinas eólicas

WALTER CATERINA/SHUTTERSTOCK

7. Cite os três principais gases da atmosfera relacionados com a possibilidade de vida nos ecossistemas. De que processo realizados pelos seres vivos cada um desses gases participa?

8. Você aprendeu que nossa atmosfera é uma camada de ar que envolve o planeta.

Aprendeu também que essa camada de ar é formada por vários gases. Dos gases citados no texto, quais você considera mais importantes para a vida no planeta? Qual o gás encontrado em maior quantidade no planeta?

9. O que pode ocorrer se o ciclo do nitrogênio for interrompido, por exemplo, com a morte das bactérias que vivem nas raízes das plantas leguminosas?

10. Todos os animais consomem continuamente oxigênio da atmosfera, contudo ele nunca chega ao fim. Como você explica isso?

11. Um astronauta na Lua gostaria de fazer um experimento envolvendo o fogo. Ele sabe que é necessário um combustível. Para isso, coloca uma pequena folha de papel sobre o solo lunar e, em seguida, com um fósforo vai colocar fogo no papel. O astronauta conseguirá realizar o seu experimento com sucesso? Explique.

12. Os alpinistas que escalam montanhas com altitudes acima de 4.000 metros, por medida de segurança levam recipientes contendo gás oxigênio. Por que isso é necessário?

13. No texto, você aprendeu como ocorre a combustão. Identifique em uma vela acesa os elementos que se comportam como combustível e como comburente.

14. Escreva um pequeno texto resumindo tudo o que você aprendeu sobre reações químicas e ilustre com um exemplo.

15. O gás nobre hélio é um dos elementos mais abundantes no Universo. Por que sua presença em nossa atmosfera é tão reduzida?

16. Plantas e animais não utilizam o nitrogênio diretamente do ar. Entretanto, ele é importante para a produção, pelas plantas, de compostos nitrogenados, como as proteínas, por exemplo. Como se dá a passagem do nitrogênio atmosférico até as plantas? Como os compostos nitrogenados chegam até os animais?

As propriedades do ar

Pipas: de brincadeira de criança a instrumento da Ciência

Papagaio, maranhão, pandorga, arraia, raia, cafifa ou, simplesmente, pipa. Não importa o nome que este brinquedo receba, geralmente ele é feito com uma armação de varetas de madeira leve, papel ou plástico fino e linha. Em uma de suas pontas se prende uma fita, o rabo ou rabiola, que lhe proporciona certa estabilidade quando empinada no ar por meio de uma linha.

Fabricar e colocar uma pipa no ar é sempre uma grande diversão! E essa diversão tem muito a nos ensinar. Por exemplo, como podemos explicar o voo de um objeto "mais pesado" que o ar? Que propriedades do ar possibilitam esses voos?

É impossível empinarmos uma pipa sem vento. Se tentarmos, ela irá cair devido à força de gravidade. Por outro lado, se a linha que a prende se romper, a pipa se solta e, então, é empurrada pelo vento, acompanhando o movimento da corrente de ar. Mas quando está presa à linha, a força aplicada pelo fio impede o movimento da pipa a favor do vento e, ao mesmo tempo, lhe dá a inclinação adequada, que deve ser exata para que o vento empurre o conjunto para cima. Portanto, para que a pipa fique suspensa no ar, é preciso compreender algumas leis da Física relacionadas à gravidade e conhecer as propriedades do ar, tema deste nosso capítulo.

O ar ocupa espaço

O ar está sempre presente em nossas vidas e sem ele não existiríamos. Apesar disso, muitas vezes, nos esquecemos de que somos cercados por ele. Quando afirmamos que um copo ou uma garrafa estão vazios, estes objetos estão, na verdade, cheios de ar. Ao tentar mergulhar um copo ou uma garrafa com a extremidade aberta voltada para baixo em um recipiente com água, a água não irá entrar, pois o interior dos recipientes está cheio de ar. Porém, se lentamente inclinarmos os recipientes, iremos permitir que a água entre em seu interior. Ela irá ocupar o espaço anteriormente preenchido pelo ar. As bolhas que se deslocam para a superfície são formadas do ar que ocupava o interior do copo ou da garrafa. Para que a água entre, o ar precisa sair, pois tanto o ar quanto a água são tipos de matéria, têm *massa* e *volume*; portanto, não podem ocupar o mesmo lugar no espaço ao mesmo tempo.

O ar que ocupa o espaço interno do copo impede a entrada da água. Ao incliná-lo levemente, o ar sai na forma de bolhas.

O ar tem massa

O ar é perfeitamente transparente, ou seja, ele é invisível. O ar também não tem cheiro, por isso dizemos que ele é inodoro. Porém, o ar, como já foi dito, além de ocupar lugar no espaço, tem massa.

Quando se coloca água para ferver, já deve ter notado que o líquido se transforma em vapor e torna-se invisível, passando a fazer parte do ar. De fato, toda a água que você vê, um dia fez parte do ar, quando se encontrava na forma de vapor, como já vimos no ciclo da água. Se a água em sua forma líquida possui massa e ocupa lugar no espaço, o mesmo ocorre quando ela está na fase de vapor, fazendo parte do ar. Além do vapor-d'água, o ar tem outros gases misturados, que em condições normais não se tornam líquidos como a água. Porém **todos esses gases têm massa** e, portanto, são atraídos pela força de gravidade do planeta, acumulando-se nas camadas mais baixas da atmosfera.

Quando enchemos um balão de borracha com o ar que sai dos nossos pulmões, esse ar passa a ocupar o espaço interno do balão.

O ar tem massa, como podemos comprovar pela montagem ao lado. Note que, à esquerda, o cabide está equilibrado com dois balões iguais cheios de ar, um em cada extremidade. Quando retiramos o ar de um deles, como na montagem à direita, o cabide sai da posição de equilíbrio e pende para o lado do balão cheio de ar.

Massa é diferente de peso?

Na linguagem do dia a dia, as pessoas empregam as palavras **massa** e **peso** como se fossem sinônimos. Na verdade há uma diferença. A *massa* é a quantidade de matéria presente seja em um corpo sólido, um líquido ou um gás. O *peso*, porém, depende da atração gravitacional exercida sobre essa massa.

Assim, um corpo com certa massa terá pesos diferentes se estiver em locais onde a gravidade é diferente, como, por exemplo, na superfície da Terra e na superfície da Lua.

Lembrando que a atração gravitacional da Lua é seis vezes menor que a da Terra, para erguer um corpo na Lua, por exemplo, um livro, você aplicaria uma força seis vezes menor do que a força necessária para erguê-lo na Terra.

Agora, como o ar tem massa e está sujeito à ação da gravidade, ele também tem **peso**.

> **Lembre-se!**
>
> Corpos de *mesma massa*, dependendo da *atração gravitacional* que atua sobre eles, têm *pesos diferentes*.

◼ O ar se expande

O ar é uma mistura de gases e, como vimos anteriormente, suas moléculas encontram-se espalhadas e em movimento desordenado, chocando-se constantemente com as superfícies de contato.

Ao colocarmos uma pequena quantidade de água no estado líquido em um copo, ela se acomodará no fundo do recipiente. Com a matéria no estado gasoso isso não ocorre, pois ela nunca se acumula em um único ponto do recipiente, espalhando-se por todo o espaço interno disponível. Lembre-se, por exemplo, do perfume que, na forma de gás, se espalha por todo o ambiente. Assim, concluímos que o ar tende a ocupar todo o espaço disponível. A esta propriedade dos gases em geral dá-se o nome de **expansibilidade**.

PANTHERMEDIA/KEYDISC

ALENA BROZOVA/PANTHERMEDIA/KEYDISC

A matéria no estado líquido se deposita no fundo do recipiente, porém, no estado gasoso se espalha por todo o ambiente, como quando abrimos um frasco de perfume. Isso acontece porque as partículas no estado gasoso possuem individualmente maior quantidade de energia do que no estado líquido.

Então, uma mesma quantidade de ar pode expandir-se quando transferida de um ambiente menor para outro maior. É claro que, nesse caso, as moléculas dos gases que compõem o ar se afastam umas das outras ainda mais.

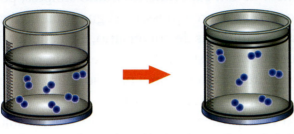

Expansibilidade. O mesmo número de moléculas de um gás, representadas por bolinhas, ocupando espaços diferentes. (Cores-fantasia. Ilustrações fora de escala.)

Jogo rápido

Se as moléculas dos gases ocupam todo o espaço disponível, então por que as moléculas dos gases que compõem o ar não se espalham pelo espaço interplanetário?

O ar pode ser comprimido

Já vimos anteriormente que para juntarmos moléculas de um gás bastaria retirar parte da energia que as mantém em movimento. Podemos fazer isso esfriando o gás. O abaixamento da temperatura diminui a movimentação de suas moléculas. Por exemplo, ao esfriarmos o vapor-d'água, suas moléculas se aproximam, o vapor se condensa e se transforma em líquido, estado físico em que a agitação das moléculas é menor do que no estado gasoso.

Outra maneira de aproximarmos as moléculas que se encontram no estado gasoso, fazendo com que ocupem um espaço ou volume menor, é por meio do uso de força.

Isso pode ser demonstrado usando-se uma seringa sem agulha. Quando puxamos o êmbolo (parte móvel) para trás, a seringa se enche de ar. Se, com um dedo, obstruirmos a saída de ar e em seguida aplicarmos uma força sobre o êmbolo, empurrando-o para dentro, o ar pressionado passará a ocupar um volume menor. Dizemos que o ar foi **comprimido**, passando a ocupar um volume menor. Isso ocorre devido a uma propriedade ou característica dos gases chamada de **compressibilidade**.

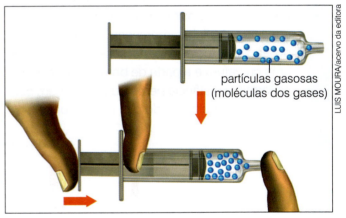

partículas gasosas
(moléculas dos gases)

Uma mesma quantidade de gases pode ocupar volumes diferentes. Quando comprimido dentro de um recipiente de parede rígida, o gás passa a ocupar um volume menor. A essa propriedade dá-se o nome de *compressibilidade*. (Cores-fantasia. Ilustrações fora de escala.)

O ar é elástico

Em uma seringa, com o ar sendo comprimido, quando o êmbolo é solto a força aplicada aos gases por meio do êmbolo desaparece e a mistura gasosa se expande, voltando a ocupar o volume inicial. Essa propriedade dos gases é chamada de **elasticidade**: os gases tendem a voltar a ocupar o volume inicial de um recipiente após cessar a força que os comprime.

Lembre-se!

O ar também exerce pressão sobre tudo aquilo que ele envolve, inclusive sobre nós, seres humanos, como se estivéssemos mergulhados em um oceano gasoso.

O ar exerce pressão

Já vimos que o ar pode ser comprimido, quando aplicamos uma força sobre as moléculas dos gases que o compõem.

Por meio de um experimento muito simples, podemos demonstrar que o ar exerce pressão. Pegue uma bexiga, como as que são usadas em festas de aniversário, e vá enchendo devagar. Perceba que ela vai se esticando cada vez mais, pois o ar comprimido em seu interior exerce uma pressão sobre a parede interna da bexiga, forçando-a a se expandir.

Como você já sabe, o ar possui massa e está sujeito à força gravitacional do planeta. Logo, o ar tem peso e esse peso pressiona qualquer superfície com a qual o ar está em contato. A pressão exercida pelo ar na Terra é chamada de **pressão atmosférica**, porque a atmosfera é a camada de ar que exerce essa pressão.

ESTABELECENDO CONEXÕES

Cotidiano

Por que o avião voa?

Bem, a maioria das pessoas diria que é porque tem asas! Mas por que será que as asas permitem o voo?

Observe a figura abaixo, que representa de maneira aproximada um corte da asa de um avião. As linhas representam o ar circulando ao redor dela. A parte superior apresenta uma curvatura e a parte de baixo é plana. Dessa forma, a distância percorrida pelo ar em sua face superior é maior do que na inferior.

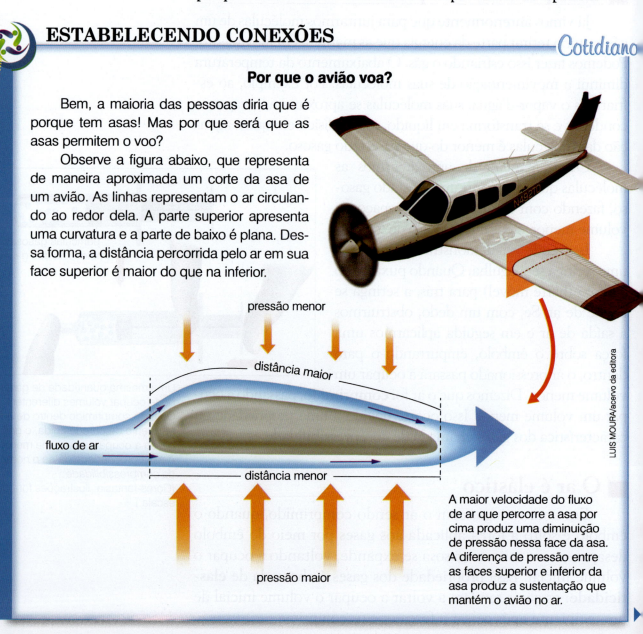

pressão menor

distância maior

fluxo de ar

distância menor

pressão maior

A maior velocidade do fluxo de ar que percorre a asa por cima produz uma diminuição de pressão nessa face da asa. A diferença de pressão entre as faces superior e inferior da asa produz a sustentação que mantém o avião no ar.

LUIS MOURA/acervo da editora

O ar que se choca com a parte frontal da asa divide-se em duas correntes; uma superior, outra inferior. Se ambas percorrem distâncias diferentes em um mesmo tempo e reencontram-se na parte posterior da asa, a corrente que percorre a face superior deve ser mais veloz. Essa diferença de velocidade provoca uma diminuição da pressão na parte de cima e a força que o ar exerce de baixo para cima sobre a área inferior da asa mantém o avião no ar. Assim, os aviões voam porque a forma das suas asas cria uma força aerodinâmica de sustentação!

Essa força para cima deve ser suficientemente intensa para sustentar o peso do avião, por isso sua velocidade deve ser relativamente alta. O impulso é dado pelas hélices ou pelas turbinas a jato. Para ajudar, as aeronaves são fabricadas com materiais leves: por fora, ligas de metais leves; por dentro, plásticos, espumas.

ENTRANDO EM AÇÃO!

Compreendendo o funcionamento das asas de um avião em voo

Para entender melhor, como a asa do avião atua no voo, pegue uma folha de papel e a segure esticada horizontalmente e encostada em seu **lábio inferior**. Em seguida, sopre fortemente de modo que o ar percorra a face superior da folha, como mostra a figura ao lado.

Repita o passo anterior soprando com intensidades diferentes. O que você observa? Como pode relacionar o que acontece com a folha com o que acontece com a asa do avião durante o voo?

O que ocorre ao soprar a face superior da folha de papel?

LUIS MOURA/acervo da editora

Torricelli e a pressão atmosférica

O físico e matemático italiano Evangelista Torricelli (1608-1647), aluno brilhante e membro da equipe de Galileu Galilei, realizou uma experiência para demonstrar a pressão que o ar exerce ao nível do mar.

Torricelli tomou um tubo longo de vidro (de cerca de 1 m), aberto em apenas uma das extremidades, e encheu-o completamente com mercúrio, metal líquido usado nos termômetros que medem a temperatura do corpo. Tampou a extremidade aberta com o dedo e, invertendo o tubo, mergulhou essa extremidade em uma bacia cheia de mercúrio. Quando destampou a extremidade aberta, a coluna de mercúrio que estava no interior do tubo desceu e parou ao chegar à altura de 76 cm em relação à superfície do mercúrio na bacia.

Lembre-se!

As medidas do experimento de Torricelli foram feitas ao nível do mar.

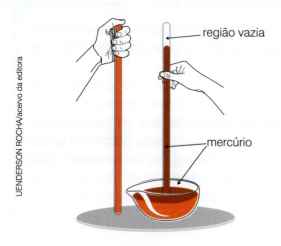

Ilustração do aparelho usado por Torricelli.

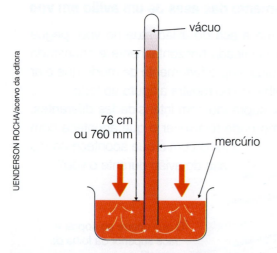

Neste esquema da aparelhagem usada por Torricelli, as duas setas verticais indicam a ação do peso do ar que gera pressão sobre a superfície externa do mercúrio. É essa pressão atmosférica que equilibra a coluna de mercúrio no interior do tubo, que ao nível do mar apresenta uma altura de 76 cm.

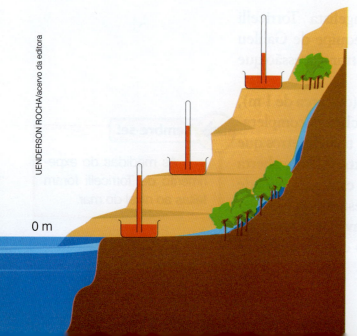

Torricelli percebeu que não importava o comprimento do tubo utilizado (desde que fosse superior a 76 cm), que o mercúrio sempre escoava para a bacia até a altura de 76 cm, deixando uma região vazia na extremidade superior. Dizemos que nessa região se forma o **vácuo**, ou seja, um espaço onde não existe ar. Portanto, acima da superfície do mercúrio do tubo não existe atmosfera.

Mas por que o mercúrio no interior do tubo sempre se estabilizava quando a coluna chegava aos 76 cm de altura? A resposta estava na pressão do ar fora do tubo sobre a superfície líquida do mercúrio da bacia. O mercúrio parou de descer quando a altura da coluna atingiu 76 cm porque a pressão da coluna foi equilibrada pela pressão que o ar exerce sobre a superfície do mercúrio fora do tubo, na bacia. Esta pressão exercida sobre a superfície do mercúrio na bacia é a **pressão atmosférica**. No equilíbrio, essa pressão é exatamente igual a pressão da coluna de mercúrio do interior do tubo, pois em seu interior a pressão atmosférica não atua (lembre-se que o tubo é fechado na extremidade superior, restando aí somente uma região vazia).

Portanto, é o peso do ar sobre a superfície do mercúrio da bacia, isto é, a pressão do ar, que sustenta a coluna de mercúrio no interior do tubo. Se essa pressão diminuir, o mercúrio do interior do tubo flui para a bacia e a altura da coluna diminui. Por exemplo, se fosse possível transportar todo esse conjunto montanha acima, você notaria que a coluna de mercúrio iria diminuindo lentamente, à medida que você subisse a montanha. Voltando a descer a montanha, o peso do ar aumentaria, pressionando cada vez mais a superfície do mercúrio da bacia, fazendo com ele entrasse no tubo e sua altura iria aumentar, até atingir 76 cm ao nível do mar.

A pressão atmosférica varia com a altitude. Quanto maior a altitude, menor o peso da camada de ar sobre os corpos, isto é, menor a pressão atmosférica e, portanto, menor a altura da coluna de mercúrio no barômetro de Torricelli. (Cores-fantasia. Ilustrações fora de escala.)

É importante ressaltar que a altura da coluna depende da densidade do líquido que a preenche. Sendo assim, a altura da coluna será de 76 cm se o líquido for o mercúrio.

Foi assim, a partir dessa aparelhagem bastante simples, que Torricelli demonstrou a existência da pressão atmosférica e criou uma maneira de medi-la. Seu aparelho, foi o primeiro **barômetro** da história, nome dos instrumentos usados para medir a pressão atmosférica.

Dizemos, então, que a pressão atmosférica ao nível do mar é equivalente a uma coluna de mercúrio de 76 cm de altura, que chamamos de 1 atm (1 atmosfera). Acompanhe na tabela abaixo a variação da altura da coluna de mercúrio em diferentes altitudes.

Variação da pressão atmosférica em diferentes altitudes

Nível do mar	Pressão
0 m	1 atm
3.000 m	0,69 atm
6.000 m	0,44 atm
9.000 m	0,29 atm
12.000 m	0,18 atm

Jogo rápido

Como já vimos, os barômetros são aparelhos que medem a variação da pressão atmosférica. Vimos também que essa pressão varia com a altitude. Portanto, os barômetros servem também para medir altitudes; nesse caso, são chamados de **altímetros**.

Em que meio de transporte a utilização de um altímetro é importante?

É SEMPRE BOM SABER MAIS!

Como descobrir a pressão atmosférica em sua cidade

Você já aprendeu que à medida que nos elevamos na atmosfera a altura da coluna líquida de mercúrio no aparelho de Torricelli diminui. A cada 100 m que subimos, a partir do nível do mar, a coluna de mercúrio desce aproximadamente 1 cm. Assim, em uma cidade situada a 700 m de altitude (São Paulo, por exemplo) a coluna atingirá 69 cm de altura, isto é, 7 cm abaixo do valor registrado ao nível do mar (76 cm − 7 cm = 69 cm).

ESTABELECENDO CONEXÕES

Cotidiano

Por que as mangueiras dos aspiradores de pó devem ser resistentes?

Se você já teve oportunidade de ver de perto um aspirador de pó, deve ter reparado que a mangueira é feita de um material bem resistente. Isso porque, ao ligar o aparelho, o ar é sugado a uma velocidade muito alta, de modo que a pressão no tubo diminui em relação à pressão externa (pressão atmosférica). Se a mangueira não for resistente, ela será comprimida pela pressão atmosférica, impedindo a passagem do ar.

ESKAY LIM/PANTHERMEDIA/KEYDISC

Como ouvimos os sons

Para que o som se propague no ar é necessário produzir uma vibração das moléculas dos gases que compõem o ar. Essas vibrações se espalham e atingem nossas orelhas, fazendo vibrar nossos tímpanos. Os tímpanos, por sua vez, vibrando como o couro esticado na superfície de um tambor, transmite as vibrações às terminações nervosas de nossa orelha interna gerando impulsos nervosos. Quando esses impulsos chegam à área auditiva do nosso cérebro, são interpretados como sons.

> **Tímpano:** membrana que separa a orelha externa da orelha média.

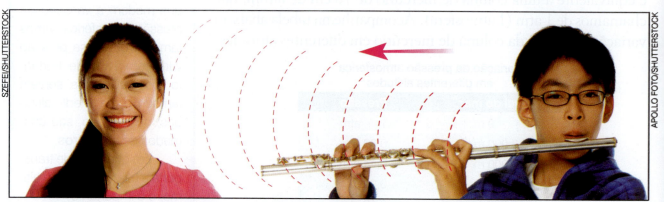

O som se propaga em ondas, que consistem na vibração das moléculas dos gases que compõem o ar.

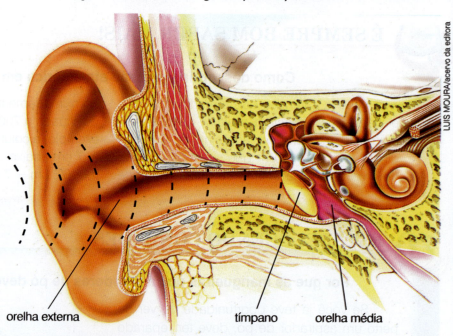

As ondas sonoras, ao atingirem nossas orelhas, fazem o tímpano vibrar.

orelha externa   tímpano   orelha média

O som pode propagar-se através de qualquer meio onde existam partículas (átomos, moléculas) capazes de transmitir as vibrações. Propaga-se mais rapidamente nos sólidos, onde as partículas encontram-se bem próximas umas das outras. Nos líquidos, cujas partículas estão mais afastadas, a condução do som é mais lenta que nos sólidos. O som propaga-se mais lentamente nos gases porque no estado gasoso, as partículas estão ainda mais distanciadas que nos líquidos.

Jogo rápido

Se instalarmos uma campainha dentro de uma câmara de vácuo, à medida que vamos retirando o ar da câmara o som da campainha vai desaparecendo até não poder mais ser ouvido. Por quê?

EM CONJUNTO COM A TURMA!

Com seu grupo de trabalho, façam uma pesquisa para saber qual a importância da emissão de sons na vida de alguns animais. Procurem saber o que é um ultrassom e como certos animais os utilizam na sua orientação.

DE OLHO NO PLANETA

Ética & Cidadania

Minha música preferida

Sem dúvida, uma banda ou até mesmo um bom samba merecem ser ouvidos com o som um pouco mais intenso. Mas será que sons constantemente intensos podem afetar a audição, além de incomodar aos vizinhos? A resposta é sim.

Em nossa orelha interna, temos (em uma estrutura chamada cóclea) células especializadas com pequenos cílios que vibram conforme a intensidade do som. Sons muito fortes podem fazer com que esses cílios, vibrando intensamente, se rompam ou se dobrem, causando uma perda de audição real.

Já quanto aos vizinhos, imagine uma música que você não goste. Qualquer uma. Como você se sentiria se seu vizinho a tocasse em um volume bem intenso, frequentemente, de forma que interferisse com qualquer outro som que você quisesse ouvir?

ENTRANDO EM AÇÃO!

Percepção do som

Você vai precisar de uma régua escolar e de uma mesa.

Encoste uma das extremidades de sua régua na posição vertical em uma lateral do tampo de uma mesa, como mostra a figura abaixo.

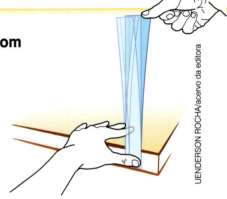

UENDERSON ROCHA/acervo da editora

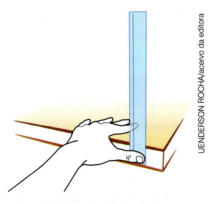

UENDERSON ROCHA/acervo da editora

Segure-a firmemente com um dos polegares e, com a outra mão, produza uma oscilação (vibração) na extremidade oposta da régua.

Repita o mesmo procedimento várias vezes, apenas diminuindo a extensão da régua acima do tampo. Houve diferença na percepção dos sons? Procure explicar o motivo dessas alterações.

Com sua mão, bata levemente no tampo da mesa e perceba o som emitido. A seguir, encoste sua orelha no mesmo tampo de mesa e bata de modo suave sobre o tampo novamente com a mesma intensidade. Qual a diferença na percepção do som nesses dois casos? O que se pode concluir disso?

Nosso desafio

Para preencher os quadrinhos de 1 a 12 sobre as principais propriedades do ar, você deve utilizar as seguintes palavras: compressível, comprimido, elasticidade, expansível, forças, maior, massa, menor, moléculas, peso, pressão, volume.

À medida que você preencher os quadrinhos, risque a palavra que você escolheu para não usá-la novamente.

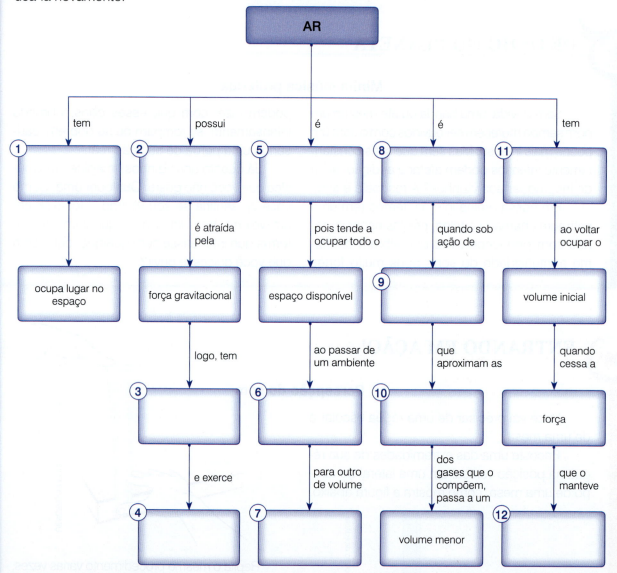

Atividades

1. Sabemos que a pressão atmosférica está associada com o fato de que o ar tem massa e ocupa lugar no espaço. Levando em conta esse fato, onde a pressão do ar é maior: em locais de menor altitude ou em locais de maior altitude?

2. Um compressor é qualquer dispositivo que eleva a pressão do ar acima da pressão atmosférica. Eles são usados, por exemplo, para encher os pneus dos carros. Quando um veículo tem o seu pneu perfurado, por exemplo, por um prego, o ar que está em seu interior flui para fora. Explique, usando as propriedades do ar, por que ele escapa para fora do pneu.

BETTINA FRUNDER/PANTHERMEDIA/KEYDISC

3. Como se comportaria na Lua o barômetro inventado por Torricelli?

4. Observe e compare as figuras abaixo e responda: por que o líquido não sobe pelo canudo quando o recipiente está fechado (figura a) e sobe quando está aberto (figura b)?

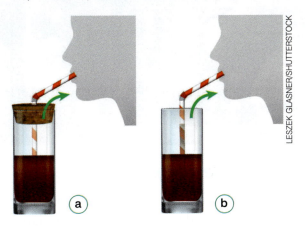

LESZEK GLASNER/SHUTTERSTOCK

a   b

5. Considere que a cada 100 metros de altitude a coluna de mercúrio do barômetro de Torricelli diminui de 10 milímetros (1 centímetro). Procure se informar a respeito da altitude de sua cidade e calcule a altura da coluna de mercúrio que esse barômetro marcaria em sua cidade.

6. Você fez uma experiência onde encheu um copo com água até a boca. Em seguida, colocou uma folha de papel bem ajustada à borda do copo e o virou de boca para baixo. Se for repetir o experimento, para facilitar, você pode colocar um livro sobre a folha de papel para auxiliar no momento em que for virar o copo de boca para baixo. Como você observou ao retirar a mão (ou o livro), a

água não cai do copo, pois a pressão exercida pela atmosfera sobre o papel vai mantê-lo preso à borda do copo. Note que a pressão atmosférica é tão intensa que sustenta a coluna de água no interior do copo.

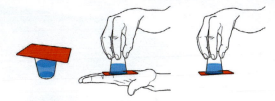

Agora, suponha que fosse possível substituir a água por mercúrio e que o copo fosse um tubo de vidro semelhante ao usado por Torricelli.

a. Aproximadamente, qual seria a altura máxima da coluna de mercúrio que poderia ser utilizada no lugar da água, se a experiência fosse realizada em sua cidade?

b. Caso fosse possível realizar essa experiência por um astronauta na Lua, qual seria a altura da coluna de mercúrio nesse satélite?

7. Gabriela pressionou o desentupidor de pia no azulejo e ele ficou grudado. Como é possível explicar isto?

8. Abaixo, na coluna da esquerda, são fornecidos alguns instrumentos muito utilizados para efetuar medidas de eventos que ocorrem na atmosfera. Relacione esta coluna com a coluna da direita.

a. termômetro

b. barômetro

c. higrômetro

d. biruta

e. anemômetro

( ) Instrumento que mede a velocidade do vento.

( ) Instrumento que indica o sentido de movimento do vento.

( ) Instrumento que mede a umidade do ar.

( ) Instrumento utilizado para medir a pressão atmosférica e que também pode ser utilizado para medir a altitude.

( ) Instrumento que mede a temperatura.

Fenômenos atmosféricos e previsão do tempo

Qual a previsão do tempo para hoje?

Todos os dias somos informados a respeito da previsão do tempo pelos jornais, revistas, rádio, TV ou internet. Computadores, satélites, radares e antenas espalhadas pelo planeta constituem uma rede que coleta, analisa e transmite informações precisas, que nos auxiliam em nossas decisões.

A previsão do tempo assume cada vez mais importância no nosso dia a dia, não só para decidir se levamos o guarda-chuva ou um agasalho quando saímos de casa, mas muitas vidas têm sido salvas por meio da análise de informações coletadas por satélites e radares. A partir dos dados coletados, tem sido possível evacuar áreas na rota de furacões, evitar que barcos pesqueiros saiam para o mar em situações de perigo e aviões se dirijam para o interior de uma grande tempestade.

A agricultura também tem sido grandemente beneficiada; agricultores evitam lançar suas sementes ao solo quando uma grande seca se aproxima ou quando chuvas em excesso são previstas.

E foi buscando o melhor momento para o plantio, que, na antiguidade, surgiram as primeiras previsões do tempo. Os antigos egípcios conseguiram prever o comportamento do rio Nilo, que irrigava as terras ao seu redor, preparando-as para o plantio, associando suas cheias com os movimentos das estrelas. Hoje, porém, a previsão do tempo envolve um conhecimento muito maior do que simplesmente observar estrelas. Afinal, em tempo real, a cada instante, podemos acompanhar a previsão do tempo em nossa cidade ou região na tela de nosso computador, por meio da internet.

■ Meteorologia e previsão do tempo

A televisão, o rádio, a internet e os jornais veiculam informações sobre a previsão do tempo de acordo com a meteorologia. Mas o que significa meteorologia? Qual a origem dessa palavra?

Meteorologia é a ciência que estuda a atmosfera e seus fenômenos (umidade, pressão atmosférica, frentes frias ou quentes), com a finalidade de prever as variações do tempo em uma região.

O termo meteorologia provém de *Meteorologica*, título de um livro escrito pelo filósofo grego Aristóteles, por volta de 340 a.C. Este livro apresentava observações e investigações sobre a origem dos fenômenos atmosféricos, tais como a formação de nuvens, ventos, chuvas, granizo, neve, trovões e furacões. Muitas destas especulações não estavam corretas, mas foram aceitas por quase 2 mil anos. O nome do livro estava ligado ao fato de que, na época de Aristóteles, tudo o que caía do céu ou era visto no céu recebia o nome de meteoro. Hoje, nós fazemos diferença entre o que vem do espaço, a que chamamos de meteoroides, e aquilo que é formado na atmosfera, como a água e o gelo.

Busto de Aristóteles, filósofo grego (384 a.C.-322 a.C.). Cópia em mármore a partir de original em bronze do escultor grego Lísipo (cerca de 300 a.C.). O manto em alabastro foi acrescido posteriormente. Palazzo Altemps, Museu Nacional de Roma, Itália.

JASTROW/CREATIVE COMMONS

Especulações: suposições; afirmações sobre algo sem que haja comprovação dos fatos.

Fique por dentro!

A palavra meteorologia tem sua origem no grego *metéoros*, que, significa meteoro, elevado no ar, e *lógos*, que significa tratado, estudo.

Tempo e clima

Para a meteorologia, clima e tempo são conceitos diferentes. Quando falamos em **tempo**, estamos considerando as condições atmosféricas em determinado momento, ou seja, as mudanças atmosféricas em um dia ou em uma semana. Por exemplo, hoje em sua cidade o tempo pode estar mais quente e úmido em relação a ontem. Assim, tempo é uma condição atmosférica passageira, que ocorre em determinado momento e lugar, podendo mudar de uma hora para outra.

PREVISÃO DO TEMPO NE PARA 9/07/2015

SEXTA

Fonte: CLIMA TEMPO. *Disponível em:* <www.climatempo.com.br>.

Quando falamos de **clima**, estamos nos referindo, de forma geral, às condições atmosféricas que predominam em períodos mais longos, como meses ou anos. Por exemplo, na Amazônia o clima é quente e geralmente úmido, com chuvas abundantes e temperaturas elevadas. Já no interior do Nordeste, na região conhecida como Polígono das Secas, as chuvas são escassas, e o clima se apresenta com pouca umidade e temperaturas elevadas.

O clima não se altera apenas nas diferentes regiões em nosso país. Você também pode perceber a mudança do clima em sua cidade por meio do ciclo das estações do ano – primavera, verão, outono e inverno –, pois cada uma, em geral, apresenta um clima característico. Por outro lado, em uma mesma estação, o clima se altera de região para região. Até mesmo cidades próximas podem possuir climas distintos. É o caso de Campos do Jordão e São Paulo, que apresentam climas diferentes em uma mesma época do ano, pois a altitude, a presença ou a proximidade de mares, rios, lagos e o tipo de vegetação são fatores que afetam o clima.

Além disso, quando nos afastamos da linha do Equador e nos deslocamos para o sul do nosso continente, mais nítida passa a ser a diferença climática entre as estações, principalmente as diferenças de temperatura entre um verão quente e um inverno frio. É o que acontece, por exemplo nos estados do sul do Brasil, em que o inverno e o verão são mais definidos que nos estados mais próximos da linha do Equador.

Jogo rápido

No texto desta seção, você aprendeu a diferença entre clima e tempo. Na Amazônia, o clima é quente e úmido, porém a manchete de um jornal local estampou a seguinte frase: "Amanhã o dia será frio". Essa manchete se refere ao clima ou ao tempo? Escreva um pequeno texto para justificar a sua resposta.

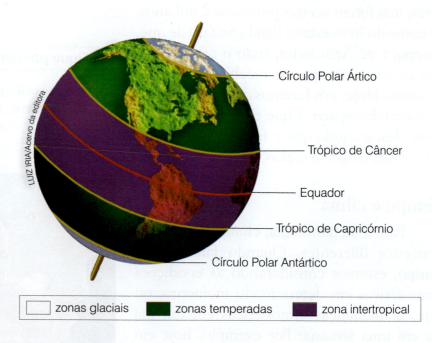

LUIZ IRIA/Acervo da editora

— Círculo Polar Ártico

— Trópico de Câncer

— Equador

— Trópico de Capricórnio

— Círculo Polar Antártico

☐ zonas glaciais   ■ zonas temperadas   ■ zona intertropical

Fatores atmosféricos relacionados com o tempo

Os meteorologistas que fazem a previsão do tempo levam em conta alguns fatores que se alteram dia a dia. Por exemplo, a umidade do ar, a pressão atmosférica, a temperatura da região, as nuvens, as massas de ar, as frentes frias e as frentes quentes.

Umidade do ar e chuvas

Quanto maior a quantidade de água na forma de vapor presente na atmosfera, maior é a probabilidade de ocorrência de chuvas. Muitas vezes falamos em **umidade relativa**, que é a quantidade de água na forma de vapor que existe na atmosfera em relação à quantidade máxima desse vapor que a atmosfera pode conter. Ela é medida diariamente nas estações meteorológicas em aparelhos chamados **higrômetros** (a palavra higrômetro vem do grego *higrós*, que significa umidade e, *métron*, que significa medida). Ela também pode ser registrada por meio de higrógrafos, que também são instrumentos destinados à medição da umidade, porém além de medir ainda registram o resultado em folhas de papel.

> **Estação meteorológica:** local em que são colhidos dados (como pressão, temperatura, velocidade do vento etc.) para a análise do tempo.

A umidade relativa pode variar de 0% (ausência de vapor-d'água no ar) a 100% (quantidade máxima de vapor-d'água que o ar pode conter). Quando a umidade atinge 100%, dizemos que o ar está *saturado* de vapor-d'água. Em regiões de clima seco, a umidade relativa do ar se mantém muito baixa por longos períodos e raramente chove nessa época.

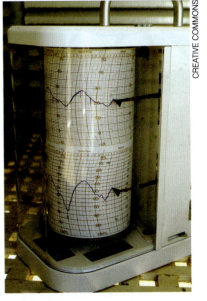

O higrômetro (imagem superior) registra a umidade relativa do ar em termos de porcentagem. Essa umidade é registrada pelos higrógrafos (imagem inferior) em papel.

ESTABELECENDO CONEXÕES

Cotidiano

Um certo desconforto

Na Amazônia, o clima é quente e geralmente úmido, com chuvas abundantes e temperaturas elevadas, porém raramente superando os 40 °C, graças à elevada umidade do ar proporcionada pela floresta. Essa umidade impede que as temperaturas disparem, mas provocam um desconforto, aumentando a sensação de calor (sensação térmica) pois o excesso de umidade no ar dificulta a evaporação do suor. Fazendo uma comparação: roupas no varal demoram mais para secar em dias úmidos. Quando o ar está saturado de umidade, dificulta a passagem de novas moléculas de água para o ambiente, sejam essas moléculas provenientes da água do suor ou da roupa estendida no varal.

Você já deve ter ouvido nos noticiários que a temperatura de determinada localidade é, por exemplo, 35 °C, mas a **sensação térmica** naquele local é de 39 °C. Por que essa diferença? É que os termômetros marcam apenas a temperatura do ar e a sensação térmica é a *temperatura como a sentimos*, e leva em conta a umidade do ar, pressão e velocidade do vento, entre outros fatores atmosféricos. Esses dados são coletados e relacionados por meio de uma equação matemática complicada, que nos dá como resultado a temperatura que sentimos, ou seja, a sensação térmica.

STEVE HEAP/SHUTTERSTOCK

Pluviômetro

Para medirmos a quantidade de chuva que cai em uma região durante determinado período, utilizamos um aparelho chamado **pluviômetro** (a palavra pluviômetro vem do latim *pluvio*, que significa chuva, e do grego *métron*, que significa medida). O aparelho é composto por um funil para coletar a água da chuva e um cilindro de vidro graduado. Cada milímetro de água coletado, corresponde a 1 litro de água por metro quadrado.

Como a distribuição das chuvas não é regular em toda uma região, uma cidade, por exemplo, convém instalar vários pluviômetros um em cada zona ou bairro. Assim, para uma melhor avaliação da quantidade de chuva em toda a extensão do município, coletamos os dados dos aparelhos e calculamos a média de pluviosidade no período considerado.

Foto de um pluviômetro, aparelho utilizado para medir a quantidade de chuvas que cai em determinada localidade durante um dado período de tempo.

ENTRANDO EM AÇÃO!

Podemos construir um pluviômetro bastante simples, como o da figura abaixo, usando uma garrafa ou um frasco cilíndrico e transparente com fundo plano. Precisaremos também de um funil com a boca da largura da garrafa (ou frasco), uma régua graduada em milímetros e fita adesiva. Com a fita adesiva, fixe a régua do lado de fora da garrafa.

Disponha o funil na boca do frasco ou garrafa como mostra a figura e leve todo o conjunto para local aberto, certificando-se de que a montagem não está coberta por galhos de árvores ou qualquer tipo de cobertura – ela precisa receber diretamente a água da chuva.

Cada milímetro de água coletada em dia de chuva significa que, naquele local, a quantidade de chuva equivale a 1 L de água por metro quadrado.

Durante o período de 30 dias, analise diariamente a quantidade de água coletada, tomando o cuidado de fazer a leitura após o término da chuva. Feita a leitura, esvazie o frasco e reposicione o conjunto para nova leitura. Expresse a quantidade de chuva mensal em litros de água por metro quadrado.

Atenção: para esta montagem, **não** utilize garrafas PET que possuam reentrâncias em suas bases, como a da foto ao lado.

GRAZVYDAS JANUSKA/
PANTHERMEDIA/KEYDISC

ANA OLÍVIA JUSTO/acervo da editora

funil

fita adesiva

régua

recipiente transparente

1 mm   equivale a   1 m²   1 m

1 m

1 L

Pressão atmosférica

Como já vimos, a pressão atmosférica está relacionada com o peso que a atmosfera exerce sobre a superfície terrestre. Os instrumentos utilizados para medir a pressão são o **barômetro** (a palavra barômetro vem do grego *báros*, que significa peso, e do grego *métron*, que significa medida) ou o *barógrafo*. A diferença é que o barógrafo registra a pressão continuamente em uma folha de papel.

A diminuição da pressão atmosférica indica um aumento de vapor-d'água no ar. Portanto, quando medimos a pressão atmosférica, estamos indiretamente verificando a umidade do ar e a possibilidade da ocorrência de chuvas.

 Fique por dentro!

Quando a pressão atmosférica aumenta é sinal de que o tempo vai melhorar. Porém, se houver uma queda rápida da pressão atmosférica, é sinal de que está se aproximando uma forte chuva.

 ## É SEMPRE BOM SABER MAIS!

Por que a pressão atmosférica diminui com o aumento da umidade no ar?

Como você já sabe, uma mistura de gases forma a atmosfera: nitrogênio, oxigênio, gás carbônico e vapor-d'água. Os mais abundantes são o nitrogênio e o oxigênio, mais pesados que o vapor-d'água.

Quando o ar está úmido, o vapor-d'água, mais leve, passa a ocupar o espaço antes ocupado pelas moléculas de nitrogênio e oxigênio. Por isso, o peso da atmosfera sobre a superfície terrestre diminui.

Temperatura do ar

A temperatura do ar indica o quanto ele está sendo aquecido ou resfriado pela influência direta da energia solar e pela superfície do planeta, que libera energia térmica do seu próprio interior (como, por exemplo, pela atividade vulcânica e fontes termais) e diariamente devolve à atmosfera parte da energia térmica recebida do Sol.

A temperatura do ar é medida próxima à superfície, usando-se instrumentos chamados **termômetros** (a palavra termômetro vem do grego *thérme*, que significa calor, e do grego *métron*, que significa medida) ou *termógrafos*, aparelhos que registram continuamente a temperatura em uma folha de papel. Os termômetros podem ser elétricos, de mercúrio ou de álcool. No Brasil, a temperatura é medida em graus Celsius (°C).

É SEMPRE BOM SABER MAIS!

Nuvens

As nuvens são constituídas por gotículas de água ou cristais de gelo que se formam na atmosfera. Sua formação ocorre quando o ar quente e úmido sobe para camadas mais altas e frias da atmosfera.

Nessas condições o vapor-d'água condensa-se, podendo até mesmo se transformar em gelo.

Observe, nas fotos a seguir, alguns dos principais tipos de nuvem.

Cirros: são nuvens altas (localizadas acima de 6.000 metros), longas e brancas, quase transparentes, formadas por pequenos cristais de gelo. Sua presença indica ausência de chuva. A palavra cirros vem do latim *cirru* e significa cacho de cabelo ou caracol.

Cúmulos: são nuvens brancas e densas parecidas com grandes flocos de algodão, típicas de verão. Podem ocorrer isoladamente ou dispostas próximas umas das outras, de 600 a 900 metros de altitude. Sua presença indica tempo estável, sem chuva. A palavra cúmulos vem do latim *cumulu* e significa pilha ou montão.

Estratos: são nuvens baixas (localizadas abaixo de 2.000 metros) semelhantes a um nevoeiro e formam-se em camadas horizontais acinzentadas, que parecem se sobrepor. A presença de estratos pode indicar chuva. A palavra estrato vem do latim *stratu* e significa camada.

Nimbos: também são nuvens altas de cor cinza-escura, suficientemente densas para dificultar a passagem da luz. Sua presença está associada com chuvas fortes, raios e granizo. A palavra nimbos vem do latim *nimbu* e significa portador de chuva.

DE OLHO NO PLANETA

Meio Ambiente

A água e o efeito termorregulador

Em lugares secos, longe de florestas, mares e lagos, onde a umidade é baixa, a temperatura sofre grande variação entre o dia e a noite. Por exemplo, nos desertos, durante o dia, a temperatura é altíssima, porém à noite fica muito próxima de 0 ºC. Isso se deve à pequena quantidade de vapor-d'água no ar.

Durante o dia, a água recebe calor aumentando sua temperatura.

À noite, ela vai lentamente cedendo calor ao ambiente, o que impede o brusco resfriamento da atmosfera.

Essa capacidade de a água absorver e perder calor lentamente tem um efeito termorregulador, isto é, contribui para equilibrar a temperatura do ambiente, o que não acontece nos desertos, pela quase total ausência de água.

Massas de ar

As massas de ar são grandes blocos de ar em movimento. Essas grandes porções da atmosfera se deslocam carregando parte das características da região onde se originaram, como a temperatura e a umidade. Por exemplo, as massas que se originam de regiões polares são frias; as que se originam nas regiões tropicais são quentes. À medida que se movem, alteram as condições do tempo por onde passam. Muitas vezes, elas podem permanecer estacionadas sobre determinada região por vários dias ou algumas semanas.

Frentes frias e frentes quentes

O encontro de duas massas de ar de temperaturas diferentes dá origem a uma região de transição entre elas. Essa região recebe o nome de **frente**. Assim, uma frente é a região dianteira de uma massa de ar em movimento, que entra em contato com outra massa de ar de características diferentes. As frentes podem ser frias ou quentes.

A **frente fria** ocorre quando uma massa de ar frio que se desloca, encontra e empurra uma massa de ar quente estacionada em uma região. O ar frio, mais denso, introduz-se sob o ar mais quente e menos denso, que sobe e esfria. Com isso, a temperatura cai rapidamente junto ao solo. Como a massa de ar quente pode conter umidade, com a ascenção (subida) e a consequente queda rápida da temperatura, o vapor-d'água se condensa ocasionando nevoeiro, tempestades e trovoadas. No Brasil, as frentes frias, em geral, vêm da Região Sul e avançam sobre o litoral, sendo desviadas para outras partes do país pelos ventos.

A **frente quente** ocorre quando uma massa de ar quente que se movimenta encontra e empurra a massa de ar frio que estava estacionada sobre uma região, provocando aumento de temperatura. Como o ar quente é menos denso que o ar frio, a massa de ar quente se desloca por cima da massa de ar frio. Nesse caso, formam-se nuvens predominantemente do tipo estrato, podendo ocorrer precipitações.

Estacionária: que está parada.

Quando uma frente deixa de se mover, ela recebe o nome de **frente estacionária**.

frente fria

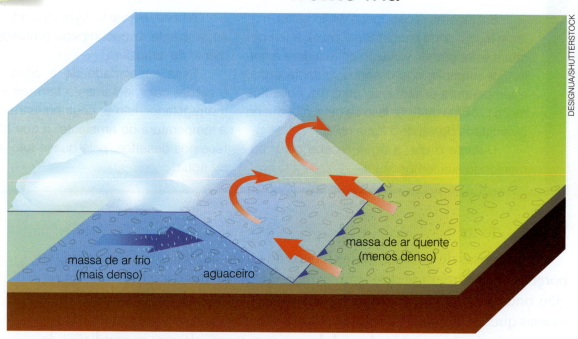

massa de ar quente
(menos denso)

massa de ar frio
(mais denso)   aguaceiro

ar quente

ar frio

frente quente

frente fria

Formação de uma frente fria.

1. Massa de ar frio (mais denso) introduz-se sob a massa de ar quente (menos denso).

2. A massa de ar quente, menos densa, sobe e esfria.

3. Se a massa quente contiver umidade, há condensação e possíveis precipitações (chuvas).

frente quente

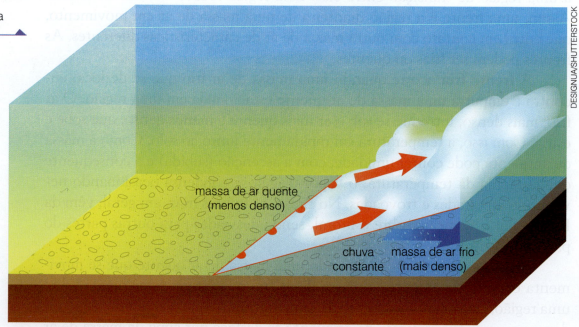

massa de ar quente
(menos denso)

chuva   massa de ar frio
constante   (mais denso)

Formação de uma frente quente.

1. Massa de ar quente empurra a massa de ar frio.

2. No encontro das duas massas formam-se nuvens do tipo estrato e ocorrem chuvas.

Ciclones: furacões e tufões

Tufões e **furacões**, também conhecidos como **ciclones**, formam-se do encontro de massas de ar quente (áreas de baixa pressão) com massas de ar frio (áreas de alta pressão). O ar tende a se deslocar de uma área de alta pressão para uma de baixa pressão e assim surgem os ventos de um ciclone que, influenciados pelo movimento de rotação da Terra, giram em espiral.

Quando os ciclones se formam sobre áreas oceânicas próximas à linha do Equador, recebem o nome de *ciclones tropicais*. Nessas regiões, as altas temperaturas e a umidade favorecem a sua formação.

A conhecida imagem de uma coluna de nuvens, em formato de funil, que gira a alta velocidade e toca a terra, é o que se convencionou chamar de **tornado**.

Furacão Isabel sobre o oceano Atlântico (acima) e detalhe de seu centro (abaixo). O centro ou núcleo de um furacão é chamado de "olho do furacão", possui de 20 a 30 km de diâmetro, mas não é tão turbulento. Porém, a movimentação do vento que gira ao seu redor pode ir além dos 300 km/h.

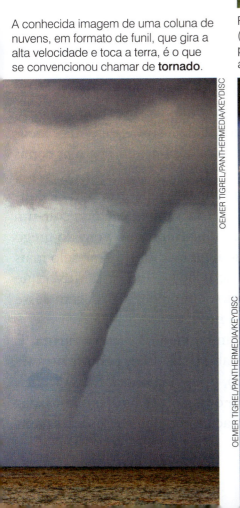

olho do furacão

ESTABELECENDO CONEXÕES

Geografic

Friagem

No sul da Amazônia brasileira, a população enfrenta o fenômeno conhecido como friagem. Mas o que é isso?

No período de maio a agosto, uma massa de ar formada próximo à Patagônia, portanto uma massa de ar fria (polar), desloca-se para a região do Equador, provocando uma queda brusca de temperatura e chuvas. Esse fenômeno chama-se friagem.

Em consequência do desmatamento que vem ocorrendo nessa região nos últimos anos, a friagem tornou-se mais acentuada: a temperatura local chega a cair para menos de 8 °C.

Ventos

O **vento** é o movimento do ar produzido por causas naturais. São muitos os fatores que influenciam os ventos em determinada região. Porém, de maneira geral, os ventos se formam como consequência do deslocamento do ar de regiões de alta pressão em direção a regiões de baixa pressão. Vejamos uma comparação: um pneu, ao furar, esvazia-se, pois o ar de seu interior, sob uma pressão maior, se dirige para o exterior, que se encontra sob uma pressão menor. Na atmosfera, também se formam regiões de alta e de baixa pressão como consequência das diferenças de temperatura entre as várias regiões. O ar aquecido se expande, isto é, as moléculas dos gases presentes no ar se espalham, se afastam, e o ar passa a exercer menor pressão atmosférica. Essas são, portanto, áreas ou zonas de **baixa pressão**. O ar quente, por ser menos denso, tende a elevar-se na atmosfera.

Ao contrário, no ar frio as moléculas dos gases estão mais próximas; o ar é mais denso e tende a ocupar camadas mais próximas da superfície da Terra, sobre a qual exerce mais pressão. Áreas ou zonas de ar frio são, então, áreas de **alta pressão**. O movimento de ar das zonas de alta pressão para as zonas de baixa pressão é o que forma os ventos.

Para se prever quando uma massa de ar chegará a determinada localidade, é fundamental conhecer a *velocidade dos ventos*, que é medida com um aparelho denominado **anemômetro** (a palavra anemômetro vem do grego *anemos*, que significa vento e *métron*, que significa medida). O modelo mais comum utiliza um eixo com três conchas, acoplado a um dispositivo que registra o número de rotações em um intervalo de tempo. A vantagem desse modelo é que ele independe da direção do vento.

A **direção dos ventos** é verificada por instrumentos como a **biruta**. É constituído por um cone de tecido com duas aberturas. O ar penetra através da abertura maior, fixa a um suporte giratório, e sai pela outra. Dessa forma, ao soprar o vento, a biruta alinha-se com sua direção. As birutas são usadas principalmente em aeroportos, para a orientação nos pousos e decolagens dos aviões.

Anemômetro. As três conchas do aparelho giram pela ação do vento e as rotações dadas em torno do eixo que as suporta são registradas. A velocidade do vento é dada pelo número de giros (rotações) em determinado intervalo de tempo.

Biruta.

Brisa marítima e brisa terrestre

As brisas marítima e terrestre são exemplos de ventos locais, porque limitam-se a alguns quilômetros da costa litorânea.

Durante o dia, a areia da praia se aquece mais rapidamente que a água do mar. Há transferência de calor da areia para o ar. Esse ar aquecido expande-se, torna-se menos denso, desloca-se para as camadas mais altas da atmosfera e o seu lugar é ocupado pelo ar menos aquecido e mais denso que está sobre o mar. Esse ar que sopra do mar para o continente constitui a **brisa marítima**.

Durante a noite ocorre o inverso. A terra esfria mais rapidamente que a água do mar. Então, a transferência de calor se dá da água para o ar, o qual se aquece e sobe, sendo o seu lugar ocupado pelo ar mais frio que sopra do continente para o mar. Assim se forma a **brisa terrestre** ou **continental**. Essa é a brisa que os pescadores aproveitam para conduzir suas embarcações para o alto mar, de madrugada. Voltam durante o dia, favorecidos pela brisa marítima.

A brisa marítima sopra do mar para o continente no período matutino até a metade da tarde. No final da tarde e durante todo o período noturno, até próximo do amanhecer, a brisa terrestre sopra do continente para o mar.

ESTABELECENDO CONEXÕES

Ética & Cidadania

A força da natureza

Se fenômenos geofísicos tais como tempestades, terremotos, maremotos ou furacões causam sérios danos e prejuízos a pessoas e bens de uma comunidade, então temos um cenário típico de desastres naturais. Os cientistas têm constatado, nas últimas décadas, um aumento na frequência e na intensidade desses desastres. Estudos indicam que esse aumento pode estar ligado principalmente às mudanças climáticas resultantes do aquecimento global.

Os últimos relatórios do IPCC (Painel Intergovernamental sobre Mudanças Climáticas) apontam para um aumento das chuvas nas Regiões Sul e Sudeste e um agravamento da seca nas Regiões Norte e Nordeste do Brasil. Esse aumento das chuvas não significa que teremos uma boa distribuição anual. Pelo contrário, as chuvas ficarão muito fortes e concentradas.

As atividades humanas, associadas ao desrespeito à natureza, por meio de desmatamentos, queimadas, assoreamento de rios, ocupações desordenadas e edificações mal construídas, têm aumentado o impacto dos desastres ambientais nos últimos anos.

➤ O assoreamento dos rios, ou seja, o acúmulo de entulho, lixo e outros descartes no fundo dos rios, faz com que estes suportem cada vez menos água. Como consequência, quando há grande quantidade de chuvas, o nível dos rios sobe e torna-se mais provável a ocorrência de enchentes. Em sua opinião, que medidas poderiam ser tomadas para evitar o assoreamento dos rios?

XINHUA/EYEVINE/GLOW IMAGES

São incalculáveis os prejuízos tanto em termos materiais, mas, principalmente, em termos de vítimas, que uma enchente pode causar. Na foto, cidade de Ponte Nova, Estado de Minas Gerais, devastada pela enchente ocorrida em 4 de janeiro de 2012.

Nosso desafio

Para preencher os quadrinhos de 1 a 9, você deve utilizar as seguintes palavras: cirros, clima, Meteorologia, nuvens, pressão atmosférica, tempo, termômetro, umidade do ar, ventos.

À medida que você preencher os quadrinhos, risque a palavra que escolheu para não usá-la novamente.

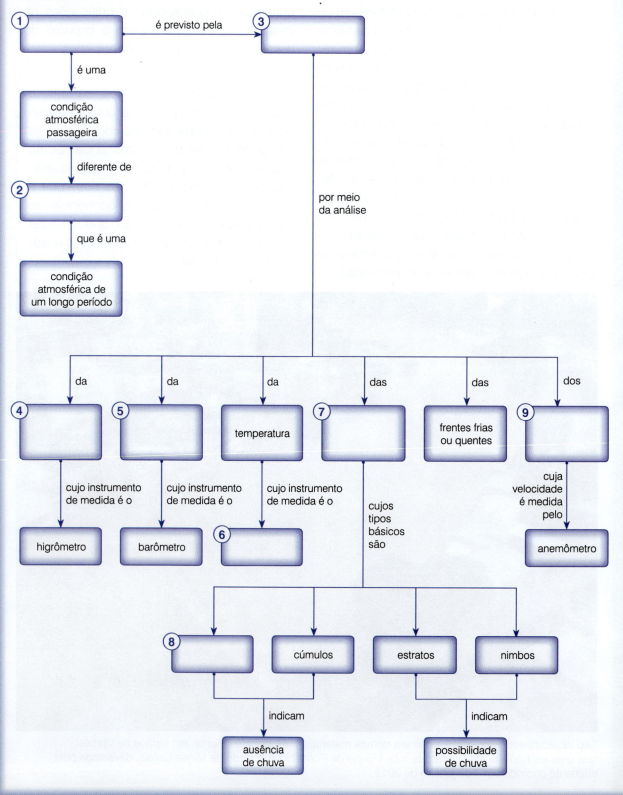

Atividades

1. Como ocorre a formação das nuvens? do que são formadas?

2. Qual instrumento meteorológico deve ser utilizado para se determinar o sentido do deslocamento dos ventos? e sua velocidade?

3. Um colega comenta: "Hoje o dia está muito quente". Ele se refere ao clima ou ao tempo? Justifique a sua resposta.

4. Como podemos prever a aproximação de uma tempestade utilizando um barômetro?

5. Como ocorre o aparecimento de uma frente fria? Como se forma chuva nesse caso?

6. Quando medimos a umidade do ar, referimo-nos a ela como "umidade relativa" do ar. Explique em um pequeno texto o que você entende pela expressão "umidade relativa".

7. Explique como se formam as brisas que favorecem a partida dos jangadeiros para o alto-mar.

Jangadeiro navega no rio Imbassaí, litoral norte da Bahia.

8. Explique a formação das brisas que favorecem a volta dos pescadores ao continente.

9. Uma construtora planejou um edifício com um reservatório destinado a coletar toda a água da chuva. A área construída foi de 10 metros de comprimento por 7 metros de largura, ou seja, 70 metros quadrados. Junto ao edifício foi instalado um pluviômetro. Verificou-se que após a ocorrência de uma hora de chuva, o nível indicado pelo pluviômetro foi de 2 milímetros. Calcule o volume de água coletado.

10. Pesquise na internet algum site sobre previsão do tempo e procure identificar nele as temperaturas máximas e mínimas para sua região, as condições de tempo nos aeroportos, as imagens de satélites, a previsão oceânica, com a altura máxima das ondas. Depois de analisar as informações disponíveis, produza um texto com a previsão do tempo para sua cidade ou região.

Navegando na net

Para ficar por dentro do que acontecerá em termos da qualidade do ar e da previsão do tempo de sua região, visite o site:

<http://www.cptec.inpe.br/>

(*acesso em*: 29 maio 2014).

Ar e saúde humana

Temperatura e doenças respiratórias

Você já reparou como no outono e no inverno ficamos mais propensos a doenças respiratórias? Nesse período, aumentam os casos de dificuldade para respirar, gripes e tosse, entre outras doenças.

A causa para essas complicações respiratórias pode estar relacionada a uma série de fatores. Durante os dias mais frios e secos, as nossas vias respiratórias se encontram um pouco mais desidratadas (mais secas) e isso facilita que bactérias e vírus causadores de doenças entrem em nosso organismo. Nesse período, é muito comum também que, para nos protegermos do frio, fechemos as janelas e portas; no entanto, se houver uma pessoa portadora de algum microrganismo causador de doença respiratória, é possível que haja a contaminação de outras pessoas.

A poluição atmosférica, ou seja, a condição do ar em que nele estão presentes substâncias prejudiciais ao nosso organismo e ao equilíbrio do próprio meio ambiente, também é outro fator que afeta principalmente crianças até 5 anos de idade e pessoas com mais de 65 anos. Os efeitos nocivos da poluição são tão danosos a ponto de levar à morte mais pessoas do que os acidentes de trânsito! Isso mesmo: na cidade de São Paulo, no ano de 2011, morreram 4.655 pessoas em decorrência da poluição do ar na cidade, enquanto 1.556 morreram no trânsito, o que já é um número extremamente alto.

Neste capítulo, discutiremos os efeitos de alguns poluentes na saúde humana e os principais microrganismos causadores de doenças presentes no ar que respiramos.

■ Poluição

FABIO COLOMBINI

Vista aérea de parte da cidade de São Paulo em que se pode notar a atmosfera escurecida devido à poluição atmosférica.

As pessoas que moram nas grandes cidades têm sempre um forte motivo para ir à praia ou ao campo nos fins de semana, além, é claro, de descansar e se divertir: respirar ar puro. É que o ar nas grandes cidades é muito poluído, devido à grande quantidade de gases e partículas sólidas liberadas por indústrias e veículos automotivos, dentre os quais caminhões, ônibus e automóveis, que utilizam o óleo diesel e a gasolina como combustível.

Considera-se **poluente** qualquer substância presente no ambiente e que, pela sua quantidade, pode torná-lo impróprio à saúde humana, além de provocar danos a diversos materiais, às plantas e aos animais. Dentre os poluentes encontrados no ar das grandes cidades destacam-se o gás **monóxido de carbono**, o **gás ozônio** e os **materiais particulados**.

O *monóxido de carbono* (CO) é produzido principalmente na queima dos combustíveis (óleo diesel e gasolina). Ao ser inalado pelas pessoas, diminui a oxigenação dos tecidos, provoca tonturas, deficiência na coordenação motora, diminui a concentração mental e, em altas doses, pode até provocar a morte. Não é à toa que os fabricantes de automóveis recomendam que não se deixe o motor funcionando em ambientes fechados. Embora o gás carbônico (CO_2) eliminado pela respiração da maioria dos seres vivos seja indispensável para a realização da fotossíntese, o excesso desse gás na atmosfera tem um efeito poluidor. Como você já sabe, o aumento do gás carbônico na atmosfera intensifica o "efeito estufa", responsável pelo aquecimento global e todas as suas consequências. Além disso, o gás carbônico combina-se naturalmente com o vapor-d'água da atmosfera e forma um ácido fraco, o ácido carbônico. Esse ácido faz com que as águas das chuvas sejam sempre ligeiramente ácidas. Porém, as chuvas podem ficar muito mais ácidas em consequência da liberação de outros gases poluentes na atmosfera.

A queima do óleo diesel, por exemplo, produz dióxido de enxofre e algumas indústrias liberam na atmosfera óxidos de nitrogênio. Esses gases, ao se combinarem com o vapor-d'água da atmosfera, formam ácidos muito fortes e corrosivos (sulfúrico e nítrico), que também são carregados pelas chuvas. Chuvas com elevados graus de acidez causam grave prejuízo à vegetação, às formas de vida aquática, corroem o mármore de monumentos e esculturas e atacam metais.

O *ozônio* é um gás resultante da reação entre diversas substâncias poluentes existentes no ar das grandes cidades, em presença da luz do Sol. Quando inalado pelas pessoas, pode provocar danos nos pulmões.

Os *materiais particulados* são poluentes constituídos de poeiras, fumaça e diversas partículas sólidas ou líquidas de pequeníssimo tamanho que permanecem em suspensão no ar. Produzidos em processos industriais ou pela queima de combustíveis ou de vegetação, são inalados pelas pessoas e podem provocar diversos problemas respiratórios (asma, facilitar a instalação dos microrganismos causadores de pneumonias) e circulatórios, principalmente em crianças e pessoas idosas.

Além dos problemas causados pelos poluentes, o ar pode servir de veículo para inúmeros microrganismos causadores de doenças, que você conhecerá nos itens a seguir.

DE OLHO NO PLANETA

Ética & Cidadania

Ar puro: direito reservado pela Constituição

O artigo 225 da Constituição brasileira de 1988 diz: "Todos têm direito ao meio ambiente ecologicamente equilibrado, bem de uso comum do povo e essencial à sadia qualidade de vida, impondo-se ao Poder Público e à coletividade o dever de defendê-lo e preservá-lo para as presentes e próximas gerações".

Constituição brasileira: é um conjunto de leis que regulamenta os direitos e os deveres dos cidadãos que vivem no Brasil.

➤ Colaborar para a melhoria da qualidade do ar que respiramos é uma ação de cidadania. Sugira uma atitude que está ao nosso alcance para melhorar a qualidade do que respiramos.

Doenças transmitidas pelo ar

Gripe

O tipo mais comum de gripe ou influenza é causada pelo vírus *Myxovirus influenza*. A gripe não deve ser confundida com o resfriado comum, também causado por vírus, embora os sintomas das duas doenças sejam semelhantes.

A cada ano, milhares de casos de gripe são registrados nas mais diversas partes do mundo, o que faz com que esta doença seja uma das que mais atingem o ser humano.

Indivíduos portadores do vírus, ao tossir, espirrar ou falar, eliminam para o ar gotículas de saliva contendo os vírus. Essas gotículas, ao atingirem as mucosas nasal, ocular e bucal, infectam novos indivíduos.

Mucosa: revestimento interno e úmido da cavidade de órgãos.

Em ambientes fechados, sem uma boa ventilação e com muita gente, os vírus podem facilmente contaminar várias pessoas. Por isso, a gripe é uma doença altamente contagiosa e espalha-se rapidamente, podendo evoluir para uma epidemia.

Fique por dentro!

As pessoas costumam confundir gripe com resfriado. Ambos são causados por vírus e, praticamente, apresentam os mesmos sintomas (febre, nariz entupido, tosse, dor no corpo), porém no caso da gripe esses são muito mais intensos, deixando a pessoa acamada.

No caso do resfriado (forma mais branda), as vias aéreas superiores é que são afetadas. Já no caso da gripe, a virose pode afetar os brônquios e os pulmões, facilitando a instalação de infecções importantes, como uma pneumonia, por exemplo.

É SEMPRE BOM SABER MAIS!

Endemia, epidemia e pandemia: você sabe o que esses três termos querem dizer?

Endemia: doença infecciosa que afeta um número aproximadamente constante de indivíduos de certa região, durante um longo período de tempo. Exemplo: a esquistossomose é endêmica na maioria das regiões onde ocorre.

Epidemia: doença infecciosa que afeta um grande número de indivíduos de uma região (cidade, estado, país) em curto período de tempo. Exemplo: a dengue em determinados municípios brasileiros nos últimos anos.

Pandemia: é o nome que se dá a uma epidemia que atinge muitas regiões em um mesmo período de tempo. Exemplo: a AIDS é considerada uma pandemia.

Para evitar que determinadas endemias se transformem em epidemias, faz-se necessária a adoção de medidas preventivas (vacinação, saneamento básico, educação sanitária etc.).

Algumas epidemias, dependendo das medidas usadas para combatê-las, podem voltar a uma situação endêmica ou até mesmo extinguir-se. A poliomielite ("paralisia infantil") é um exemplo de doença que foi erradicada no Brasil graças à vacinação da população infantil.

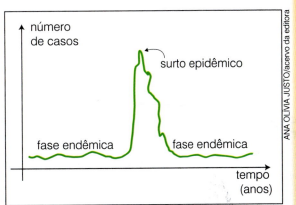

Gráfico de um exemplo genérico de doença infecciosa nas fases endêmica e epidêmica. Note que nas fases endêmicas, o número de casos é baixo e aproximadamente constante durante vários anos. Na fase epidêmica, a doença atinge um número elevado de casos em curto período de tempo.

A gripe afeta o aparelho respiratório, sendo seus principais sintomas febre, dor de cabeça, dores no corpo, abatimento e, na última fase, eliminação de grande quantidade de muco espesso pelas vias respiratórias. Além disso, tosse intensa e persistente é outro sintoma comum.

Para a maioria das pessoas, a ocorrência de alguns episódios de gripe durante o ano não oferece maiores riscos para a saúde. Porém, para pessoas com saúde debilitada e idosos, a gripe pode tornar-se uma doença grave, podendo inclusive levar à morte. É que a gripe pode facilitar a instalação de infecções oportunistas, como a pneumonia causada por bactérias.

Diagnóstico, tratamento e prevenção

O diagnóstico da gripe não exige nenhum exame de laboratório; o médico pode fazê-lo por meio dos sintomas do indivíduo e de um exame físico.

Geralmente o estado gripal desaparece de maneira espontânea, depois de um período de 7 a 10 dias. Não é necessário o uso de medicação para combater o vírus, mas alguns remédios podem aliviar a febre e as dores de cabeça e no corpo, coriza e reações alérgicas das vias respiratórias.

Coriza: muco aquoso eliminado pelo nariz.

Para se prevenir da gripe, evitar expor-se por tempo prolongado em lugares com grande número de pessoas e mal-ventilados, principalmente nos meses mais frios do ano. Além disso, evitar o contato com pessoas e objetos contaminados e lavar as mãos diminuem a chance de contrair a doença.

A vacinação é outra medida preventiva, que auxilia no controle da doença e diminui suas chances de propagação.

Fique por dentro!

Por que as mães insistem para que seus filhos levem um agasalho ao saírem de casa nos dias em que a temperatura cai muito?

Em temperaturas mais baixas, o organismo gasta mais energia para manter o corpo aquecido. Logo, sobra menos energia para os mecanismos de defesa, como, por exemplo, a produção de anticorpos. Assim, o corpo torna-se mais vulnerável a infecções. E a gripe é uma delas.

Lembre-se!

Higienize sempre as mãos; o uso de álcool na forma de gel ajuda a combater muitos microrganismos.

ESTABELECENDO CONEXÕES

Cotidiano

Vacina contra gripe: por que é preciso tomá-la todo ano?

Os vírus são seres muito especiais, diferentes de todos os outros seres vivos. Apresentam uma característica que os torna únicos: a capacidade constante de mutação, isto é, de alteração do material genético, tornando-se "diferentes" a cada nova mutação.

Os vírus reproduzem-se muito rapidamente e, por isso, o número de mutações é muito maior do que em outros seres vivos. Há vários subtipos do vírus da gripe. A vacina previne contra os tipos mais agressivos. Às vezes, as pessoas dizem que ficaram gripadas após tomarem a vacina. O que ocorre é que provavelmente já havia um novo tipo agressivo de vírus, um mutante, instalando-se no organismo e esse tipo acaba por se manifestar, porque a vacina aplicada foi produzida antes do aparecimento desse novo vírus.

Com tantas mudanças, fica difícil conseguir fazer uma única vacina que combata todos os diferentes tipos de vírus da gripe. Sendo assim, a vacina precisa ser reformulada a cada ano, a partir das características dos vírus que estão circulando no mundo todo naquele momento.

A Organização Mundial de Saúde (OMS) é a responsável por realizar estudos para identificar quais os vírus responsáveis pelas diferentes epidemias de gripe no mundo a cada ano, permitindo que a vacina correta seja providenciada com rapidez.

Nem todas as pessoas precisam ser vacinadas contra a gripe todos os anos. A vacina é indicada preferencialmente para as pessoas cuja saúde corre mais risco ao contraírem a doença. É o caso de crianças até dois anos de idade, de pessoas com 60 anos ou mais e de gestantes.

Sarampo

O sarampo é uma doença infecciosa causada por um vírus. Catarro e febre são os sintomas iniciais. Quatro dias depois, aparecem as primeiras manchas vermelhas, que são as manifestações típicas da doença. Elas se espalham pelo corpo durante os dias seguintes, dando ao indivíduo o aspecto característico do sarampo.

O sarampo acomete principalmente crianças até os 10 anos de idade, sendo difícil sua ocorrência em adultos. É transmitido de maneira muito semelhante à da gripe, com muita facilidade, diretamente de pessoa para pessoa, pelas gotículas de saliva ou de muco nasal que contêm vírus, expelidas por doentes ao espirrar, tossir, falar ou respirar. A transmissão também pode ocorrer por meio de objetos utilizados recentemente por um doente, como copos, xícaras, pratos, talheres e toalhas, por exemplo.

Para a maioria das pessoas, o sarampo não é uma doença grave. Porém, em alguns casos, quando acomete recém-nascidos ou crianças desnutridas, pode causar complicações e morte, principalmente nos países pobres onde não há distribuição regular da vacina tríplice, que previne contra três doenças virais importantes: sarampo, rubéola e caxumba.

Em gestantes, provoca malformações fetais.

Diagnóstico, tratamento e prevenção

O diagnóstico do sarampo é feito sem a necessidade de exames laboratoriais na grande maioria dos casos. O médico consegue diagnosticar a doença pelas características típicas, como as manchas avermelhadas na pele e as manchas brancas que aparecem na superfície interna da bochecha.

Não há tratamento específico para o sarampo, pois a doença tende a desaparecer depois de um período de 7 a 10 dias. São necessários apenas medicamentos para controlar os sintomas apresentados pelo indivíduo doente, como febre e dores em geral.

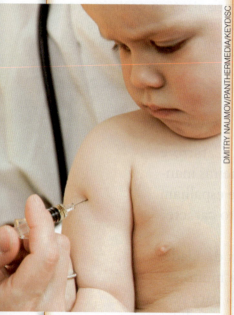

A primeira dose da vacina tríplice, que protege contra sarampo, rubéola e caxumba, deve ser aplicada quando a criança completar um ano de idade. Esta vacina faz parte do calendário oficial de vacinação brasileiro.

Bacilos são bactérias em forma de bastonetes, como se vê ao lado.

A prevenção do sarampo pode ser feita com cuidados higiênicos básicos, principalmente quando há contato com pessoas doentes. A boa higienização de utensílios domésticos (louças e talheres) e das mãos evita a contaminação pelo vírus. Porém, a melhor forma de se evitar a doença na infância é pela vacinação.

Tuberculose

A tuberculose é uma doença infecciosa, comumente causada pela bactéria *Mycobacterium tuberculosis*, conhecida popularmente como bacilo de Koch, nome dado em homenagem ao seu descobridor, o bacteriologista alemão Robert Koch (1843-1910).

A tuberculose pode atingir vários órgãos do corpo humano, mas é mais comum nos pulmões.

O bacilo da tuberculose é transmitido pelo ar e para que consiga se reproduzir e se desenvolver rapidamente, ele necessita de um ambiente rico em oxigênio. Um indivíduo com tuberculose, ao espirrar, tossir ou falar, espalha os microrganismos no ar, que podem contaminar outras pessoas. A transmissão da doença também é possível pelos objetos e utensílios domésticos e toalhas usadas por pessoas doentes.

Os sintomas iniciais da tuberculose são parecidos com os de um resfriado comum. Com o passar do tempo, aparecem febre, dores no peito e acessos de tosse por mais de três semanas. Os doentes ainda apresentam falta de apetite, emagrecimento, apatia (desânimo, desinteresse), falta de ar, suores noturnos e escarro com sangue.

A tuberculose provoca graves lesões pulmonares, e não tratada pode levar o indivíduo à morte.

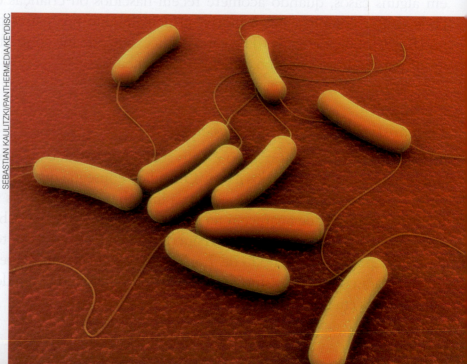

Diagnóstico, tratamento e prevenção

O diagnóstico da tuberculose é realizado sempre pelo médico, por meio dos sintomas apresentados pelo doente. Um exame de raios X do tórax revela as lesões pulmonares.

O tratamento da tuberculose é feito empregando-se antibióticos que combatem o bacilo causador da doença. O tratamento é bastante longo e dura 6 meses ou mais. É importante saber que, mesmo desaparecidos os sintomas após o início do tratamento, o paciente não deve interromper o uso dos medicamentos, pois a doença pode retornar.

Quando o tratamento é feito corretamente, as chances de cura são praticamente certas.

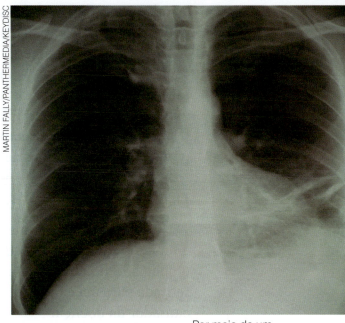

Por meio de um exame de raios X dos pulmões, como o da foto acima, o médico pode verificar se há lesões nos pulmões do paciente causadas por tuberculose.

Para prevenir o aparecimento de novos casos de tuberculose, deve-se fazer o diagnóstico correto dos indivíduos doentes e submetê-los ao tratamento adequado. Outra medida preventiva importante é a lavagem com água fervente de objetos utilizados por pessoas com a doença, pois a alta temperatura mata os bacilos.

Entretanto, a principal ação preventiva é a vacinação da população contra a tuberculose. A vacina que previne a doença é a BCG, que faz parte do calendário de vacinação brasileiro, e sua primeira dose deve ser aplicada nas crianças ainda no primeiro mês de vida.

A frequência da tuberculose sempre foi maior nos países em condições precárias de saúde. Nos últimos anos, porém, o número de casos tem aumentado em todo o mundo, pois afeta indivíduos com o organismo já debilitado por outras doenças, como a AIDS, que compromete as defesas do organismo.

As bactérias causadoras da meningite são conhecidas como meningococos. Cocos são bactérias de forma esférica, como as da foto abaixo.

Meningite

A meningite é uma inflamação das meninges, que são as membranas que revestem e protegem o encéfalo e a medula espinal, órgãos que formam nosso sistema nervoso central. A meningite pode ser causada por uma série de microrganismos, entre eles, vírus, bactérias, fungos e protozoários. A mais grave é a meningite bacteriana.

A transmissão da meningite bacteriana se dá através do ar. Ao falar, tossir ou espirrar, o doente elimina as bactérias, que, inaladas por outros indivíduos, atingem a corrente sanguínea e chegam ao sistema nervoso, onde provocam

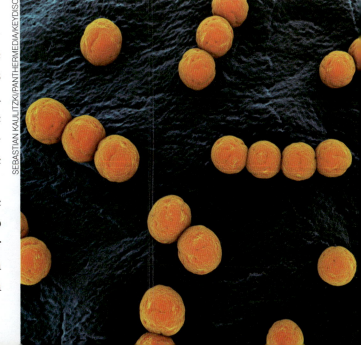

a inflamação das meninges. Utensílios domésticos compartilhados também podem contribuir para a disseminação das bactérias causadoras da doença.

O paciente acometido pela meningite geralmente sente muita dor de cabeça, tem febre alta, vômitos, pequenas confusões mentais e mal-estar geral. Além destes, é importante destacar outro sintoma que praticamente só existe na meningite – rigidez e dor na nuca.

Se não tratada a tempo, a meningite meningocócica pode causar lesões permanentes no sistema nervoso, paralisia, surdez e até mesmo levar à morte.

Diagnóstico, tratamento e prevenção

O diagnóstico da meningite é feito por meio do exame do líquido que circula no interior e ao redor do encéfalo e da medula espinhal. Esse líquido é chamado líquor ou líquido cefalorraquidiano. Uma amostra deste líquido retirada para um exame laboratorial, irá detectar ou não a presença do agente causador da doença.

Por ser uma doença grave, o tratamento correto deve ser iniciado o mais rápido possível. O primeiro passo é saber exatamente que microrganismo está causando a meningite. No caso da meningite meningocócica, o tratamento é feito com antibióticos, que combatem a bactéria.

No caso da meningite meningocócica, em que a bactéria é transmitida pelo ar, as medidas preventivas incluem evitar contato direto com pessoas doentes, principalmente em locais fechados e mal ventilados, que facilitam a transmissão do meningococo, esterilização de utensílios de uso comum e vacinação.

Outras doenças transmitidas pelo ar encontram-se na tabela a seguir. Este quadro não deve ser memorizado, mas apenas consultado.

Equipes de saúde utilizam equipamentos de proteção, como máscara, luvas, óculos e aventais, a fim de evitar a contaminação e também a disseminação de microrganismos.

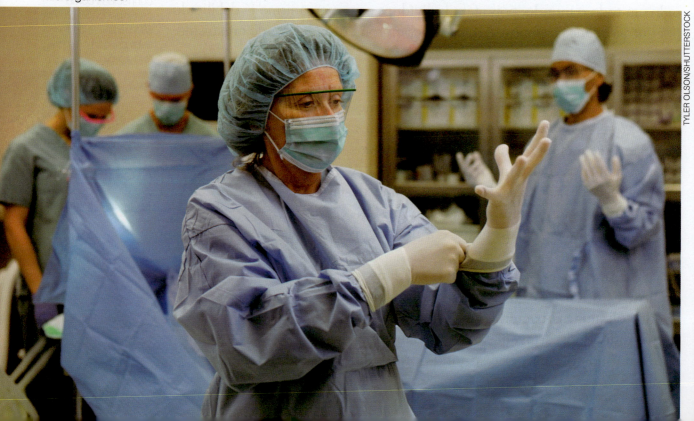

TYLER OLSON/SHUTTERSTOCK

ESTABELECENDO CONEXÕES

Saúde

Nome da doença e agente causador	Como se adquire	Sintomas	Tratamento	Prevenção
Caxumba (vírus)	Através do ar (espirro, tosse, saliva) e objetos contaminados por saliva.	Aumento de glândulas salivares. O vírus pode atingir os ovários e os testículos, podendo causar esterilidade. Febre, mal-estar.	Não existe tratamento específico; recomenda-se repouso. A cura é espontânea.	Vacinação.
Varicela ou catapora (vírus)	Através do ar (espirro, tosse, saliva) e objetos contaminados	Lesão na pele (pequenas bolhas com pus, que se rompem dando lugar a crostas, conhecidas como casquinhas). Febre e coceira.	Não existe tratamento específico. A cura é espontânea.	Vacinação.
Rubéola (vírus)	Através do ar (espirro, tosse, saliva), pode ser transmitido da mãe para o feto e causar lesões (cegueira, surdez).	Manchas avermelhadas na pele, febre fraca, mal-estar.	Não existe tratamento específico. A cura é espontânea.	Vacinação, exceto em mulheres grávidas (risco para o bebê).
Pneumonia (bactérias, vírus ou fungos)	O microrganismo entra no corpo principalmente por meio da respiração.	Inflamação dos pulmões, febre alta, dificuldade respiratória, tosse com catarro esverdeado.	A pneumonia de causa bacteriana é tratada com antibióticos.	Vacina da gripe (evita pneumonias oportunistas). Existe uma vacina que evita a pneumonia bacteriana.
Poliomelite ou paralisia infantil (vírus)	Por meio do ar (espirro, tosse, saliva) ou da água e alimentos contaminados com fezes	Febre, dores musculares, naúseas, vômitos. Eventualmente o vírus invade a parte neuromuscular causando paralisia dos membros inferiores. A paralisia dos músculos respiratórios causa a morte.	O paciente deve ser hospitalizado para receber tratamento médico adequado tentando solucionar eventuais complicações.	Vacinação (graças à vacinação, a doença foi praticamente erradicada no Brasil).

Nosso desafio

Para preencher os quadrinhos de 1 a 11 você deve utilizar as seguintes palavras: antibióticos, caxumba, gripe, meningite, nervoso, paralisia muscular, pele, pulmões, rubéola, tuberculose, vacinação.

À medida que você preencher os quadrinhos, risque a palavra que você escolheu para não usá-la novamente.

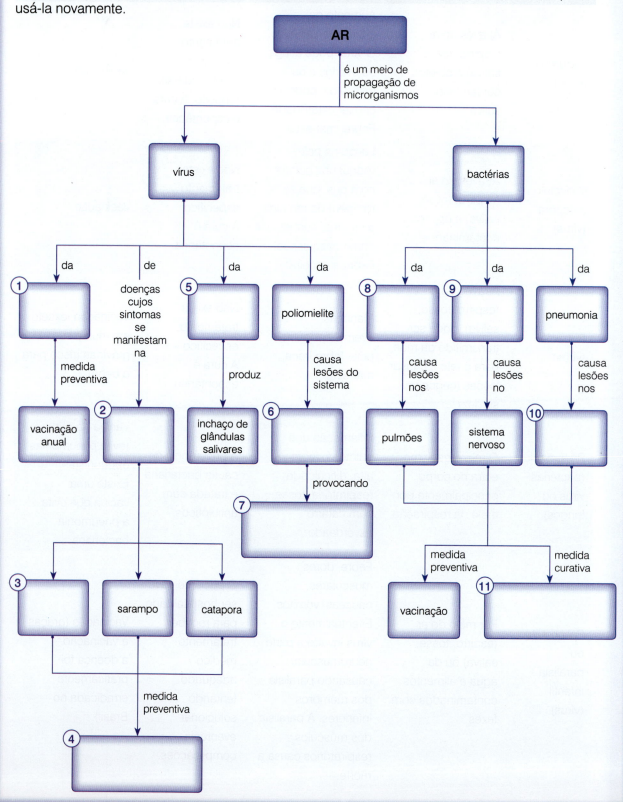

Atividades

1. Quando uma substância é considerada poluente?

2. Por que não se deve deixar o motor de um automóvel funcionando em ambientes fechados?

3. Por que a gripe se espalha com tanta facilidade?

4. O que diferencia uma endemia de uma epidemia?

5. A vacinação é uma medida que previne ou cura uma doença?

6. No calendário oficial de vacinação brasileiro, toda a criança deve receber a vacina tríplice. Que doenças essa vacina combate? Que tipo de microrganismos causam essas doenças?

7. A tuberculose é uma doença muito grave, pois ela prejudica o funcionamento de determinado órgão do corpo humano. Que órgão é esse? E quais são os principais sintomas dessa doença?

8. Cite uma razão para o bacilo de Koch, bactéria causadora da tuberculose, se reproduzir e se desenvolver no pulmão.

9. Por que as chuvas são ácidas? Que efeitos elas podem causar?

O texto a seguir (extraído da página 199, item *Poluição*) deve ser considerado para responder às questões **10** e **11**.

"Considera-se **poluente** qualquer substância presente no ambiente e que, pela sua quantidade, pode torná-lo impróprio à saúde humana, além de provocar danos a diversos materiais, às plantas e aos animais."

10. Um dos poluentes que se enquadra no conceito descrito no texto é o gás monóxido de carbono, cuja fórmula química é CO. A respeito dessa substância:

a. Cite a principal fonte de produção desse gás.

b. Por que o monóxido de carbono é considerado poluente?

c. Cite os principais danos causados pelo monóxido de carbono à saúde humana.

11. O gás carbônico, cuja fórmula química é CO_2, também pode ser considerado um poluente, embora normalmente produzio pela respiração da maioria dos seres vivos, entre eles os seres humanos.

a. Qual a razão de se considerar, atualmente, o gás carbônico um poluente?

b. Embora seja considerado poluente, o gás carbônico é também essencial para a realização de um importante processo bioenergético realizado por algas e plantas. Qual é esse processo?

c. Cite os outros dois "ingredientes" indispensáveis, presentes na natureza, que possibilitam a realização do importante processo bioenergético por algas e plantas.

12. Considere as seguintes doenças descritas ao longo do texto deste capítulo: sarampo, gripe, rubéola, tuberculose e meningite meningocócica tipo A.

a. Para quais dessas doenças existe vacina preventiva?

b. Cite pelo menos duas outras doenças, relacionadas na tabela da página 207, item *Estabelecendo Conexões*.

Leitura

Você, **desvendando** *a Ciência*

O voo: encurtando caminho

Há muito tempo a atmosfera é utilizada por diversos animais para a locomoção e atualmente, cada vez mais, a humanidade a utiliza para o transporte de carga e passageiros. Isso porque o transporte aéreo é o mais rápido meio de transporte que temos hoje ao nosso dispor.

Os engenheiros sempre procuraram se inspirar no voo dos pássaros e dos insetos para criar máquinas voadoras mais eficientes. Embora aviões não precisem imitar o voo dos pássaros e microrrobôs voadores não necessitem da complexidade do voo dos insetos, a forma de gerar sustentação oferecida pela natureza pode dar grandes ideias para a melhoria dessas máquinas.

Ao estudar o voo da mosca-da-fruta (*Drosophila melanogaster*), contudo, cientistas descobriram que seu modo de voar não tem praticamente nada a ver com o que se acreditava ser o "modo padrão" de voar. Ela se movimenta de forma totalmente diferente, por exemplo, do chamado "voo batido" dos pássaros, em que as asas são flexionadas para baixo e para cima.

Na verdade, as asas da mosca-da-fruta movem-se na horizontal, e não na vertical, em um movimento muito mais próximo das nadadeiras de animais aquáticos. É literalmente como se o inseto "nadasse no ar".

Essa observação mostra que, ao menos no caso da mosca-da-fruta, "nadar no ar" é algo factível e serve como novas fontes de inspiração para os projetistas de veículos voadores.

Adaptado de:
<http://www.inovacaotecnologica.com.br/
noticias/noticia.php?artigo=
moscas-fruta-nadam-no-ar>.
Acesso em: 10 jul. 2015.

ROBLAN/SHUTTERSTOCK

Drosophila melanogaster, conhecida como mosca-da-fruta, mede entre 1 e 2 mm.

Você sabia que há peixes capazes de voar? São conhecidos como peixes-voadores, também chamados santo-antônio ou coió. Visite o endereço abaixo e conheça mais detalhes sobre esses animais (*acesso em:* 28 out. 2014).

<http://chc.cienciahoje.uol.com.br/a-incrivel-historia-do-peixe-voador/>

TecNews

O que há de mais moderno no mundo da Ciência!

Veículos voadores não tripulados

Você já ouviu falar em *drones*? Parece coisa de ficção, mas não é.

Um drone (zangão, em inglês) é como um desses brinquedos de controle remoto, só que não tem nada de brinquedo. São veículos aéreos não tripulados (VANT), controlados à distância, em geral por um sistema de rádio.

Esses drones são utilizados para tarefas as mais diversas e arriscadas possíveis: detecção de focos de incêndio em floresta, vigilância, localização de sobreviventes, para o uso militar em ações de patrulhamento, em coleta de dados para pesquisa... e até para fazer entregas de lojas em locais de difícil acesso ou mesmo para reportagens!

Drone levando equipamento de primeiros socorros.

No Brasil, um tipo desses veículos, o Hermes 900, foi utilizado pela FAB – Força Aérea Brasileira durante a Copa do Mundo de 2014 em operações de segurança pública. Essa aeronave possui câmeras de alta definição e pode filmar sem ser vista ou ouvida do solo. As imagens são transmitidas ao vivo para o centro de comando e controle.

Com autonomia de até 30 horas de voo, esse drone tem uma envergadura de 15 m e 8,30 m de comprimento. Atinge 200 km/h, sendo que a velocidade de cruzeiro é de 112 km/h. As câmeras possuem sistemas de movimento e de *zoom* que permitem permanecer a vigilância sobre uma mesma área mesmo com a aeronave em movimento.

Hermes 900, um drone, veículo aéreo não tripulado.

 ## CLICK E ABASTEÇA AS IDEIAS

 ## INVESTIGANDO...

Veja nossa sugestão de *links* sobre o assunto e abasteça suas ideias!
- http://cienciahoje.uol.com.br/revista-ch/ 2013/300/pdf_aberto/ robosaereos300.pdf
- http://www.fab.mil.br/noticias/mostra/ 19863/OPERACIONAL-%E2%80%93- -Hermes-900-participa-de-treinamento- -em-Campo-Grande

Com seu grupo de trabalho, pesquise sobre o uso de *drones* nas medições meteorológicas.

A SUPERFÍCIE E O INTERIOR da Terra

Nesta unidade, vamos estudar como é o interior do nosso planeta e como se deu a formação dos continentes como os conhecemos hoje. Também vamos verificar quais são os principais minerais e rochas da crosta terrestre e quais são os agentes que modificam o relevo do nosso planeta.

Conheceremos como se forma o solo, camada que tem importância vital para todos os seres vivos, quais são os tipos de solo mais importantes, o que leva a sua degradação, as técnicas que podem ser utilizadas para sua melhoria, além das principais doenças causadas por um solo contaminado.

ANDRE DIB/PULSAR IMAGENS

Viagem ao interior da Terra

Viagem ao centro da Terra

São muitas as concepções criadas a respeito de como seria o interior de nosso planeta. Uma delas dizia que abaixo da porção do planeta que podia ser vista, estariam quatro elefantes sobre o casco de uma tartaruga, e todo esse conjunto vagaria pelos céus.

Outra história que ficou famosa encontra-se no livro *Viagem ao Centro da Terra*, escrito em 1864, pelo francês Julio Verne. Nela, o jovem Axel e seu tio, o professor Otto Lidenbrok, seguem as pistas deixadas em um manuscrito antigo. Viajam até a Islândia, onde contratam o caçador Hans como guia, e entram na cratera de um vulcão, em busca do caminho que os levaria ao centro da Terra. Nessa incrível aventura, encontram um mundo subterrâneo repleto de surpresas que vão de oceanos a dinossauros.

Parece fantástico? E é, mas trata-se apenas de uma incrível história de ficção. A realidade é bem diferente e você vai conhecer um pouco dela neste capítulo.

O interior da Terra

Da ficção à realidade

Em 1864, o francês Júlio Verne (1828-1905) escreveu sua fantástica "Viagem ao Centro da Terra". Trata-se de uma obra de ficção, isto é, a narrativa é feita com muita imaginação.

O cenário descrito a milhares de metros de profundidade, está muito distante de tudo o que acontece no interior da Terra. Em 1864, quando Júlio Verne escreveu sua história, não se tinha escavado sequer um quilômetro em direção ao centro do planeta. O centro da Terra está localizado a 6.400 quilômetros da superfície, não é muito, se você pensar que a costa brasileira tem 8.000 quilômetros de extensão, ou seja, é mais longa do que a distância ao centro do nosso planeta. Lá, a temperatura se aproxima de 6.000 °C (temperatura semelhante à da superfície do Sol) e a pressão pode ultrapassar três milhões de atmosferas.

> **Ficção:** criação imaginária, fantasiosa.

 Lembre-se!

> A pressão de 1 atmosfera equivale à força que um objeto de massa igual a 1 kg exerce sobre uma área de 1 cm².

Como conhecer o interior do planeta?

O interior de nosso planeta é um mundo digno da imaginação de um escritor de ficção científica: a profundidades maiores que algumas poucas dezenas de quilômetros, as altíssimas pressões e temperaturas derreteriam qualquer instrumento de pesquisa por mais resistente que fosse. Por isso, é impossível atingi-lo utilizando qualquer máquina construída pelo homem.

Mas, afinal, o que existe lá embaixo? É possível conhecer o interior de nosso planeta?

A ciência tem acumulado uma quantidade enorme de informações a respeito do Universo.

Temos tecnologia para enviar uma sonda espacial para Marte e pousá-la em sua superfície, mas não conseguimos penetrar no interior do planeta. Até agora, nenhum equipamento atingiu uma profundidade superior a 12.262 metros (pouco mais que 12 quilômetros). Além disso, as perfurações são lentas, complicadas e caras. Então, como conhecer o interior de nosso planeta?

O conhecimento das estruturas internas da Terra é obtido de maneira indireta, analisando o comportamento dos terremotos. Os focos da maioria dos tremores estão a menos de 100 quilômetros (100.000 metros) de profundidade. Esses tremores emitem ondas em todas as direções, propagando-se por todo o interior da Terra e podem ser captadas pela rede de sismógrafos distribuídos pelos continentes. A análise das informações transmitidas por essas ondas, depois de percorrerem o interior do planeta, permitiu aos cientistas reunir muito conhecimento sobre a estrutura da Terra, como será visto a seguir.

> **Sismógrafo:** instrumento utilizado para detectar as vibrações da Terra, que podem ser provocadas por processos naturais ou pelo homem.

A Terra e suas camadas

Embora compacta, a Terra não é um bloco homogêneo. É possível compará-la a uma imensa cebola, em que diversas camadas se sobrepõem. Na Terra, são três essas camadas: a externa chamada **crosta terrestre**; a camada média é o **manto** e a mais profunda é o **núcleo**. À medida que a profundidade aumenta, a temperatura e a pressão também aumentam.

Crosta terrestre

A camada mais externa da Terra é chamada de *crosta terrestre*. A vida, na forma como a conhecemos, desenvolve-se principalmente na superfície da crosta terrestre. É a camada mais fina da Terra, com espessura média variando de 5 a 10 quilômetros nos oceanos (*crosta oceânica*) e de 25 a 50 quilômetros nos continentes (*crosta continental*), sendo que sob as grandes cordilheiras, como a do Himalaia, situada na Ásia, a espessura pode atingir até 100 quilômetros.

Para obter mais conhecimento sobre a crosta terrestre, os cientistas utilizam os fragmentos de rochas recolhidos durante perfurações.

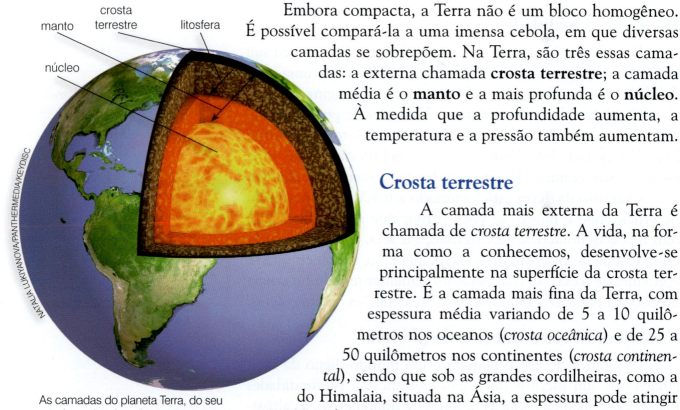

manto   crosta terrestre   litosfera

núcleo

NATALIA LUKIYANOVA/PANTHERMEDIA/KEYDISC

As camadas do planeta Terra, do seu exterior ao interior, são **crosta**, **manto** e **núcleo**. Observe que a porção do manto próxima à crosta terrestre forma com ela a chamada **litosfera**.

Fique por dentro!

A água dos oceanos e mares cobre 75% da crosta terrestre; o restante (25%) corresponde aos continentes e ilhas.

Na cordilheira do Himalaia encontra-se a montanha mais alta do mundo, a do Everest, com 8.848 m de altitude.

GALYNA ANDRUSHKO/PANTHERMEDIA/KEYDISC

Manto

O manto também pode ser dividido em camadas, com temperaturas que variam de 1.000 °C (nas proximidades da crosta) a 3.500 °C (nas proximidades do núcleo). A camada do manto mais próxima da crosta é sólida e suas rochas, reunidas à crosta, formam o que chamamos de **litosfera** (do grego *lithos* = = pedra e *sphaira* = esfera), que significa *esfera de pedra*.

Abaixo da litosfera está a segunda camada do manto, de aproximadamente 100 km de espessura. Nessa camada, as rochas submetidas à alta temperatura, apresentam-se em estado pastoso. Esse material rochoso fundido é chamado de **magma**.

Lembre-se!

A litosfera compreende a crosta terrestre mais a parte superior e sólida do manto.

Nas erupções vulcânicas, o magma que se encontra a altíssimas temperaturas no interior da Terra é expelido, além de vapor-d'água, vários gases e cinza. Esse magma que chega à superfície quando das erupções é chamado de **lava**.

GRONDIN JULIEN/PANTHERMEDIA/KEYDISC

É SEMPRE BOM SABER MAIS!

Gêiseres e fontes termais

Quando o magma se localiza mais próximo da superfície da Terra, aquece reservatórios de água subterrânea, dando origem às **fontes termais**, as conhecidas "águas quentes", que atraem visitantes em algumas regiões do nosso país. Se essa água jorrar em jatos, sob pressão e temperatura elevadas, forma os **gêiseres**.

JENS KRAUSE/PANTHERMEDIA/KEYDISC

Gêiser. Observe como a água aquecida jorra para fora da crosta.

Núcleo

O núcleo, camada mais interna do planeta, também pode ser dividido em duas partes: o **núcleo externo** e o **núcleo interno**.

O núcleo externo (raio médio de 3.400 km) é composto essencialmente dos metais ferro e níquel no estado líquido. No seu interior localiza-se o núcleo interno (1.200 km de raio), com ferro e níquel no estado sólido. A temperatura se aproxima dos 6.000 °C.

A temperatura de fusão do ferro e do níquel na superfície do planeta é, aproximadamente, 1.500 °C a uma pressão de 1 atmosfera. Porém, no núcleo, o ferro se mantém sólido, mesmo a 6.000 °C, devido à elevadíssima pressão. Mais uma vez, você está percebendo que as mudanças de estado físico não dependem apenas da temperatura, mas também da pressão que atua sobre os materiais. Altas pressões, por exemplo, dificultam a passagem do estado sólido ao líquido. É como se as partículas que formam a matéria (átomos, moléculas) ficassem "aprisionadas", impedidas de se agitar, de se libertar.

Lembre-se!

O estado físico em que determinado material se encontra depende do grau de agitação de seus átomos ou moléculas. Esse grau de agitação aumenta à medida que um sólido passa para o estado líquido e mais ainda ao passar para o estado gasoso.

Um quebra-cabeças gigante

Quando começaram a surgir os primeiros mapas com o traçado das linhas da costa atlântica da América do Sul e da África, o filosofo inglês Francis Bacon (1561-1626), em 1620, apontou o perfeito encaixe entre essas duas costas e levantou a hipótese, pela primeira vez registrada, de que estes continentes estiveram unidos no passado. Porém, a hipótese de Francis Bacon não tinha nenhuma base científica.

Foi somente no início do século XX que Alfred Wegener (1880-1930) apontou fatos que ajudariam a comprovar essa hipótese, além da coincidência ente as linhas das costas dos dois continentes. Um desses fatos refere-se aos fósseis das mesmas espécies de plantas e animais que foram encontrados na África e no Brasil, nas áreas em que os contornos são correspondentes. Impossível imaginar que esses seres, pequenos e frágeis, tivessem um dia atravessado o Oceano Atlântico.

Para Wegener, o segredo de um grande quebra-cabeças estava sendo decifrado: os continentes, que no passado estiveram unidos, formando um supercontinente, posteriormente teriam se separado e chegado às posições que conhecemos hoje. Assim, nascia a teoria conhecida por **deriva continental**.

Fósseis: nome dado aos restos (esqueleto, por exemplo) ou vestígios (pegadas, fezes, por exemplo) de seres vivos que se encontram nas camadas rochosas anteriores ao período geológico atual. Vão desde ossadas de enormes dinossauros até minúsculas plantas e seres microscópicos.

Deriva: movimento de afastamento.

É SEMPRE BOM SABER MAIS!

Em 1915, Wegener publicou um livro, *A Origem dos Continentes e Oceanos*, em que reuniu as evidências que encontrou para justificar sua teoria. Entretanto, ele não foi levado muito a sério pelo mundo científico da época.

Algumas questões levantandas não puderam ser respondidas, como, por exemplo: Que forças poderiam mover um continente inteiro?

Como uma crosta rígida como a continental deslizaria sobre outra crosta rígida, como a oceânica, sem que elas fossem quebradas? Infelizmente, as respostas a essas perguntas só vieram após a morte de Wegener, que faleceu em 1930, mas suas ideias acabariam revolucionando as Geociências .

> **Geociências:** conjunto de ciências que estudam a Terra.

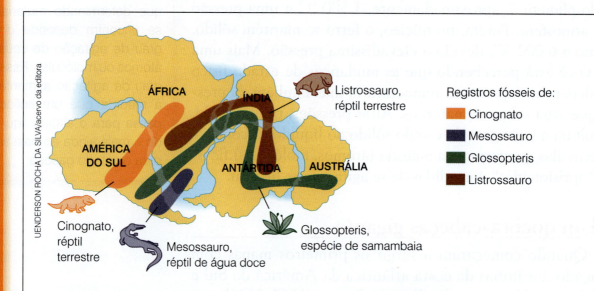

Fonte: KIOUS, W. J.; TILLING, R. I. *The Dynamic Earth:* the story of plate tectonics. Reston: USGS, 2008. p. 9. *Disponível em:* <http://pubs.usgs.gov/gip/dynamic/dynamic.pdf>. *Acesso em:* 7 jul. 2015. Adaptação.

O registro fóssil foi uma evidência importante para a teoria da deriva continental proposta por Wegener. Observe na imagem acima as faixas coloridas: elas indicam que alguns fósseis foram encontrados de forma contínua através dos continentes, que agora estão separados por um imenso oceano.

Pangea, o supercontinente

Ao supercontinente formado no passado, Wegener denominou **Pangea**, (do grego, *pan* = todo e *gea* = Terra). Assim, Pangea (ou Pangeia) significa "toda a Terra" ou "todas as terras juntas".

De acordo com Wegener, posteriormente o supercontinente dividiu-se em dois: **Laurásia**, que deu origem à América do Norte, à Ásia e ao Ártico, e **Gondwana**, que originou a América do Sul, a África, a Austrália e a Índia.

A Pangea, cercada pelo oceano Pantalassa (do grego, *pan* = todo e *talassa* = mar), que significa "todos os mares", começou a se fragmentar há cerca de 220 milhões de anos, sendo que essa separação prossegue até os dias de hoje.

POSIÇÃO DOS CONTINENTES AO LONGO DO TEMPO

| 250 milhões de anos atrás | 200 milhões de anos atrás | 145 milhões de anos atrás | 65 milhões de anos atrás |

Fonte: KIOUS, W. J.; TILLING, R. I. *The Dynamic Earth:* the story of plate tectonics. Reston: USGS, 2008. p. 7.
Disponível em: <http://pubs.usgs.gov/gip/dynamic/dynamic.pdf>. *Acesso em:* 15 jan. 2014. Adaptação.

Fragmentação do supercontinente Pangea ao longo do tempo.

A litosfera e a deriva continental

Vimos que a litosfera compreende a crosta terrestre mais a parte superior e sólida do manto.

Você também já sabe que abaixo da litosfera existe uma região do manto em que rochas se apresentam em estado pastoso. É sobre essa camada pastosa que a litosfera se apoia. Por isso, a litosfera pode mover-se, deslocando-se vagarosamente. Com o passar do tempo ela se dividiu em placas, chamadas de **placas tectônicas** ou **placas litosféricas**.

É sobre essas placas que se situam os continentes e os oceanos.

AS GRANDES PLACAS TECTÔNICAS

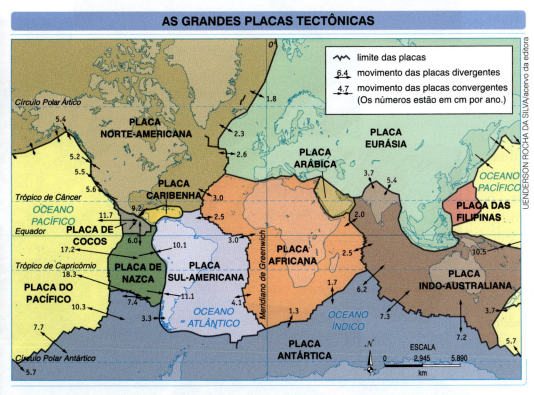

Fonte: ATLAS Geográfico Escolar: ensino fundamental do 6º ao 9º ano/ IBGE. Rio de Janeiro: IBGE, 2010. p.103. Adaptação.

A lenta movimentação das placas tectônicas pode afastar ou aproximar os fundos oceânicos e os continentes de 2 a 10 centímetros por ano. O deslocamento dos continentes é chamado de **deriva continental**, ideia proposta por Wegener no início do século XX.

Movimentos das placas tectônicas

Na movimentação das placas tectônicas pode ocorrer **colisão** entre duas placas adjacentes, **afastamento** ou um simples **deslizamento** de uma em relação à outra.

> **Adjacente:** que está próximo.

Quando duas placas *colidem* (se chocam), a pressão entre elas faz com que a crosta se eleve e se formem "dobras" ou, então, que uma placa mergulhe debaixo da outra. Muitas vezes, em caso de colisões entre placas, em virtude das fendas que se formam, o magma sobe à superfície.

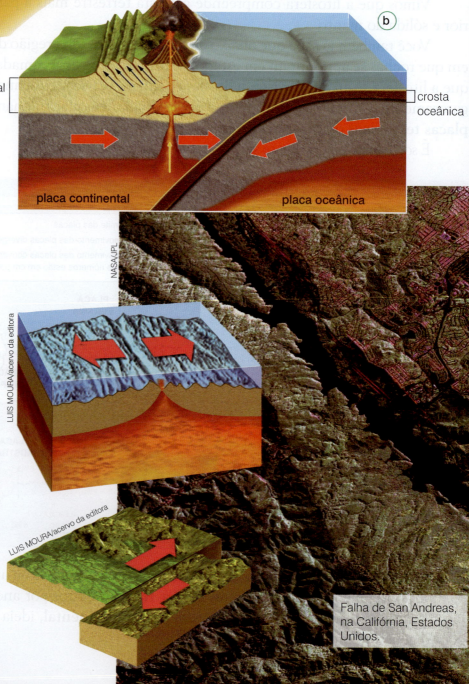

crosta continental

crosta oceânica

placa continental

placa oceânica

Grandes cadeias de montanhas foram formadas como resultado de colisão entre placas.
(a) No caso da cadeia do Himalaia, por exemplo, a colisão ocorreu entre duas placas continentais.
(b) Já os Andes foram formados por placas que colidiram, sendo que uma mergulhou sob a outra.

No caso de duas placas que se *afastam*, pode ocorrer que o magma que se encontra sob elas escape, se solidifique e forme novas rochas.

As placas tectônicas também podem *deslizar uma* em relação a outra, como acontece na falha de San Andreas, na América do Norte, limite entre a Placa do Pacífico e a Placa Norte-americana.

Falha de San Andreas, na Califórnia, Estados Unidos.

LUIS MOURA/acervo da editora

NASA/JPL

LUIS MOURA/acervo da editora

LUIS MOURA/acervo da editora

Terremotos e maremotos

O movimento das placas tectônicas também é responsável por "tremores" da crosta terrestre, os chamados **terremotos** ou **sismos**. Eles ocorrem como consequência da tensão causada pelo deslizamento lateral entre placas ou mesmo da zona de colisão entre elas. A pressão de uma placa sobre a outra vai se acumulando até que em determinado momento essa energia contida é liberada de forma brusca a partir de um ponto da crosta terrestre. A esse ponto inicial dá-se o nome de **foco** do terremoto.

A origem do terremoto (foco) não se situa na superfície da crosta terrestre, mas em seu interior, e a energia liberada a partir do foco se propaga por meio de ondas, as chamadas **ondas sísmicas**. São essas ondas que sentimos na superfície terrestre e que, dependendo de sua intensidade, causam grande destruição.

Esses sismos não ocorrem apenas na região continental – eles também podem ocorrer pelo encontro de duas placas tectônicas oceânicas (submarinas). Neste caso, o encontro entre as placas produz agitação e deslocamento de grandes volumes de água, que são chamados de **maremotos** ou *tsunamis*.

Brusca: de modo inesperado, repentina.

Propaga: desloca, percorre um espaço.

A propagação de um terremoto a partir de seu foco ocorre em ondas e o ponto na superfície terrestre imediatamente acima do foco é conhecido como epicentro do terremoto.

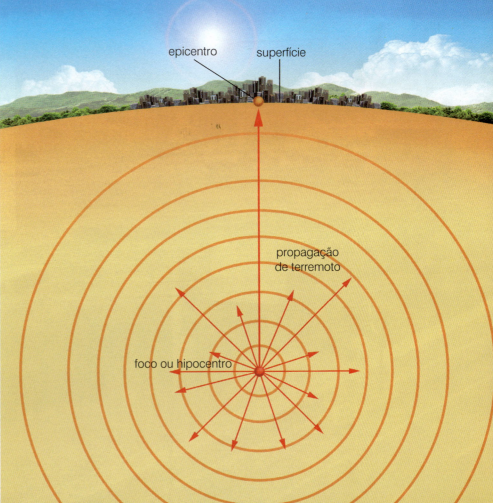

epicentro   superfície

propagação de terremoto

foco ou hipocentro

LUIS MOURA/acervo da editora

Fique por dentro!

A velocidade das ondas em um tsunami pode chegar a 800 km/hora, o que é muito maior do que as ondas geradas pelo vento, cuja velocidade varia entre 8 e 100 km/h, e quase a mesma velocidade de deslocamento de um avião a jato comercial (900 km/h).

Nos tsunamis, o grande deslocamento repentino de água gera ondas de grande extensão (algumas com mais de 100 km de largura) que se deslocam a uma velocidade muita alta. À medida que se aproxima da costa, como a profundidade do oceano diminui, esse enorme volume de água forma ondas gigantescas, que podem atingir 30 m de altura. Como essas ondas ainda têm muita energia, elas avançam terra adentro, provocando efeitos devastadores.

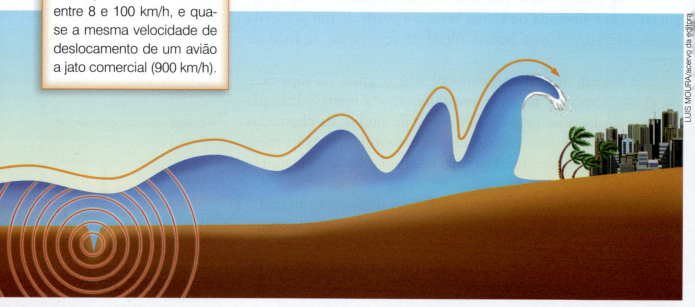

LUIS MOURA/acervo da editora

MIYAKO CITY OFFICER/REX FEATURES/GLOW IMAGES

No dia 11 de março de 2011, a costa nordeste do Japão sofreu um fortíssimo terremoto (naquela época, o quinto mais forte já registrado na história do nosso planeta), seguido de um violentíssimo tsunami. A tragédia deixou quase 16.000 mortos e 3.000 desaparecidos, além da destruição de milhares de construções.

ESTABELECENDO CONEXÕES

Cotidiano

Quando a imprensa falar de um terremoto...

Nem todos os abalos sísmicos são iguais: eles variam desde leves tremores de terra até os fortíssimos, que ocasionam grandes perdas, tanto em termos de edificações quanto em vidas, e que são amplamente noticiados pelos órgãos de imprensa (como tevês e jornais, por exemplo).

Para medir esses abalos foram criadas algumas escalas, sendo que a primeira de que se tem notícia foi criada no século XVIII e classificava a **intensidade** do terremoto (forte, muito forte, fraco, moderado). Mas no início do século XX foi desenvolvida a escala mais frequentemente mencionada nos dias de hoje: a **escala Richter.** Quando essa escala foi criada, em 1935, a partir de medidas e fórmulas matemáticas, pôde-se classificar a energia liberada pelos terremotos e as consequências ocasionadas e atribuir-lhes valores (de 0 a 9), ou seja, por essa escala medimos a **magnitude** de um terremoto. Por exemplo, o terremoto que abalou o Japão em 11 de março de 2011 – e que tantas mortes

provocou – foi classificado pela escala Richter como sendo de magnitude 8,9.

Agora, atenção quando você ouvir ou ler uma notícia sobre terremotos, pois os termos *intensidade* (forte, fraco, moderado, muito forte etc.) e *magnitude* (de 0 a 9) não são sinônimos, apesar de ambos darem uma ideia da dimensão do abalo sísmico.

Magnitude na escala Richter	Consequências dos tremores
Menor do que 3,9	Raramente causam danos.
De 4,0 a 4,9	Danos pouco importantes.
De 5,0 a 6	Grandes danos em edificações precárias, mas pequenos danos em edificações bem estruturadas.
De 6,1 a 6,9	Destruição em um raio de mais de 100 km a partir do epicentro.
De 7,0 a 8,9	Sérios danos em uma área vastíssima.
Acima de 9,0	A devastação atinge milhares de quilômetros a partir do epicentro.

Vulcões

Com o movimento das placas tectônicas, podem surgir "fendas" na litosfera que se tornam um caminho para que o magma, que se encontra no interior da Terra, suba para a superfície. Mas nem sempre essa fenda chega até a superfície terrestre. Quando isso não ocorre e o magma não encontra como sair, ele vai se acumulando em uma espécie de reservatório até que, de tão cheio, ocorre uma erupção vulcânica.

> **Erupção vulcânica:** liberação violenta de cinzas, rochas e magma para fora de um vulcão.

CORBAC40/SHUTTERSTOCK

Labels: chaminé; placa tectônica; movimento da placa; câmara magmática; movimento da placa

Esquema de um vulcão. Observe que o magma que se encontra no interior da Terra sobe através de fenda entre as placas tectônicas e se acumula em um reservatório chamado câmara magmática. Quando a pressão nessa câmara ultrapassa determinado limite, o magma sobe de forma violenta e é lançado para a superfície do planeta.

> **Lembre-se!**
>
> O magma quando sobe à superfície recebe o nome de **lava**.

É SEMPRE BOM SABER MAIS!

Os vulcões também podem ser formados quando duas placas se chocam e uma delas curva-se para baixo, desloca-se sob a outra e mergulha para o interior da Terra. A parte que mergulha atinge a camada líquida e superaquecida do manto, derrete e se incorpora ao magma. O magma, submetido a grandes pressões, escapa para a superfície.

Jogo rápido

Analise o mapa a seguir. Que relação você observa entre a localização dos vulcões (faixa vermelha) e as placas tectônicas? Em que região do planeta há maior concentração deles? Por que o Brasil é menos abalado por terremotos de grande intensidade?

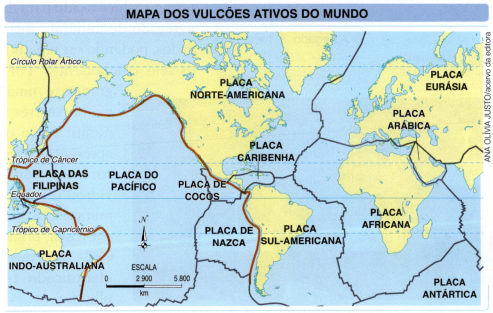

MAPA DOS VULCÕES ATIVOS DO MUNDO

Fonte: ATLAS Geográfico Escolar: ensino fundamental do 6º ao 9º ano/IBGE. Rio de Janeiro: IBGE, 2010. p.103. Adaptação.

Apesar da destruição e alterações atmosféricas produzidas pelas erupções vulcânicas, há um efeito positivo que o tempo se encarrega de revelar. Quando as cinzas vulcânicas se depositam no solo, o tornam fértil para a atividade agrícola. (Vulcão Tungurahua, Equador, 29 nov. 2010.)

Minerais e rochas da crosta terrestre

Minerais são substâncias sólidas, com composição química definida, formadas naturalmente por meio de processos geológicos na Terra ou em corpos extraterrestres. Geralmente são encontrados misturados formando as **rochas**. Portanto, o termo rocha é usado para descrever um agregado de minerais, intimamente ligados, podendo ser separados em todos os seus componentes. Por exemplo, o granito é uma rocha formada por três tipos de minerais: (1) o quartzo, que apresenta aspecto transparente, semelhante ao vidro; (2) a mica, de cor preta e (3) o feldspato, de cor rósea, branco ou cinza. Cada um deles pode ser identificado facilmente a olho nu.

Quando o mineral ou rocha apresenta alguma importância econômica recebe a denominação de **minério**. Assim, um minério sempre apresenta uma ou mais substâncias úteis economicamente.

O Brasil possui grandes reservas de minérios utilizados principalmente para a extração de ferro, alumínio, manganês e nióbio. O manganês é muito utilizado na fabricação de aços e pilhas. O nióbio é usado na fabricação de alguns aços inoxidáveis e na fabricação de componentes de motores que necessitem resistir a altas temperaturas, como turbinas de aviões e foguetes.

O granito é uma rocha formada por três minerais: quartzo, mica e feldspato.

Agregado: um acumulado, uma reunião.

VLADIMIR ARNDT/SHUTTERSTOCK

Quartzo.

STEFANO CAVORETTO/SHUTTERSTOCK

PANCAKETOM/PANTHERMEDIA/KEYDISC

Mica.

ZBYNEK BURIVAL/SHUTTERSTOCK

Feldspato.

Tipos de rochas

Os principais tipos de rochas são: **magmáticas, sedimentares** e **metamórficas**.

Rochas magmáticas ou ígneas

Vimos que quando um vulcão entra em erupção, grandes quantidades de rocha fundida, denominada magma, são lançadas à superfície. Quando esse magma se resfria e se solidifica, ele dá origem às chamadas rochas magmáticas ou ígneas, como basalto, pedra-pomes e granito.

- **Basalto** – quando o magma escorre das crateras recebe a denominação de lava. Ao escorrer pelas encostas e em contato com o ar, a lava esfria-se, solidifica e dá origem a um tipo de rocha magmática muito resistente, escura, chamada de *basalto*, muito usada na pavimentação de calçadas. A lenta transformação do basalto originou as férteis terras-roxas em áreas do planeta onde, no passado, houve derramamento de lava vulcânica.

Descubra você mesmo!

Procure nos livros de sua biblioteca ou na internet qual o significado da palavra ígnea. A denominação rocha ígnea como sinônimo de rocha magmática é válida? Por quê?

Fique por dentro!

O basalto é o tipo de rocha mais comum na crosta terrestre compondo a maior parte do fundo dos oceanos.

GLOW IMAGES

MARCHELLO74/SHUTTERSTOCK

SIIM. SEPP/SHUTTERSTOCK

O basalto é uma rocha que geralmente possui cor escura muito utilizada pela construção civil (na calçada, a rocha de cor clara é o calcário). Acima, você também pode ver o paredão íngreme de basalto na praia de Guarita em Torres, RS.

MÔNICA ROBERTA SUGUIYAMA/acervo da editora

SIIM. SEPP/SHUTTERSTOCK

• **Pedra-pomes** – quando ocorrem erupções vulcânicas explosivas, o magma, que pode ser rico em gases, é expulso violentamente para a atmosfera. Ao entrar em contato com o ar, havendo um resfriamento muito rápido, o magma se solidifica aprisionando em seu interior os gases em forma de bolhas. A rocha porosa formada nessas condições recebe a denominação de *pedra-pomes*; é usada para polir objetos e esfoliar a pele.

A pedra-pomes é formada durante erupções vulcânicas violentas, quando lava rica em gases se solidifica dando origem a uma rocha esponjosa de densidade menor do que a água. Por isso a pedra-pomes é uma rocha que flutua em água.

GYVAFOTO/SHUTTERSTOCK

• **Granito** – o magma pode também solidificar-se no interior da crosta terrestre, sob grande pressão, a partir de um lento resfriamento. Este é o caso do *granito*, empregado na fabricação de pias, mesas, pisos e em esculturas.

VALLEFRIAS/SHUTTERSTOCK

Extração de granito em jazida. O granito é uma rocha muito empregada como revestimento em edifícios e monumentos.

Monumento às Bandeiras, localizado na cidade de São Paulo, SP, esculpido em granito no ano de 1954 por Victor Brecheret.

FILIPE FRAZÃO/SHUTTERSTOCK

Rochas sedimentares ou estratificadas

A formação das rochas sedimentares ocorre quando os fragmentos que resultaram da erosão de rochas (sedimentos) são transportados pelo vento e água e se depositam em regiões baixas, como lagos e oceanos. Com o passar do tempo, esses sedimentos vão sendo comprimidos pela ação da gravidade, e o peso das camadas superiores comprime e compacta as camadas inferiores. Com isso formam-se rochas que possuem camadas ou estratos de sedimentos que podem ser visíveis a olho nu. Por isso são denominadas de **rochas sedimentares** ou **estratificadas** (estrato = camada).

São exemplos de rochas sedimentares o arenito, o argilito e o calcário.

• **Arenito** e **argilito** – a origem do arenito deve-se à compactação de grãos de areia (fragmentos de quartzo) provenientes da erosão de rochas como o granito. Cortado na forma de placas, esse tipo de rocha é usado no revestimento de paredes e pisos. Por outro lado, partículas de feldspato (mineral também encontrado no granito), também chamadas de argila, originaram, pela compactação, o *argilito*. É empregado na fabricação de objetos de cerâmica (louças, filtros, moringas, vasos), azulejos, revestimentos de pisos, telhas e tijolos.

Arenito.

MICHEL812/
PANTHERMEDIA/KEYDISC

A "Taça", formação arenítica, em Vila Velha, PR. A rocha foi modelada pela erosão durante milhares de anos. Nela é possível observar as camadas de sedimentos que lentamente a originaram.

JOSÉ MARQUES LOPES/SHUTTERSTOCK

- **Calcário** – é uma rocha sedimentar formada pelo acúmulo de fragmentos de carbonato de cálcio (sal de cálcio) ou pelo acúmulo de restos de corais, conchas e carapaças. É a partir do calcário que se produzem cal e cimento. Na agricultura, cal e calcário são usados para corrigir a acidez dos solos.

Calcário, rocha sedimentar originária de Ipeúna, SP.

FABIO COLOMBINI

PIUS LEE/SHUTTERSTOCK

A famosa pirâmide de Quéops, no Egito, foi construída a partir de blocos de rocha calcária e é considerada o monumento mais pesado construído pelo ser humano.

É SEMPRE BOM SABER MAIS!

Fósseis

Durante a formação das rochas sedimentares, restos ou vestígios (pegadas, por exemplo) de seres vivos podem ser cobertos pelos sedimentos, dando origem ao que chamamos de **fósseis**. Eles são importantes em nossa tentativa para reconstruir uma visão da vida na Terra em épocas distantes, como ela evoluiu, que organismos vivos viveram em dado local e em que época, por exemplo.

MARCIO JOSE BASTOS SILVA/SHUTTERSTOCK

DE OLHO NO PLANETA

Sustentabilidade

O Cerrado e a aplicação de calcário

No Cerrado brasileiro, o maior problema não é a falta de água, pois esta existe em abundância, nem seu clima, que apresenta duas estações bem definidas: inverno seco e verão chuvoso. Então, por que durante muito tempo, essa área em estado natural foi tida como não adequada à prática agrícola?

O problema do Cerrado, acredite, está em seu próprio solo, que é ácido, apresenta deficiência de alguns micronutrientes, como o zinco, e, em contraste, altas concentrações de manganês, ferro e alumínio. A acidez do solo dificulta a atividade dos microrganismos que decompõem a matéria orgânica e, com isso, promovem a adubação natural, como também prejudica a retenção de água no próprio solo.

Para a agricultura no solo do Cerrado, o calcário desempenha um papel importantíssimo, na medida em que sua aplicação corrige inicialmente a acidez do solo. Essa correção, juntamente ao equilíbrio dos micronutrientes, tornou a região extremamente produtiva, com destaque para as lavouras de soja, que se tornou um de nossos principais produtos de exportação.

Correção da acidez do solo com calcário em plantação do MT.

FABIO COLOMBINI

Rochas metamórficas

As rochas metamórficas surgem da transformação de qualquer tipo de rocha (ígneas, sedimentares, ou outra rocha metamórfica). O processo que dá origem a uma rocha metamórfica é denominado de **metamorfismo**, que significa "mudança de forma".

A transformação das rochas em rochas metamórficas só é possível por estarem submetidas a intensas pressões de camadas superiores e a altas temperaturas (calor do manto) em regiões localizadas entre 12 a 16 km abaixo da superfície. Com o movimento das placas tectônicas, que causam o enrugamento da crosta terrestre, essas rochas atingem a superfície.

São exemplos de rochas metamórficas o gnaisse, a ardósia e o mármore.

- **Gnaisse** – origina-se da transformação de diversas rochas, como, por exemplo, o granito. É empregado no revestimento de pisos e paredes. Fragmentado, na forma de brita, entra na produção de concreto, no leito das estradas de ferro (sob a camada asfáltica), em canteiros etc.

- **Ardósia** – origina-se da transformação do argilito. É usada na produção de pias, mesas, revestimentos de pisos, paredes e telhados.

- **Mármore** – forma-se a partir da transformação do calcário. É empregado na fabricação de mesas, pias, no revestimento de pisos e paredes, em esculturas. O mármore, assim como o calcário, do qual se origina, reage com substâncias ácidas que aos poucos o dissolvem. Assim, esculturas em mármore expostas ao tempo estão sujeitas à corrosão pela ação da chuva ácida.

O gnaisse (à esquerda), a ardósia (ao centro) e o mármore (à direita) são rochas formadas a partir de outras rochas (respectivamente, do granito, da argila e do calcário). Como sofreram uma metamorfose, são chamadas de rochas metamórficas.

Gnaisse.

Ardósia.

Mármore.

O granito, formado no interior da crosta terrestre, ao ser submetido a altas temperaturas e pressão origina o gnaisse. Com o movimento da crosta terrestre essas rochas atingem a superfície. O Corcovado e o Pão de Açúcar, no Rio de Janeiro, e a maioria das rochas da Serra do Mar são de gnaisse.

T. PHOTOGRAPHY/SHUTTERSTOCK

EM CONJUNTO COM A TURMA!

Vimos, nesta seção, algumas das inúmeras aplicações que podem ser dadas para as rochas de nosso planeta, segundo suas características. Podem ser usadas em construções, pavimentação, em detalhes ornamentais, em obras de arte etc. Agora, com seu grupo de trabalho, pesquisem:

1. se há algum produto derivado de rocha que é utilizado em culinária; em caso afirmativo, qual é esse produto?

2. por que é melhor utilizar granito para a produção de tampos de pia de cozinha e não mármore.

Nosso desafio

Para preencher os quadrinhos de 1 a 9, você deve utilizar as seguintes palavras: 1/4, 3/4, crosta, ilhas, líquido, manto, placas tectônicas, sólido, terremotos.

À medida que você preencher os quadrinhos, risque a palavra que escolheu para não usá-la novamente.

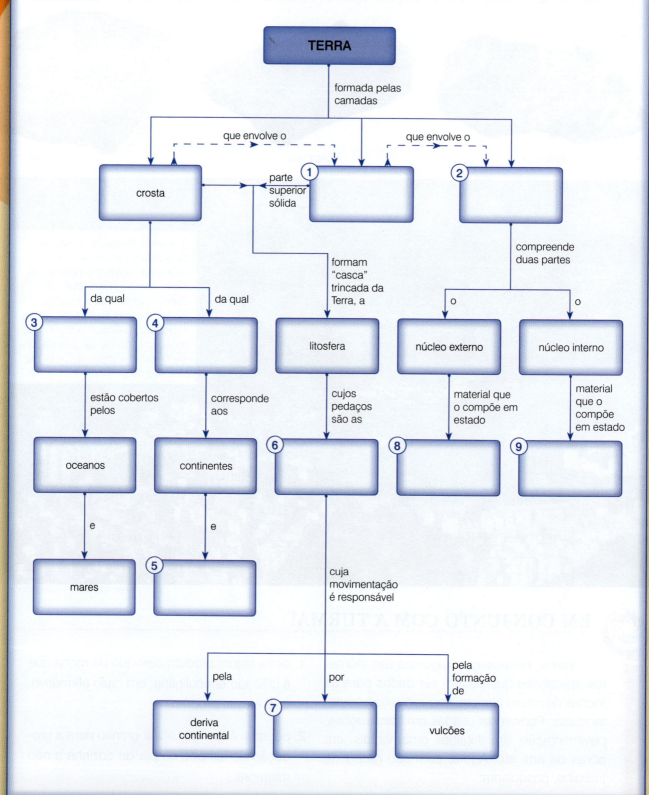

Atividades

1. Quando, em 1864, o francês Júlio Verne escreveu "Viagem ao Centro da Terra", pouco se conhecia a respeito do interior do planeta. A narrativa descreve uma grande galeria em que é possível a existência de vida a milhares de metros de profundidade. Hoje, sabemos que isso é impossível. Escreva um pequeno texto explicando os porquês da impossibilidade de tal viagem.

2. Spirit e Opportunity são robôs exploradores enviados pela NASA para Marte. Pousaram no planeta em janeiro de 2004 e sua missão foi considerada um sucesso. No entanto, não é possível enviarmos robôs para investigar o núcleo do nosso próprio planeta. Explique por que é tão difícil enviarmos equipamentos em direção ao centro da Terra.

3. Se fosse possível filmar a Terra do espaço, desde a sua formação até hoje, e esse filme fosse acelerado transformando séculos em segundos, o filme mostraria um planeta em que os continentes estariam constantemente em movimento, colidindo ou se afastando. Daqui a alguns milhões de anos, provavelmente nosso planeta será muito diferente. Escreva um pequeno texto explicando por que a Terra é um planeta com uma estrutura tão dinâmica.

4. No mapa "As grandes Placas Tectônicas", localize o continente sul-americano, onde o Brasil se encontra.

a. Qual o nome da placa tectônica sobre a qual esse continente está apoiado?

b. Quais os nome das placas tectônicas situadas a leste e a oeste da placa que contém a América do Sul?

5. Cite duas evidências que contribuíram para comprovar a hipótese de que os continentes africano e sul-americano um dia estiveram unidos.

6. A América do Sul está se afastando da África com uma velocidade que pode chegar a 8,8 cm/ano. Parece pouco, mas em 100 anos os continentes terão se distanciado 880 cm, ou seja, 8 metros e 80 centímetros. Supondo que os continentes continuem se afastando com a mesma velocidade, calcule o seu afastamento em metros após 1 milhão de anos.

7. No Brasil, principalmente na região que vai do Estado de São Paulo ao Rio Grande do Sul, há grandes extensões de terras-roxas, muito férteis para a atividade agrícola. Qual a origem dessas terras?

8. De acordo com a origem, como podem ser classificadas as rochas? Dê exemplos da utilização de cada uma.

9. "Uma vez formadas, as rochas não mais se transformam, permanecem inalteradas." Você concorda com essa afirmação? Justifique sua resposta.

Navegando na net

A aproximação do tsunami ocorrido no Japão em 2011 e seus efeitos podem ser vistos nos vídeos disponíveis, entre outros *sites* interessantes, em

<https://www.youtube.com/watch?v=5K6evRtpdAw>

<https://www.youtube.com/watch?v=j0YOXVIPUu4>

(*acesso em:* 8 jul. 2015).

O solo

Terrinha boa!

Ao preparar um terreno para o cultivo de plantas, os agricultores remexem o **solo**, do qual as plantas retiram vários nutrientes minerais. Nas florestas, as árvores fixam-se no **solo** pelas raízes. O **solo** é o local de vida de inúmeros seres, desde microscópicas bactérias e fungos, até minhocas, besouros, cupins, formigas e animais maiores, como os tatus. Ao se deslocarem, os tatus movimentam o **solo**. O mesmo é feito por cupins, formigas, minhocas e inúmeros outros seres vivos que, além de remexerem a terra, tornando-a mais fofa, favorecem a distribuição de água, além de arejar e alterar a composição e as características do **solo**. E, claro, essa atividade ajuda as plantas a se desenvolverem melhor. Isso porque as raízes dispõem de mais espaço para se desenvolve-rem, além de obterem a água, o oxigênio e os elementos minerais necessários que permitirão a ocorrência de um bom desenvolvimento vegetal. Afinal, como já ouvimos falar várias vezes, terra boa para plantar é aquela que tem minhocas e, como se pode perceber, também besouros, formigas, microrganismos e ... tatus.

Você percebeu que, no texto, a palavra **solo** não só está destacada como aparece várias vezes. Afinal, o que é **solo**? Como ele foi formado, quais são suas características, como é organizado, quais são seus componentes e quais são os tipos mais comuns? Essas e outras perguntas você poderá responder ao ler as páginas deste capítulo. E, no final, conseguirá responder várias perguntas que se relacionam ao ... **solo**.

As calçadas, o asfalto das ruas, as nossas casas, as plantas cultivadas que nos fornecem alimentos, as árvores que crescem nas florestas, apoiam-se no **solo**. Chamamos de solo à cobertura superficial da parte continental do planeta. É a parte superior da crosta terrestre, formada pela ação de diversos fatores sobre a rocha bruta. Dependendo do tipo de rocha que se decompõe sob a ação desses fatores, os solos originados são diferentes.

Formação do solo

Há bilhões de anos, quando o nosso planeta surgiu, a superfície da Terra era constituída por um imenso bloco rochoso. Lentamente, porém, sob a ação de agentes físicos (chuvas, ventos, temperatura), químicos (substâncias ácidas) e biológicos (bactérias, fungos, liquens), a superfície terrestre começou a sofrer modificações, originando os solos.

Inicialmente, a ação dos agentes atmosféricos desintegrou as formações rochosas iniciais, chamadas **rocha-mãe** ou **rocha-matriz**, dando origem a fragmentos de rocha de diversos tamanhos. Você deve estar se perguntando como isso foi possível se as rochas são tão duras.

A água da chuva, caindo sobre a rocha-mãe, preenche as pequenas cavidades que nela existem. Com a diminuição acentuada de temperatura, essa água congela e aumenta de volume, forçando as paredes rochosas da cavidade em que se encontra. Após anos de variação de temperatura, a rocha-mãe vai se fragmentando.

BALAZS KOVACS IMAGENS/SHUTTERSTOCK

A água é um importante agente transformador das rochas em virtude não só do próprio impacto que causa, mas também das substâncias que carrega consigo. Como na atmosfera terrestre temos gases que reagem com a água e se transformam em ácidos, a água das chuvas é ácida; o contato sucessivo dessa água ácida com a rocha acaba por modificá-la.

▶▶▶ **Lembre-se!**

Quando a água congela, ela aumenta seu volume.

RAYMOND THILL/PANTHERMEDIA/KEYDISC

A água do mar tem um alto conteúdo de sal, que em contato com os minerais presentes nas rochas pode levar à sua fragmentação.

Posteriormente, a atividade de liquens, seres vivos primitivos que se fixaram nas rochas, liberou substâncias ácidas que também contribuíram para a sua fragmentação. Com a morte dos seres vivos primitivos, a matéria orgânica que os constituía foi sendo sucessivamente decomposta e incorporada a esse "solo primitivo".

Após milhares de anos, sobre o solo primitivo então formado, se desenvolveram pequenas plantas e a decomposição dos inúmeros restos desses vegetais favoreceu o aumento de espessura dos solos e permitiu o crescimento de plantas de tamanho maior.

Jogo rápido

Como o solo foi formado?

GRISCHA GEORGIEW/PANTHERMEDIA/KEYDISC

Descubra você mesmo!

As raízes dos vegetais interferem na formação do solo?

Mata de Araucárias: bioma brasileiro devastado.

LUIS MOURA/acervo da editora

fragmentação

rocha-mãe

(1)   (2)   (3)   (4)

Etapas na formação do solo. (1) A ação sucessiva dos agentes atmosféricos inicia o processo de fragmentação da rocha--mãe. (2) Liquens liberam substâncias ácidas que também auxiliam nessa fragmentação. (3) Pequenas plantas conseguem se instalar e a sua decomposição leva a um aumento da matéria orgânica. (4) O solo formado favorece o crescimento de vegetais de maior porte.

É SEMPRE BOM SABER MAIS!

O intemperismo sobre as rochas

A ação de vários fatores ambientais que produzem alterações nas rochas, resultando na formação dos solos, é denominada de **intemperismo**. Ciclos diários de aquecimento, gerado pela luz do Sol, e de resfriamento provocam dilatações e contrações, que fragmentam ou provocam a formação de fendas nas rochas. As raízes dos vegetais, ao penetrarem nessas fendas, contribuem para o seu alargamento. A acidez da água das chuvas altera quimicamente as rochas e leva à produção de inúmeros outros fragmentos. A ação erosiva do vento "metralha" as rochas, esculpindo-as, produzindo o mesmo efeito. O congelamento da água que penetra nas fendas em muitas regiões da Terra também é um fator que acentua a fragmentação de rochas. A água, ao congelar, aumenta seu volume em cerca de 9%, gerando uma extraordinária força que rompe a rocha na qual se encontra. Todos esses fatores, combinados, acabam por provocar alterações profundas na estrutura das rochas, cuja decomposição conduz à formação dos diferentes tipos de solos na superfície terrestre.

As camadas do solo

Uma camada de cobertura de morango, outra de creme de baunilha, outra de creme de chocolate, apoiadas sobre uma massa. Este pode ser um bolo de aniversário que, quando fatiado, mostra o seu perfil. Do mesmo modo, a maioria dos solos possui um perfil em que se sobrepõem algumas camadas, sendo a inferior a *rocha-mãe*, aquela que originou o solo.

Cada camada do solo se denomina **horizonte** e mede entre 10 e 50 cm de profundidade. A figura a seguir representa, de modo simplificado, as principais camadas ou horizontes que formam o perfil dos solos em geral.

> **Perfil:** visto de lado; imagem de algo que foi cortado perpendicularmente, ou seja, desde a sua parte superior até a sua base.

matéria orgânica (húmus)

camada rica em matéria orgânica e elementos minerais

camada de transição; à medida que nos aprofundamos em direção à rocha-mãe, diminui a quantidade de matéria orgânica e de nutrientes

material fragmentado da rocha-mãe

rocha-mãe ou rocha-matriz (aquela da qual o solo se originou)

■ Composição do solo

A maioria dos solos possui quatro componentes: **matéria mineral**, **matéria orgânica**, **água** e **ar**. Além desses componentes, no solo podem ser encontrados inúmeros seres vivos.

Matéria mineral

A matéria mineral é constituída de partículas de tamanhos diferentes, decorrentes da fragmentação da rocha que originou o solo. As principais são: partículas de **areia**, de **silte** (também chamado de limo) e de **argila**. A tabela a seguir mostra os tamanhos aproximados dessas partículas.

Partícula	Tamanho aproximado (em milímetros)
Areia	0,02-2,0
Silte (limo)	0,002-0,02
Argila	menos que 0,002

Por que é útil conhecer o tamanho das partículas do solo? Imagine, por exemplo, um solo rico em areia. As partículas de areia, por possuírem grande tamanho, deixam muitos espaços entre si. Um solo assim é altamente poroso, isto é, assim que uma chuva cai, a água não é retida, ela escorre e se dirige para as profundezas do solo. Por outro lado, no extremo oposto, um solo extremamente rico em argila é impermeável, quer dizer, as partículas de argila possuem tamanho tão pequeno, ficam tão juntas umas das outras, que a água da chuva não penetra entre elas e o solo acaba ficando encharcado. Então, o ideal para um solo, principalmente para ser utilizado no cultivo agrícola, é a sua **textura**, ou seja, o tamanho e a forma das partículas minerais e a maneira como estão dispostas. No caso dos solos agrícolas, é importante que sua composição seja equilibrada, isto é, que contenha quantidades aproximadamente equivalentes dos três tipos de partículas. Podemos dizer que o solo ideal é aquele que se comporta como uma esponja, retendo água e ar, que poderão ser utilizados pelas raízes e animais que nele vivem.

Um torrão de terra úmida e arejada retém água e ar para o desenvolvimento de plantas, microrganismos e animais do solo.

Jogo rápido

Compare o tamanho das partículas da tabela abaixo. Qual o fator de multiplicação entre elas?

(a)   (b)

Observe um comparativo da proporcionalidade do tamanho das principais matérias minerais. A semente de mostarda (a), com aproximadamente 2 mm de diâmetro, representa o tamanho da partícula de argila, enquanto o tamanho da partícula de silte é ilustrado pela semente de pêssego (b), com aproximadamente 2 cm de comprimento. Seguindo a mesma escala, para representar a partícula de areia teríamos um ser humano de 2 m de altura.

ABEL TUMIK/JIANG HONGYAN/SHUTTERSTOCK

JOANNA WNUK/PANTHERMEDIA/KEYDISC

ESTABELECENDO CONEXÕES

Cotidiano

Potes e objetos de cerâmica

SCOTT GRIESSEL/PANTHERMEDIA/KEYDISC

Você sabia que os conhecidos potes e artigos de cerâmica (do grego, *kéramos* = terra queimada) são produzidos a partir de uma simples mistura de argila e água? Depois de prontas as peças, elas são "cozidas" a alta temperatura em fornos apropriados.

Já a porcelana é um pouco diferente da cerâmica. Vitrificada, translúcida, é também produzida a partir de uma argila especial, chamada caulim, à qual foram acrescentados quartzo e feldspato.

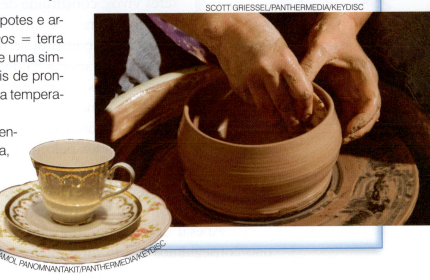

NATKAMOL PANOMNANTAKIT/PANTHERMEDIA/KEYDISC

Matéria orgânica

A matéria orgânica é derivada dos restos dos seres vivos: folhas, galhos, fezes de animais. Esses restos orgânicos são fragmentados pela ação de seres detritívoros, como as minhocas e, também, por bactérias e fungos decompositores. Essa ação resulta na formação de um material que se deposita na superfície do solo, conhecido como **húmus**, rico em nutrientes minerais (amônia, cálcio, fósforo etc.), sobretudo para os vegetais.

> **Detritívoro:** (do latim, *detritus* = = ejeitado + *devorare* = devorar, engolir) ser que se alimenta de restos de animais ou vegetais.

DE OLHO NO PLANETA

Meio Ambiente

Húmus

O acúmulo de restos orgânicos provenientes de galhos, folhas, raízes e restos animais no solo proporciona o desenvolvimento de uma comunidade de seres detritívoros e decompositores, especializados na sua utilização. A ação desses organismos leva à formação de um composto escuro, de cheiro característico, conhecido como *húmus*. É frequente o uso, por agricultores brasileiros, do húmus de minhoca, decorrente da atividade detritívora desses animais, para fertilizar os solos. Criadas em reservatórios contendo estrume de vaca e restos de vegetação, as minhocas alimentam-se desses detritos e liberam suas fezes, repletas de matéria orgânica finamente fragmentada, e urina, que sofrerão a ação de microrganismos decompositores. Essa ação microbiana resulta na mineralização dos restos orgânicos, ficando os nutrientes minerais disponíveis para absorção pelas plantas.

> **Mineralização:** processo de incorporação de minerais ao solo.

FABIO COLOMBINI

A vida no solo

Em solos de boa qualidade, existe uma rica comunidade de seres vivos, constituída de animais, vegetais e uma infinidade de microrganismos. A partir dos restos de vegetais e animais em decomposição constitui-se uma teia alimentar complexa, em que os principais atores da desintegração da matéria orgânica são as bactérias e os fungos que, ao formar o húmus, liberam, no solo, a água e os minerais que serão absorvidos pelas raízes dos vegetais.

Três nutrientes são necessários aos animais e, como não são fabricados pelo próprio organismo, devem ser obtidos pela dieta. É o caso, por exemplo, do nitrogênio (importante nas atividades metabólicas), fósforo (participa do material hereditário) e potássio (necessário na condução dos impulsos nervosos).

Apesar de 78% da atmosfera ser constituída por nitrogênio (N), nós não conseguimos usá-lo diretamente, pois esse se encontra na forma gasosa. Algumas espécies de bactérias presentes no solo são as responsáveis pela transformação do nitrogênio gasoso em uma forma que possa ser absorvida pelas plantas e, a partir daí, pelos consumidores. Outras espécies de bactérias atuam no sentido inverso, devolvendo o nitrogênio à sua forma gasosa.

O fósforo praticamente não existe na atmosfera. Ele é liberado para o solo a partir da quebra de rochas fosfatadas e sais de fosfato dissolvidos na água e no solo são absorvidos pelas plantas, sendo que os animais o obtêm por meio da alimentação e também da água. Retorna para o solo pela ação de organismos decompositores que atuam nos restos liberados por animais e pela vegetação.

O elemento potássio é abundante na natureza, apesar de os seres vivos não serem capazes de sintetizá-lo. É absorvido pelas plantas a partir da água do solo e a decomposição de seres vivos faz com que esse elemento retorne à natureza.

Tipos de solo

Estudamos como o solo é formado e também como é sua composição. Mas o solo não é exatamente igual em todos os lugares, pois sua textura varia de acordo com a proporção de cada tipo de partícula que o compõe. Assim, dentre os diferentes tipos de solo, temos os

Solo arenoso.

OLLIRG/SHUTTERSTOCK

• **arenosos**, que possuem (como o próprio nome já indica) uma maior proporção de partículas de areia em sua composição (cerca de 70%). Como essas partículas são grandes, deixam entre elas grandes espaços, o que faz com que a água escorra rapidamente por eles. Com isso, os solos arenosos são pobres, pois a água não é retida e passa levando consigo os sais minerais;

- **argilosos**, formados principalmente por partículas de argila (cerca de 30%). Diferentemente da areia, as partículas de argila são muito pequenas, o que faz com que os espaços entre elas sejam muito reduzidos e a água tenha dificuldade para percorrê-los. Isso auxilia os solos argilosos a serem mais ricos em minerais;

- **humíferos** ou **humosos**, que apresentam em sua composição pelo menos 10% de húmus. Trata-se de um tipo de solo arejado, fértil e permeável à água.

Independente do tipo de solo, no entanto, medidas podem ser tomadas no sentido de sua melhoria.

Solo argiloso.

Solo humífero.

 ## ESTABELECENDO CONEXÕES

História

Terra roxa

Um tipo de solo muito fértil é a chamada *terra roxa*, um solo de cor avermelhada por ser rico em ferro. Esse solo é proveniente da decomposição das rochas basálticas e está presente nos estados da Região Sul, São Paulo, Minas Gerais e Mato Grosso do Sul. Sua textura varia de argilosa a muito argilosa.

O nome desse solo vem do tempo dos imigrantes italianos que trabalhavam nas lavouras de café no Brasil no início do século XX. Esses trabalhadores se referiam à terra avermelhada pelo termo terra *rossa* (em italiano, *rossa* = vermelha), que foi traduzido erroneamente como terra roxa.

Terra roxa em fazenda de Londrina, PR. Observe a cor avermelhada da terra em razão do alto teor de ferro.

Melhoria do solo

Quando o ser humano descobriu a agricultura, cerca de 12000 anos antes de Cristo, os homens passaram a cultivar a terra e a extrair dela o seu sustento. Com o uso do solo para a prática agrícola e o possível esgotamento de seus nutrientes, são necessárias algumas técnicas a fim de melhorar a qualidade do solo, como, por exemplo, **aração**, **adubação**, **irrigação**, **drenagem** e **rotação de culturas**.

Fique por dentro!

Inúmeras espécies de orquídeas, assim como bromélias e o cipó-imbé, que crescem em matas, não utilizam o solo para a obtenção da água e nutrientes minerais. Isso porque essas plantas são epífitas, isto é, crescem apoiadas em galhos elevados de árvores. Essa adaptação favorece a recepção de luz para a fotossíntese. A água e os nutrientes minerais são obtidos das chuvas que caem nas matas e lavam as copas das árvores, sendo prontamente absorvidos pelas espessas raízes aéreas desses vegetais. É claro que, sendo pequena a disponibilidade de nutrientes minerais nessas condições, o tamanho atingido por essas plantas também não é grande.

Orquídea crescendo sobre tronco de árvore.

Aração

Se você tem em sua casa uma planta há muito tempo dentro de um vaso e pretende adubá-la, pegue antes uma pequena pá e escarifique a terra. Esse simples procedimento trará muitos benefícios à sua planta: arejará o solo, permitirá que a água penetre nele mais facilmente e possibilitará a melhor distribuição do adubo pela terra. Os agricultores também fazem isso periodicamente em suas terras, procedimento denominado de **aração**. Para isso, utilizam arados acionados por animais ou por tratores, como pode ser visto nas fotos.

Escarifique: remexa, revolva.

Quer seja por tração animal ou de forma mecanizada, os arados auxiliam no trabalho de revolver a terra e prepará-la para o plantio.

Adubação

Nas florestas, como a Amazônica, por exemplo, a matéria orgânica existente nas folhas, galhos, frutos e sementes que caem das árvores assim como os dejetos e restos de animais mortos, é constantemente decomposta pelos microrganismos do solo, resultando na liberação dos nutrientes minerais, o que garante a adubação constante e permanente do solo da floresta. Ao contrário, em um solo agrícola, grande parte dos minerais absorvidos pelas plantas cultivadas não retorna mais para o solo. Isso acontece porque o que se colhe é enviado para outros locais. O solo fica empobrecido em nutrientes minerais, que foram absorvidos pela plantação. É preciso, então, efetuar a reposição para novos plantios. O procedimento adotado pelos agricultores para a reposição desses nutrientes é a **adubação**.

Adubar um solo é enriquecê-lo com nutrientes minerais essenciais. Dentre os sais minerais destacam-se, entre outros, os que contêm os elementos químicos nitrogênio (N), fósforo (P), potássio (K) e magnésio (Mg). Tais elementos químicos participam da composição de importantes moléculas orgânicas ou executam importantes funções nos vegetais.

Para adubar um solo, os agricultores recorrem a uma das técnicas que você conhecerá a seguir.

- **Adubação orgânica** – nesse tipo de adubação, utilizam-se estercos (restos alimentares existentes nas fezes de animais) ou restos orgânicos, principalmente de vegetais, que são incorporados ao solo. Nestes dois casos, o fundamento da adubação consiste na ação de microrganismos (bactérias e fungos) que, como ocorre na liteira existente no solo das florestas, decompõem a matéria orgânica, liberando os nutrientes minerais que serão absorvidos pela vegetação.

- **Adubação mineral** – também chamada de *adubação química* ou *inorgânica*, consiste em adicionar nutrientes ao solo (principalmente fósforo, potássio e nitrogênio) a partir de adubos químicos.

Adubo mineral.

LIANE MATRISCH/PANTHERMEDIA/KEYDISC

JULIJA SAPIC/PANTHERMEDIA/KEYDISC

Adubo orgânico.

> **Liteira:** camada de folhas e galhos em decomposição no solo de florestas.

Jogo rápido

Após a colheita da soja, do feijão, do milho e de outras plantas, os agricultores costumam incorporar os restos desses vegetais ao solo. Que tipo de adubação essa incorporação de restos caracteriza?

É SEMPRE BOM SABER MAIS!

No chão de uma floresta, como a Amazônica, acumulam-se inúmeras folhas, galhos, frutos e sementes, que caem das árvores. Esse acúmulo, que forra o chão da floresta, é conhecido como **liteira** (do latim, *lectus* = = leito) ou **serapilheira**. A decomposição desses restos gera inúmeros nutrientes minerais, que poderão ser reaproveitados pela vegetação para a produção de novas folhas, galhos, frutos e sementes. A exuberância da floresta depende da reciclagem do material orgânico depositado no solo.

ELENA ELISSEEVA/PANTHERMEDIA/KEYDISC

Pivô de irrigação.
Neste equipamento, a água percorre um tubo horizontal, ligado a vários aspersores (dispositivos para rega). À medida que o equipamento se desloca por meio de rodas, a plantação vai sendo irrigada.

Vala: escavação no solo, relativamente profunda e ampla, para coleta e distribuição do excesso de água do terreno.

Descubra você mesmo!

Sugira uma consequência para a situação em que o excesso de chuvas alague um solo agrícola por muitos dias.

Irrigação

A água é o componente mais abundante das células em geral, nas quais dissolve substâncias e facilita reações químicas. No solo, dissolve os minerais e, com eles, é absorvida pelas raízes das plantas. Essa solução constituirá a *seiva bruta* conduzida ao longo da planta por vasos especializados.

Vimos anteriormente, no ciclo da água, que a evaporação da água do solo e a transpiração das plantas, seguidas de condensação e precipitação promovem o retorno da água, reabastecendo o solo. No meio agrícola, porém, geralmente é preciso recorrer à irrigação, ou seja, é preciso dispor de quantidades extras de água, notadamente em áreas em que a chuva não é tão frequente, para irrigar a plantação. Esse procedimento é adotado com irrigadores de grande alcance, acionados por bombas que extraem a água de diversas fontes.

Drenagem

Em muitas regiões agrícolas, o acúmulo excessivo de água no solo ou a presença de fontes provoca o alagamento da área por muito tempo, o que leva a uma menor quantidade de ar do solo e a consequente morte da vegetação, pois as raízes não conseguem oxigênio para a respiração. Nesse caso, é necessário drenar o excesso de água antes do plantio, o que pode ser realizado por meio de alguns procedimentos:

- aspirar o excesso de água por meio do emprego de bombas;
- fazer valas que distribuam a água para outros locais;
- cobrir o local encharcado com terra;
- se as condições do local permitirem, criar desníveis que permitam que a água escorra.

Rotação de culturas

O plantio sempre do mesmo produto agrícola leva a um esgotamento do solo. Assim, plantar, no mesmo espaço de terra, produtos diferentes a cada nova safra, faz com que nutrientes minerais sejam devolvidos ao solo, diminuindo assim a possibilidade de sua exaustão. Essa técnica de alternância de culturas em um mesmo espaço de solo é chamada de **rotação de culturas**.

Não se trata, porém, de alternar qualquer tipo de cultura. O ideal é alternar com o plantio de vegetais do grupo das leguminosas, como o feijão e a soja, que enriquecem o solo com compostos nitrogenados inorgânicos. No ciclo do nitrogênio, já estudado anteriormente, você aprendeu que nas raízes das leguminosas existem estruturas esféricas, denominadas *nódulos*, que abrigam bactérias que efetuam a fixação do nitrogênio atmosférico. Essas bactérias absorvem esse gás nitrogênio da atmosfera, transformando-o em uma substância denominada amônia; parte da amônia é absorvida pela própria planta que contém as bactérias e parte é liberada para o solo. No solo, a amônia é convertida, graças à atividade de outras bactérias, nos nutrientes nitrito e nitrato, que são igualmente absorvidos pela vegetação e empregados na produção de proteínas e ácidos nucleicos.

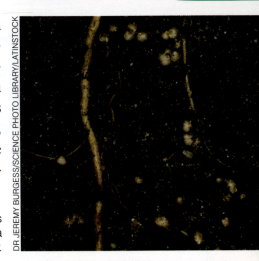

Esses pequenos nódulos que se veem na foto de raiz de feijão são de bactérias fixadoras de nitrogênio. Essas bactérias são capazes de converter o nitrogênio da atmosfera em uma substância nitrogenada que os vegetais são capazes de absorver.

Nosso desafio

Para preencher os quadrinhos de 1 a 7 você deve utilizar as seguintes palavras: água, argila, argiloso, humífero, intemperismo, matéria orgânica, silte.

À medida que você preencher os quadrinhos, risque a palavra que escolheu para não usá-la novamente.

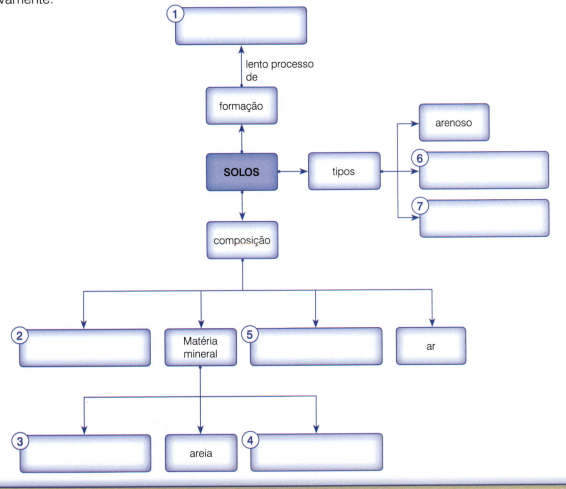

Atividades

1. Areia, silte e argila são as principais partículas minerais normalmente encontradas em solos. As quantidades relativas dessas três partículas são utilizadas para definir se o solo é adequado para o cultivo de vegetais. A partir de seus conhecimentos sobre o assunto, responda às questões a seguir.

   a. Qual a origem dessas três partículas do solo?

   b. Imagine um solo arenoso, poroso, e outro argiloso, compacto. O que acontece com a água da chuva que cai nesses dois tipos de solo?

2. Seu Miguelim possui uma propriedade na zona rural em que cria galinhas e cultiva uma horta repleta de verduras para o consumo de sua família. Periodicamente, ele mistura na terra o esterco produzido pelas galinhas, juntamente com os restos da vegetação da horta. E ele afirma, orgulhoso: "Nesta terra, tudo o que eu planto vai bem". Com relação ao texto, responda às questões a seguir.

   a. Qual a importância do esterco de galinha e dos restos da vegetação da propriedade do seu Miguelim para a fertilidade do solo?

   b. Que outros fatores devem ser observados para que o solo em que seu Miguelim cultiva suas verduras seja considerado de boa qualidade?

   c. Em termos dos tipos de nutrientes químicos normalmente utilizados pelas plantas, haveria alguma diferença significativa se o seu Miguelim empregasse, no cultivo do seu pomar, um fertilizante agrícola industrializado contendo os nutrientes minerais essenciais, em vez de utilizar o adubo orgânico? Justifique a sua resposta.

3. "Solo bom é o que tem minhocas." Comente esta frase, indicando a razão que faz as pessoas do meio agrícola acreditarem que as minhocas são benéficas para os solos.

4. Após a colheita de milho, banana e outras culturas, muitos agricultores costumam cobrir o solo com os restos da vegetação, deixando-o assim coberto até o próximo plantio e protegendo-o da ação direta dos raios solares.

   De certo modo, a cobertura do solo feita com esse procedimento assemelha-se bastante à liteira existente em florestas naturais. Que benefícios, em termos de conteúdo mineral, essa cobertura traz para o solo?

5. Utilize as informações do texto a seguir e os seus conhecimentos sobre o assunto para responder ao que se pede.

   Os organismos são extremamente importantes na decomposição da matéria orgânica. Podemos chamar de matéria orgânica o material "morto" que sofrerá a ação de outros organismos, em uma sequência de eventos que começa com animais maiores até chegar aos microscópicos: formigas são capazes de triturar as folhas que caem das árvores; cupins se alimentam de troncos mortos; minhocas se movimentam no interior da terra cavando buracos e misturando diferentes camadas, promovendo a circulação do ar no solo. Aranhas e escorpiões aguardam o melhor momento de caçar outros animais. E, finalmente, bactérias e fungos que vivem no solo se alimentam daquilo que os animais maiores não conseguiram aproveitar, transformando tudo em húmus, ou seja, em compostos que ficarão no solo por um tempo até serem novamente aproveitados. Pequenos túneis, feitos pelas minhocas, formigas e cupins, servem para o ar circular e para a água e as raízes penetrarem no solo.

   Adaptado de:
   <http://educar.sc.usp.br/cienciasrecursos/solo.html>.

   a. Cite os animais considerados detritívoros.

   b. Cite os animais que se comportam como predadores.

   c. Cite o benefício promovido pelas minhocas, formigas e cupins, ao construírem túneis no solo.

   d. O texto faz referência ao papel de bactérias e fungos no tratamento da matéria orgânica existente no solo. Sublinhe o trecho relacionado a essa informação.

6. Utilizando as informações que você obteve neste capítulo, responda aos itens seguintes.

    a. Qual é a origem dos solos existentes na superfície terrestre?

    b. Descreva, em poucas palavras, o que você entende por intemperismo.

    c. Cite os fatores que possibilitaram a formação dos solos a partir da rocha-mãe.

    d. Qual o significado de perfil do solo?

7. Observe a foto abaixo. Que benefício resulta para as plantas o procedimento que você está observando?

8. Na foto a seguir, perceba que o vaso em que a orquídea está se desenvolvendo é dotado de furos. Cite uma utilidade desses furos para o bom desenvolvimento da orquídea.

9. Julgue se a frase a seguir é verdadeira ou falsa e justifique a sua resposta: "Toda e qualquer planta somente consegue crescer se estiver fixada pelas raízes em algum tipo de solo".

10. Observando o esquema do item "As camadas do solo", percebe-se que as raízes da vegetação distribuem-se preferencialmente nas camadas mais superiores. Qual a principal razão para essa distribuição?

11. Frequentemente, nos campos agrícolas, os agricultores realizam a aração do solo com utilização de animais de tração ou de máquinas agrícolas. Juntamente com esse procedimento, realizam a adubação do solo, com a utilização de adubos orgânicos ou industrializados. A respeito do exposto, responda:

    a. De que maneira a aração contribui para o melhor desenvolvimento das culturas que os agricultores semeiam?

    b. Qual a diferença entre adubação orgânica e mineral, esta, no caso, com a utilização de adubos minerais industrializados?

Degradação e recuperação do solo

O que existe no subsolo de uma grande cidade?

Canos da rede de água e de gás, fiação elétrica, tubos de esgoto, estações de metrô situadas em várias profundidades. O ser humano invadiu e dominou o subsolo das grandes cidades, modificando suas características.

Ao utilizar o solo para o plantio dos vegetais e a criação de animais necessários à produção de alimentos, o homem também causou várias mudanças, que resultaram em desgaste e poluição, além da extinção de inúmeras espécies de seres vivos que nele viviam e dele dependiam.

Neste capítulo, veremos como se originaram as alterações provocadas principalmente pela interferência humana e o que é necessário fazer para diminuir os impactos e promover a recuperação dos solos.

Alterações da paisagem

Observando as fotos a seguir, você poderá perguntar: como os vales foram esculpidos e como os rios sofreram desvios ao longo do seu caminho? A ação dos ventos, das correntezas dos rios, das enxurradas, da água do mar e das geleiras alteram as paisagens naturais. Rochas e solos foram deslocados, transportados e depositados em diferentes localidades.

A superfície da Terra sempre sofreu e continua sofrendo modificações naturais. Afinal, a Terra não é **estática** e encontra-se sempre em constante processo de modificação.

> **Estática:** sem movimento, parada, imóvel.

EMENT/PANTHERMEDIA/KEYDISC

PANTHERMEDIA/KEYDISC

PANTHERMEDIA/KEYDISC

DANIEL WIEDEMANN/ PANTHERMEDIA/ KEYDISC

O homem modifica os ambientes

Até aproximadamente 12000 anos antes de Cristo, o ser humano era nômade, isto é, não tinha residência fixa. Ele ia atrás do alimento, caçava animais e coletava plantas para o consumo. Aos poucos, porém, o homem percebeu que podia criar os animais e cultivar as plantas que lhe serviam de alimento. Formaram-se pequenos grupos populacionais fixos, que começaram a utilizar o solo para desenvolver a agricultura e a criação de animais. Os ambientes se modificaram profundamente. Com o tempo, formaram-se as cidades e os solos, que antes eram cobertos por campos, florestas e eram cortados por rios, passaram a ser dominados pelo homem.

Jogo rápido

Os cientistas dizem que até 12000 anos antes de Cristo o homem era caçador-coletor. Justifique o emprego dessa expressão para se referir às atividades do homem nessa época.

As cidades cresceram e o solo passou a ser utilizado também para a construção de casas, rodovias, ferrovias e para abrigar as construções subterrâneas.

Nas regiões rurais, alterações também aconteceram e o ser humano passou a utilizar técnicas mais sofisticadas para o cultivo, havendo mudanças profundas nas características dos solos.

Tudo mudou e continua mudando. Na medida do possível, é fundamental promover a recuperação dos solos já degradados e planejar de modo consciente o uso e a ocupação de áreas ainda não alteradas. A qualidade da vida no futuro depende tanto dessa como de muitas outras de nossas atitudes.

■ Fatores de degradação do solo

Erosão

A **erosão** é um processo de desgaste do solo pela ação da água (**erosão hídrica**), ventos (**erosão eólica**), temperatura e outros fatores ambientais:

- **erosão hídrica** (do grego, *hydor* = água) é a provocada pela água das chuvas, dos rios, dos mares. Por exemplo, o impacto das gotas de água da chuva no solo desprotegido, seguido de enxurradas, carrega grandes volumes de terra para outros locais;
- **erosão eólica** (do latim, *aeolus* = em referência a Éolo, deus dos ventos) é a causada por ventos intensos, que transportam partículas de solos para grandes distâncias.

A erosão desfaz e transporta solo e rochas na direção do vento, de um local para outro, onde se acumulam.

HENNING KRUSE/PANTHERMEDIA/KEYDISC

Antes de o homem utilizar as terras para cultivo, havia um equilíbrio entre os processos naturais de erosão e a lenta formação de novos solos. Porém esse equilíbrio foi desfeito.

Ao invadir novos ambientes para produzir mais alimento ou para construir casas ou estradas em encostas de morros, o ser humano derruba ou queima as matas, expondo o solo à ação direta dos raios solares e às enxurradas. Encostas também são aradas e ficam sujeitas a deslizamentos. A utilização desordenada e sem critérios provoca desgastes e empobrecimento dos solos, que são arrastados pelas águas das chuvas e pelos ventos, originando fendas, valas e sulcos característicos da erosão.

O solo transportado pelo vento ou arrastado pelas águas das chuvas para um rio ou córrego deposita-se em seu leito, causando o seu <mark>assoreamento</mark>. Por ocasião de período de chuvas abundantes, o rio pode transbordar mais facilmente, acarretando sérios problemas para as cidades e seus habitantes.

Assoreamento: acúmulo de detritos, lixo, solo, areia em um rio, fazendo com que sua profundidade fique menor.

A enxurrada proveniente da água das chuvas, principalmente em encostas, rasga os solos, aprofunda as fendas e os sulcos, desgasta o subsolo e pode originar grandes extensões de profundas erosões, denominadas **voçorocas** (do tupi-guarani, *ybi* = terra + *soroc* = rasgar, significando terra rasgada).

Voçoroca em Aparecida, SP.

FABIO COLOMBINI

FELIPE DANA/AP PHOTO/GLOW IMAGES

O deslizamento em encostas é uma "tragédia anunciada": sob as camadas de solo encontra-se a rocha-mãe. Com chuvas intensas, quando não há condições de o terreno absorver toda a água, o excesso de líquido acumula-se sobre a rocha-mãe, como se fosse uma lâmina de água. Quando o peso do solo encharcado ultrapassa o limite de estabilidade, a lâmina de água desliza e tudo o mais que está sobre ela desliza também. Na foto, Morro do Carioca, Rio de Janeiro.

ESTABELECENDO CONEXÕES

Cotidiano

Deslizamentos

Os deslizamentos são responsáveis por inúmeras vítimas fatais e grandes prejuízos materiais. O Brasil, pelo fato de ter predominância de clima tropical, apresenta elevados índices de chuva no verão e, com isso, as encostas naturalmente são locais de risco de deslizamentos de terra.

É evidente que os deslizamentos em encostas e morros urbanos vêm ocorrendo com uma frequência alarmante nestes últimos anos, devido ao crescimento desordenado das cidades, com a ocupação de novas áreas de risco. Muitas cidades, em sua expansão, avançam para terrenos mais inclinados e instáveis. É o caso da ocupação de vertentes de morros ou de obras efetuadas em áreas extremamente suscetíveis a intempéries intensas ou solos fragilizados.

Alguns sinais indicam que pode ocorrer um deslizamento, e a população que habita zonas de risco precisa estar atenta a eles: aparecimento de fendas, depressões no terreno, rachaduras nas paredes das casas, inclinação de tronco de árvores, de postes e o surgimento de minas d'água. Ocorrendo um desses sinais, a Defesa Civil deve ser imediatamente acionada.

Entre as inúmeras ações para evitar um deslizamento, algumas delas são: não destruir a vegetação das encostas; não amontoar sujeira e lixo em lugares inclinados porque eles entopem a saída de água e desestabilizam os terrenos, provocando deslizamentos; em morros e encostas, não plantar bananeiras e outras plantas de raízes curtas, porque as raízes dessas árvores não fixam o solo e aumentam os riscos de deslizamentos.

Adaptado de:
<http://www.geografia.seed.pr.gov.br/modules/conteudo/conteudo.php?conteudo=237>.
Acesso em: 8 jul. 2015.

O que acelera a erosão?

- **Chuvas intensas** – em solos recém-arados e adubados, chuvas leves, de pequena intensidade, não provocam estragos, pois a água é absorvida lentamente pela terra. Chuvas intensas, ao contrário, provocam enxurradas, que carregam o solo exposto e acentuam a erosão.

- **Profundidade do solo** – solos profundos são menos sujeitos à erosão que os rasos. Nestes, as camadas superficiais ficam próximas à rocha-mãe, sendo arrastadas com mais facilidade pelas enxurradas.

- **Textura do solo** – a erosão pelo vento é mais fácil de ocorrer em solos *arenosos*, pois as partículas de areia soltam-se mais facilmente e se espalham. Por outro lado, solos *argilosos*, compactos, são impermeáveis à água, que não se infiltra e se acumula na superfície, favorecendo a ocorrência de enxurradas.

- **Inclinação do terreno** – nas regiões montanhosas, cujos terrenos são muito inclinados e o solo fica exposto, a velocidade da água das chuvas é maior, promovendo o arrastamento acentuado das terras e intensificando a erosão.

- **Ausência de cobertura vegetal** – solos onde existem florestas são mais resistentes ao impacto da água das chuvas. A copa das árvores forma uma barreira de proteção, evitando o impacto direto da chuva sobre o solo, além de reduzir a incidência dos raios solares e dos ventos. As raízes entrelaçadas retêm o solo, evitando a erosão. Ao contrário, o plantio de culturas chamadas anuais (milho, soja, cana-de-açúcar) não cobre o solo nos primeiros meses de crescimento, tornando-o mais sujeito a ser arrastado pelo impacto da água das chuvas.

Descubra você mesmo!

Os cientistas costumam dizer que as técnicas agrícolas promovem desagregação do solo. Procure em um dicionário ou em livros de sua escola o significado da palavra desagregar.

Fique por dentro!

Os solos formam-se muito lentamente, cerca de 2 mm por ano. São necessários 30 anos para se formarem 2,5 cm do horizonte superior do solo. Todo esse trabalho da natureza pode ser perdido em menos de dez anos como resultado de práticas agrícolas inadequadas e pastagem excessiva. A agricultura acelera a erosão, porque o ato de arar a terra desmancha o solo e elimina a cobertura de vegetais que evitam a erosão.

É SEMPRE BOM SABER MAIS!

Desertificação

A terra de muitas regiões brasileiras localizadas principalmente em solos secos que não retêm água (regiões áridas, semiáridas) pode sofrer um processo de desertificação. Nesse processo, o solo perde a sua camada fértil, tornando-se impróprio para a agricultura.

A desertificação pode ter causas naturais, porém a ação do homem pode contribuir para a sua ocorrência.

Os principais fatores que desencadeiam a degradação do solo por ação humana são: a mecanização agrícola inadequada, a erosão, o uso inadequado de agrotóxicos, o desmatamento, queimadas, monoculturas (café, milho, soja, eucalipto, pinus), criação de gado à custa de uma pastagem "pobre". Como consequência, o solo se esgota e caminha para a desertificação.

Nas terras semiáridas do Nordeste brasileiro, cerca de 1,5 milhão de quilômetros quadrados está em via de desertificação. O mesmo acontece em outras regiões do Brasil, como Amazônia, Paraná, Rio Grande do Sul.

Queimadas e desmatamentos

Muitos agricultores utilizam as queimadas como um recurso rápido e econômico para limpar um terreno, eliminar pragas, facilitar colheitas (caso da colheita da cana-de-açúcar) e renovar pastos. Acreditam ainda que as cinzas, ricas em nutrientes minerais, adubam o solo, o que favoreceria, por exemplo, a recuperação mais rápida das pastagens. No entanto, como são feitas com muita frequência, aumentam a poluição da atmosfera, expõem o solo à ação direta dos raios solares, favorecem a erosão e muitos nutrientes são carregados pela chuva para locais distantes.

Queimadas e desmatamentos constantes empobrecem o solo.

EVGENY DUBINCHUK/PANTHERMEDIA/KEYDISC

Além das queimadas, o desmatamento de forma descontrolada, quer para a retirada de madeira das florestas, para o plantio de monoculturas ou mesmo para a pecuária, é um sério problema de empobrecimento do solo.

Fique por dentro!

Entre agosto de 2012 e julho de 2013, segundo dados do Prodes (Projeto de Monitoramento da Floresta Amazônica por Satélites), do Inpe (Instituto Nacional de Pesquisas Espaciais), foram desmatados na Amazônia brasileira 5.843 km², uma área pouco maior do que a do Distrito Federal.

EM CONJUNTO COM A TURMA!

Com seu grupo de trabalho, pense que sugestões poderiam ser dadas aos agricultores que adotam queimadas, no sentido de evitar os efeitos indesejáveis que esse procedimento acarreta. Depois, troquem as sugestões com os outros grupos da classe.

Contaminação do solo por substâncias químicas

Embora pouco visível, o solo pode apresentar grandes áreas de contaminação por infiltração de substâncias tóxicas provenientes de refinarias de petróleo, de fábricas de produtos químicos, da exploração de minérios a céu aberto. Além disso, pesticidas e fertilizantes sintéticos, quando aplicados em excesso, podem se concentrar no solo e impedir o desenvolvimento da vegetação.

A decomposição de matéria orgânica nos chamados lixões produz o **chorume**, um líquido escuro, espesso e mal cheiroso que, ao penetrar no solo, contamina a água dos lençóis freáticos, das represas e dos rios com microrganismos, metais pesados (mercúrio, chumbo) e muitas outras substâncias.

■ Conservação do solo

A procura de novas terras para o cultivo de alimentos, a recuperação de áreas agrícolas esgotadas, a criação de novas áreas para a construção de moradias, rodovias e ferrovias e a proteção de áreas florestais remanescentes são alguns dos desafios da humanidade. Medidas de ocupação adequada, recuperação e conservação do solo devem ser estimuladas no sentido de enfrentar esses desafios de forma controlada, a fim de não causar prejuízos desnecessários à terra. Algumas dessas medidas são descritas a seguir.

Proteção de áreas florestais

É muito importante conscientizar as populações de que é preciso evitar queimadas e desmatamentos de reservas e florestas naturais. Ao mesmo tempo, também é necessário recuperar áreas florestais degradadas, com espécies vegetais nativas, isto é, aquelas que sempre foram encontradas nessas regiões. Por exemplo, não é indicado reflorestar uma área de Mata Atlântica com árvores de eucalipto, que não são típicas desse bioma. Deve-se dar preferência a reflorestamento com espécies típicas da Mata Atlântica. Esse procedimento garante a biodiversidade (variedade de espécies de seres vivos do ecossistema) e a preservação dos ecossistemas e do solo. O plantio de eucalipto e *pinus* (o pinheiro comum) para o fornecimento de madeira, lenha e carvão, se necessário, deve ser feito, em princípio, em áreas de solos muito inclinados, pouco férteis, de acentuada erosão, evitando, assim, a exploração de matas nativas para essas finalidades.

> **Degradadas:** destruídas, deterioradas.

Proteção de encostas

Em encostas em que a vegetação natural foi removida para o cultivo ou para a construção de casas ou estradas, se o solo não for protegido ele se desmancha facilmente, amolece e é carregado com a força da água das chuvas, destruindo tudo em seu caminho e colocando em perigo a vida das pessoas.

A proteção das encostas pode ser feita com o plantio de vegetação cujas raízes segurem o solo, ou então com obras de engenharia. Cimentar as encostas também ajuda a protegê-las do desbarrancamento.

Replantio com plantas nativas da Mata Atlântica nas encostas do Arco Metropolitano, distrito de Xerém, Duque de Caxias, RJ, ago. 2012.

Contenção de encosta na BR-040 Rodovia Washington Luís, km 69, Petrópolis, RJ, jan. 2014.

Conservação de matas ciliares

Matas ciliares são as que crescem ao longo das margens de rios e córregos. As raízes da vegetação (plantas rasteiras, arbustos e árvores) "seguram" o solo e impedem o desbarrancamento das margens. A remoção da mata ciliar deixa o solo exposto, sujeito à erosão. A água das chuvas carrega o solo para o leito do rio (ou córrego), fato que pode ser agravado se, ao mesmo tempo, arrastar para essas águas lixo ou outros resíduos produzidos pelas cidades ou regiões. A consequência mais grave desse fenômeno é o assoreamento do rio ou córrego.

As águas do rio assoreado correm mais lentamente, aumentam a erosão das margens o que gera mais assoreamento, prejudicam a navegação e o abastecimento de água e, em ocasiões de fortes chuvas, podem ocorrer inundações, com consequências desastrosas para a região afetada.

Descubra você mesmo!

Busque na internet ou em livros da biblioteca de sua escola por que se utiliza o nome "mata ciliar" para se referir à vegetação que cresce ao longo das margens de um rio.

Mata ciliar às margens do Rio Canoas, em Urubici, SC (2012).

FABIO COLOMBINI

Terraceamento

ANDREA PAGGIARO/PANTHERMEDIA/KEYDISC

Em terrenos de acentuada inclinação, construção de **terraços (terraceamento)**, como mostrado na foto ao lado, ajuda a evitar a erosão. Assemelhando-se a degraus de uma grande escada, controlam as enxurradas, facilitam a infiltração da água no solo e o seu escoamento para local seguro. Esse procedimento é utilizado em áreas de cultivo e também para a proteção de encostas.

Cultivo em terraços.

Curvas de nível

A técnica de plantio em **curva de nível** também é empregada em terrenos de alta inclinação. Esse tipo de plantação é feito em linhas horizontais paralelas à base do terreno inclinado. A distância entre uma linha de plantação e outra é sempre a mesma.

Assim como no plantio em terraços, as curvas de nível são construídas perpendicularmente ao fluxo de água que tende a correr encosta abaixo. Por isso, ajudam a conter as enxurradas e evitam erosões.

CHARLES TAYLOR/PANTHERMEDIA/KEYDISC

Plantação em curva de nível.

Técnicas adequadas de plantio

Práticas agrícolas que preservem e evitem o esgotamento dos recursos do solo são algumas medidas que podem resultar na volta do equilíbrio entre a natureza e as necessidades humanas. Dentre estas práticas destacam-se a rotação de culturas (como vimos no capítulo anterior), a mistura de plantações no mesmo terreno, o plantio direto na palhada e a hidroponia.

- **Mistura de plantações em um mesmo terreno** – em um pomar em que, por exemplo, se intercala o cultivo de plantas frutíferas de pequeno tamanho com hortaliças, o procedimento de misturar diferentes vegetais é uma prática que garante a proteção do solo e, ao mesmo tempo, evita a erosão.

- **Plantio direto na palhada** – nesse tipo de cultivo, os restos da vegetação resultantes de uma colheita (de milho, por exemplo) são deixados no solo. A seguir as sementes do novo plantio são colocadas por baixo da camada de cobertura, juntamente com quantidades adequadas de fertilizantes. Esse procedimento evita a exposição à ação direta dos raios solares e garante a retenção de água no solo, pois reduz a evaporação. É uma prática utilizada, por exemplo, em plantações de soja.

ERNESTO REGHRAN/PULSAR IMAGENS

Plantação de soja em sistema de plantio direto, Cornélio Procópio, PR, out. 2013.

• **Hidroponia** – cultivar plantas em água contendo os nutrientes minerais essenciais, este é o princípio da hidroponia (do grego, *hydor* = água + *ponos* = trabalho). Em pequenos espaços, utilizam-se tubos perfurados nos quais são introduzidas as raízes das plantas e pelos quais corre a água contendo os nutrientes minerais. O controle maior da área de cultivo aumenta a produtividade vegetal. Além disso, diminui a possibilidade de contaminação por agentes causadores de doenças humanas (por exemplo, ovos de vermes, protozoários), que podem estar presentes no solo ou na água usada para regar as culturas tradicionais, isto é, não hidropônicas.

HIENG LING TIE/PANT-HERMEDIA/KEYDISC

Hidroponia é uma alternativa viável economicamente para quem não possui grandes extensões de terreno, principalmente para o cultivo de hortaliças (alface, rúcula, agrião etc.).

DE OLHO NO PLANETA

Ética & Cidadania

Monocultura

Monocultura (do grego, *mónos* = único) é o cultivo de apenas uma espécie vegetal em uma grande extensão agrícola. É o caso, entre outras, das plantações de cana-de-açúcar, de milho, de soja, de eucaliptos e de pinheiros.

A derrubada de uma área de mata tropical ou cerrado para se efetuar o plantio de uma monocultura, por exemplo, de soja, acarreta a perda da biodiversidade original. Outro efeito é o esgotamento dos nutrientes minerais do solo, pois, na maioria das vezes, os produtos da colheita são enviados para locais distantes, e, desse modo, não permitem a devolução dos nutrientes minerais que existiam naturalmente no solo do bioma.

Com a implantação de monoculturas, inúmeras espécies animais que dependiam dos recursos do bioma natural deslocam-se para outras áreas ou simplesmente deixam de existir. Por outro lado, algumas espécies de insetos, deixando de ser controladas por seus inimigos naturais (competidores, predadores ou parasitas), aumentam muito em número e transformam-se em pragas. O homem, então, lança mão de defensivos agrícolas (inseticidas) que poluem o ambiente e as culturas agrícolas.

> ➤ Sugira uma solução para o problema representado pelo plantio de monoculturas. Que medidas podem ser tomadas no sentido de se evitar: a) a perda de biodiversidade; b) o desenvolvimento de pragas da agricultura; c) a perda de nutrientes minerais do solo?

RON CHAPPLE/PANTHERMEDIA/KEYDISC

Monocultura de cana-de-açúcar.

DE OLHO NO PLANETA

Meio Ambiente

Defensivos agrícolas: inseticidas, fungicidas, herbicidas

Nas matas e campos naturais existe um equilíbrio entre a vegetação, os animais e os microrganismos das comunidades. Todos têm oportunidade de se alimentar. As diversas populações têm o número de indivíduos regulado por seus inimigos, competidores, parasitas e predadores. Não há crescimento exagerado no tamanho de nenhuma delas.

Com o crescimento excessivo da população humana e a necessidade de produzir mais alimentos, o homem invadiu os ambientes naturais. Mais terras tornaram-se necessárias para a agricultura. Matas foram derrubadas. Campos foram degradados. Somente plantas de interesse alimentar para o homem passaram a ser cultivadas. Essa atitude rompeu o equilíbrio dos ecossistemas. Insetos, fungos, plantas daninhas, além de diversos outros seres vivos cujas populações se mantinham em equilíbrio, tornaram-se pragas para as plantações humanas.

Para combatê-las, o homem produziu diferentes tipos de substâncias sintéticas: inseticidas, para o combate de insetos; fungicidas, para o combate de fungos causadores de doenças nos vegetais; herbicidas, para o controle de ervas daninhas competidoras das plantações humanas. Todas estas substâncias se enquadram na categoria de praguicidas, que combatem as pragas agrícolas. Por não serem reconhecidas pelos microrganismos decompositores, passaram a se acumular no ambiente e a poluir o solo e a água.

Nosso desafio

Para preencher os quadrinhos de 1 a 11 você deve utilizar as seguintes palavras: desmatamentos, erosão eólica, indústrias químicas, matas ciliares, monoculturas, pela água, pesticidas, rochas, rotação de culturas, terraços, voçorocas.

À medida que você preencher os quadrinhos, risque a palavra que escolheu para não usá-la novamente.

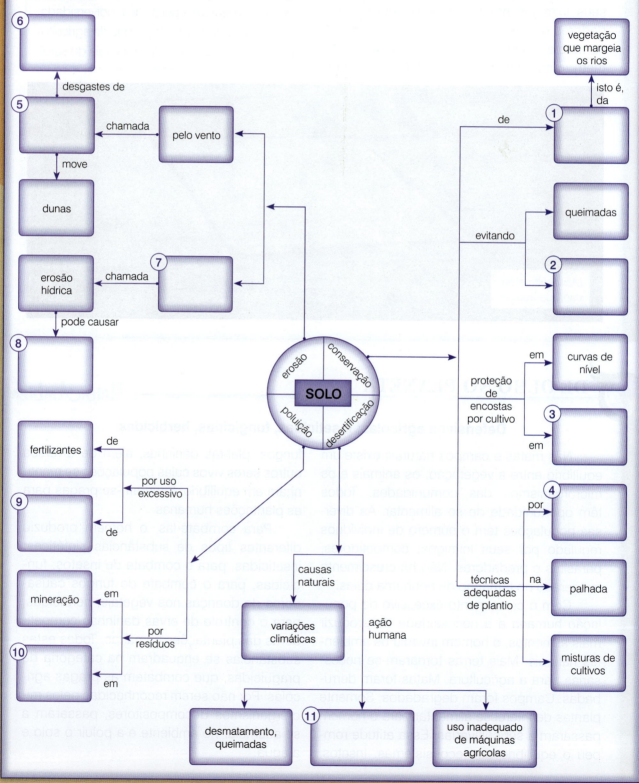

Atividades

1. Observe as fotos e esquemas a seguir. Em A, mostra-se um cânion no fundo do qual há um rio. Em B, um vale com montanhas baixas e um rio. Em C, um rio com seus meandros (caminhos tortuosos), correndo em vale amplo, plano. São paisagens naturais, que não sofreram a interferência humana. Utilizando os seus conhecimentos sobre o assunto, responda:

PETER KIRSCHNER/PANTHERMEDIA/KEYDISC

JENS WULF/PANTHERMEDIA/KEYDISC

RENE MALLY/PANTHERMEDIA/KEYDISC

a. Cite o fenômeno responsável pela escultura dos vales e pelos meandros dos rios.

b. Considerando a erosão eólica (causada pelo vento) e a erosão hídrica (causada pela água), qual delas, em sua opinião, seria a responsável pelo aspecto da paisagem em cada um dos casos ilustrados nas fotos?

2. As fotos a seguir mostram duas técnicas de proteção de encostas, em A e B. Reconheça-as, escrevendo na linha correspondente a técnica utilizada.

WONG YU LIANG/PANTHERMEDIA/KEYDISC

PIUS LEE/PANTHERMEDIA/KEYDISC

A: _____

B: _____

3. As fotos a seguir mostram dois fatores (A e B) que podem conduzir à degradação dos solos, expondo-os à ação direta das chuvas, dos ventos e dos raios solares.

EVGENY DUBINCHUK/PANTHERMEDIA/KEYDISC

SERGEY YAKOVLEV/PANTHERMEDIA/KEYDISC

a. Escreva nas linhas abaixo os nomes desses fatores.

A: _____

B: _____

b. Cite as prováveis consequências da ação desses fatores.

4. a. Que consequências podemos esperar da atuação da correnteza sobre as margens de um rio.

b. Cite o procedimento que deve ser adotado no sentido de se evitar essas consequências.

5. "No sítio do seu Miguelim, toda vez que ele planta milho e depois colhe as espigas, derruba as plantas e forra o chão com os restos de caules e folhagens. Em seguida, no novo plantio de milho ele enterra as sementes por baixo dos restos da vegetação. Mas ele gasta muito adubo com esses novos plantios e reclama do custo do adubo. Ano desses, aprendeu com um vizinho que seria bom plantar milho um ano e, no seguinte, feijão ou soja, o que o faria economizar um bom dinheiro com fertilizantes. E não é que deu certo!

Bom mesmo é ver a horta do seu Miguelim. No mesmo terreno ele planta várias verduras em um cercado, que é para os bichos não comerem a produção e, ali perto há vários pés de laranja, de mexerica, de mamão e de siriguela. Dá gosto de andar pela horta do seu Miguelim."

a. Reconheça, no texto acima, na ordem em que são propostos, três procedimentos de técnicas adequadas de cultivo que foram utilizados com sucesso por seu Miguelim.

b. Por que é vantajoso alternar o plantio de milho com o de soja ou feijão no mesmo terreno, como fez o seu Miguelim com muito sucesso?

6. Observe os esquemas a seguir.

GALYNA ANDRUS HKO/SHUTTERSTOCK

THPSTOCK/SHUTTERSTOCK

Em A, mostra-se uma mata natural com muitas espécies de árvores e de outros vegetais. Em B, mostra-se uma plantação de algodão. Em ambos os casos, o terreno possui um razoável declive. Os números que acompanham os esquemas revelam o quanto de solo é perdido por erosão em cada um dos ambientes. Baseando-se nos esquemas e utilizando os seus conhecimentos sobre o assunto, responda:

a. Qual a principal diferença, em termos da quantidade de espécies, entre os ambientes A e B?

b. Sugira uma razão que explique por que a erosão do solo na mata é menor que a observada no solo contendo apenas plantas de algodão.

7. Agora que você resolveu o exercício 6, observe o esquema abaixo que mostra um ambiente de razoável declividade, preparado para o plantio. No entanto, o procedimento adotado nesse plantio protege o solo da erosão, conforme é mostrado pelas setas.

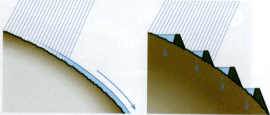
ZERN LIEW/SHUTTERSTOCK

a. Cite o procedimento adotado nesse plantio, que favorece a proteção do solo contra a erosão.

b. Cite o outro procedimento de plantio que poderia ser adotado nesse ambiente e que também protegeria o solo, evitando a ocorrência de erosão.

8. Plantas de alface, agrião e rúcula podem ser cultivadas em água corrente contendo nutrientes, em vez de serem cultivadas no solo de uma horta. Esse procedimento é conhecido pelo nome de hidroponia ou hidrocultura. Utilizando os seus conhecimentos sobre o assunto, responda ao que se pede.

a. Considere os seguintes nutrientes: nitratos, glicose, gás carbônico, oxigênio, fosfatos, sais de magnésio e sais de potássio. Quais devem ser acrescentados à água de cultivo para absorção pelas raízes? Justifique a sua resposta.

b. Cite a principal vantagem do cultivo dessas plantas por hidroponia.

O manuseio e a destinação do lixo

Lixo colocado no lixo

Cenas como esta eram comuns em algumas cidades brasileiras, e em muitas delas ainda são. Toneladas de lixo são descarregadas a céu aberto e inúmeras pessoas, entre elas crianças, no meio de ratos, moscas e urubus, revolvem o lixo com as mãos desprotegidas e retiram garrafas plásticas, latas e vários outros objetos que lhes garantirão a sobrevivência. Ao mesmo tempo, expõem-se a agentes causadores de doenças.

A lenta decomposição da matéria orgânica presente nos lixos gera substâncias tóxicas que, se não forem removidas, podem penetrar no solo, contaminando-o. Gases também produzidos pela ação de microrganismos decompositores do lixo são lançados na atmosfera, poluindo-a. Como evitar a ocorrência desses problemas? É o que veremos neste capítulo.

■ O lixo

O lixo é um problema que incomoda muitas pessoas, não apenas pelo aspecto visual, mas porque o acúmulo de lixo, principalmente aquele que contém restos de alimentos, atrai ratos, moscas, baratas e outros animais indesejáveis que são transmissores de doenças. Objetos cortantes contaminados podem causar graves infecções. Vasilhames e pneus podem acumular água da chuva favorecendo a proliferação dos mosquitos transmissores da dengue. O lixo em decomposição libera gases tóxicos para a atmosfera e outras substâncias que se infiltram e contaminam o solo e as águas subterrâneas. O lixo atirado nas vias públicas é responsável pelo entupimento de galerias pluviais com consequentes casos de alagamentos urbanos.

Em séculos anteriores ao atual, em que a população humana era bem menor, as pessoas costumavam jogar lixo nas ruas. As doenças eram constantes e, com elas, uma grande quantidade de mortes. Com o tempo, ao se perceber que o lixo estava associado a doenças, passou-se a efetuar a coleta e a deposição em local seguro, distante dos grandes centros urbanos. Claro que esse procedimento melhorou a situação de saúde nas grandes cidades. Mas, com o aumento da população humana, também aumentou a produção de lixo. Outros locais eram necessários para receber os resíduos gerados pela atividade humana. Surgiram outros problemas. Um deles foi o que fazer com a enorme quantidade de materiais não biodegraváveis, como muitos tipos de plásticos, que não são decompostos por microrganismos e se acumulam no ambiente; o outro foi a contaminação do solo por substâncias produzidas pela decomposição dos restos orgânicos e outros tipos de materiais, ou por diversos agentes causadores de doenças.

Galerias pluviais: conjunto de bocas coletoras e condutos (canais) destinados à coleta e transporte das águas das chuvas.

Fique por dentro!

Poluir o solo é introduzir diferentes tipos de substâncias e materiais capazes de prejudicar a saúde humana ou a qualidade do ambiente.

Muitos materiais resultantes das atividades humanas são lançados no solo e, pelas suas características ou quantidade, não são atacados por microrganismos decompositores, acumulando-se e gerando poluição.

Biodegradável: material que pode ser completamente decomposto pela ação de microrganismos (bactérias e fungos).

Biodegradável ou não?

Se você deixar um pedaço de carne em um frasco aberto, ela apodrecerá e, após certo tempo, desaparecerá. O apodrecimento da carne se deve à ação de microrganismos decompositores (bactérias, fungos), que produzem substâncias especiais para efetuar o "desmanche" da matéria orgânica. A carne, assim como inúmeros restos alimentares que produzimos diariamente em nossas casas, é um material biodegradável (*bio* = vida), isto é, que se degrada, se decompõe pela ação de seres vivos. Agora, se você abandonar uma garrafa de plástico em qualquer lugar, provavelmente ao longo de toda a sua vida ela permanecerá inalterada. Os microrganismos não produzem substâncias capa-

Jogo rápido

Faça um levantamento dos diversos materiais existentes em sua sala de aula (alimentos, embalagens, utensílios, móveis, materiais de decoração, vestuário etc.) e organize uma tabela relacionando o que você considera biodegradável ou não.

zes de decompor o plástico da garrafa. É material não biodegradável, que se acumula no ambiente. O que fazer, então, com os materiais não biodegradáveis? Logo adiante veremos sugestões que podem solucionar o problema do acúmulo desse tipo de material no ambiente.

A destinação do lixo

Em virtude do tamanho das cidades, nem sempre o lixo de nossas casas é recolhido diariamente pelas empresas contratadas pelos governos para esse fim. Com isso, um primeiro e importante passo para evitarmos doenças e proliferação de animais indesejáveis é manter o lixo de nossa casa acondicionado em sacos plásticos devidamente fechados. Para evitar que esses sacos sejam rompidos enquanto não são coletados, o ideal é mantê-los em uma lixeira com tampa (que deve ser limpa regularmente), apropriada para esse fim.

Mas o que acontece com o lixo que é recolhido em nossa casa, nas empresas, indústrias, nos comércios e hospitais, por exemplo?

Lixão

Apesar de que há todo um empenho no sentido de terminar com os lixões, esses terrenos em que o lixo é simplesmente jogado a céu aberto ainda são muito comuns em nosso país.

Sem nenhum tipo de tratamento ou controle dos resíduos que lá são jogados, os lixões são um problema de saúde pública em virtude da quantidade de animais transmissores de doenças, como ratos, por exemplo, que neles encontram alimento, e pela possibilidade de contaminação do solo e do lençol freático com produtos da própria decomposição do lixo.

> **A céu aberto:** exposto ao ar livre; descoberto.

KOMKRIT MUANGCHAN/PANTHERMEDIA/KEYDISC

Os lixões são depósitos de lixo em que não há qualquer tipo de preparo do solo ou de tratamento dos resíduos.

Aterro sanitário

Aterro sanitário é um dos locais para onde é enviado o lixo produzido nas cidades. Ao se construir um aterro sanitário, primeiro é preciso revestir o solo com um material impermeabilizante (plástico, concreto, argila). A impermeabilização evita que substâncias tóxicas existentes nos líquidos resultantes da decomposição do lixo penetrem no solo. Do contrário, sem impermeabilização, tais substâncias contaminariam o solo, podendo atingir a água contida no *lençol freático* subterrâneo. Após esse cuidado inicial, o lixo é então depositado até atingir uma camada de cerca de 2 metros de altura. Depois, com um trator dotado de um rolo compressor contendo dentes de aço, compacta-se o lixo e cobre-se com entulho ou areia. A seguir, nova camada de lixo e, depois, nova compressão e nova camada de entulho ou areia.

A área do aterro deve conter, no seu entorno, vegetação que absorva o gás carbônico resultante da decomposição da matéria orgânica do lixo. Com o tempo, após alguns anos de uso, o aterro deixa de ser utilizado devido ao esgotamento da capacidade de receber mais lixo. É coberto com terra e fechado. A área pode servir para o plantio de árvores que formarão uma mata. O aterro sanitário é considerado o método mais barato de tratamento do lixo.

Metano: gás resultante da decomposição do lixo

Nos aterros sanitários instalam-se tubos enterrados verticalmente, como chaminés no solo, cuja função é deixar sair os gases resultantes da decomposição da matéria orgânica, entre eles o gás carbônico e o metano. O gás carbônico pode ser utilizado na fotossíntese realizada por algas e vegetais. Inflamável quando em contato com o ar, o metano é um gás que não tem cheiro e contribui para acentuar o aquecimento global. Pode ser utilizado como fonte de energia, que pode ser transformada inclusive em energia elétrica.

Vista aérea do aterro sanitário de Caieiras, SP (fev. 2013). Observe como o aterro é revestido para evitar contaminação do solo. Os caminhões e tratores compactam o lixo e jogam areia sobre ele.

DELFIM MARTINS/PULSAR IMAGENS

DE OLHO NO PLANETA

Sustentabilidade

Aterros sanitários e mecanismo de desenvolvimento limpo

Preocupados com o meio ambiente e o aquecimento global, há muitos anos representantes de diversos países têm se reunido a fim de encontrar alternativas para o desenvolvimento sustentável, ou seja, para que possamos continuar a usufruir dos bens do nosso planeta, porém sem causar prejuízos para ele e para a sobrevivência das espécies que nele vivem. Vários documentos foram preparados a partir dessas reuniões a fim de auxiliar os países a atingir os objetivos a que todos se propuseram e um desses documentos ficou conhecido como **MDL**, sigla de **M**ecanismo de **D**esenvolvimento **L**impo. Uma das principais propostas do MDL é implantar nos países em desenvolvimento mecanismos que contribuam para o desenvolvimento sustentável e também para diminuir a emissão de gases de efeito estufa, principalmente a emissão de gás carbônico.

Na cidade de Perus, Estado de São Paulo, temos um dos exemplos mais bem-sucedidos de projetos de MDL em nosso país: trata-se da captação do gás metano produzido no Aterro Sanitário Bandeirantes, localizado em Perus, no Estado de São Paulo.

O gás metano (biogás) que é gerado no aterro Bandeirantes é tratado em uma usina termelétrica, onde é transformado em energia elétrica suficiente para abastecer uma cidade de 400.000 habitantes.

Chorume: uso como fertilizante

Chorume é o líquido de coloração variada e de mau cheiro resultante da decomposição do lixo orgânico. Ele é rico em substâncias químicas minerais, algumas delas tóxicas e que, ao atingirem as profundezas do solo, podem comprometer a qualidade das águas subterrâneas ao contaminá-las. Por esse motivo, é fundamental impermeabilizar o solo do aterro sanitário, coletar o chorume e encaminhá-lo para local apropriado. Depois de seco e convenientemente tratado, removendo-se as substâncias tóxicas, os nutrientes minerais do chorume podem até ser aproveitados como fertilizantes na agricultura.

Tratamento de chorume no Aterro Sanitário Bandeirantes, Perus, SP.

SOFIA COLOMBINI

Jogo rápido

No processamento da cana feito nas usinas de açúcar e destilarias de álcool, resulta um resíduo líquido, o vinhoto (também chamado de vinhaça, restilo ou calda de destilaria), rico em substâncias orgânicas e minerais (entre eles fósforo, nitrogênio e potássio). Por muito tempo, o vinhoto era lançado diretamente no solo ou em um rio, poluindo-os. Percebeu-se, porém, que se for convenientemente tratado, o vinhoto pode ser utilizado como fertilizante agrícola. Em vista destas informações, justifique por que dizemos que, após ser convenientemente tratado, removendo-se substâncias indesejáveis, o vinhoto, do mesmo modo que ocorre com o chorume produzido nos aterros sanitários, pode ser utilizado como eficiente fertilizante agrícola.

Compostagem

Compostagem é o processo natural em que microrganismos (bactérias e fungos) atuam em restos orgânicos e efetuam a sua decomposição, originando o **composto**, rico em nutrientes minerais e orgânicos finamente fragmentados.

Restos de vegetação (folhas, galhos, cascas de árvores), estercos e o lixo doméstico contendo restos de alimentos de origem vegetal podem ser submetidos a esse processo nas chamadas *usinas de compostagem* existentes nas grandes cidades. Claro que materiais impróprios, não biodegradáveis, como plásticos, vidros e latas, devem ser retirados antes do procedimento. Os materiais adequados são, então, moídos em máquinas apropriadas e, ao fim do processo de decomposição pelos microrganismos, o produto (o composto) pode ser utilizado como adubo.

Composto secando em usina de compostagem.

ERIC KROUSE/PANTHERMEDIA/KEYDISC

Fique por dentro!

O lixo hospitalar é constituído por seringas, agulhas, luvas descartáveis, frascos plásticos, gaze, algodão, fraldas, medicamentos com prazo de validade vencido, filmes de raio X etc. Ele deve obrigatoriamente ser incinerado, pois está contaminado por microrganismos causadores de doenças.

Incineração

A **incineração** é a queima de diversos tipos de lixo, principalmente o hospitalar. Ela é realizada em fornos especiais ou usinas de incineração.

O lixo contém substâncias poluentes e microrganismos causadores de doenças. Ao incinerá-lo evita-se a poluição do solo e das águas, preservando o ambiente. No processo de incineração, gases tóxicos são liberados pelas chaminés. A solução para este problema é a instalação de filtros que retêm esses gases.

A incineração reduz o volume de lixo, pois as cinzas ocupam um espaço bem menor que os resíduos não incinerados. As cinzas são encaminhadas aos aterros sanitários.

EM CONJUNTO COM A TURMA!

Organize um grupo de discussão com os seus colegas a respeito do seguinte tema: "Na natureza, todos os restos orgânicos dos seres vivos acabam sendo decompostos pelos microrganismos, e os nutrientes minerais que deles faziam parte retornam para o meio, participando de um ciclo de materiais que é essencial para a manutenção da vida na biosfera terrestre. Há, portanto, um caminho de mão dupla: nutrientes minerais são utilizados pelos seres vivos para a construção de seus corpos e, por meio da decomposição dos restos orgânicos, os nutrientes minerais retornam para o solo. No entanto, ao depositar o lixo doméstico contendo restos orgânicos recicláveis em aterros sanitários, o homem, de certo modo, quebra o ciclo natural de materiais, prejudicando a reutilização natural dos nutrientes minerais por outros seres vivos. Ou seja, há um caminho de mão única, do campo, onde são produzidos os alimentos, para as cidades, que não devolvem os nutrientes minerais para os solos agrícolas".

Que soluções o grupo propõe para resolver o impacto causado por essa quebra do ciclo natural dos nutrientes minerais?

Reciclagem

Boa parte do lixo que geramos contém produtos que, depois de tratados, podem ser utilizados novamente, ou seja, podem ser reciclados. Assim, reciclagem nada mais é do que o reaproveitamento de materiais que já foram usados uma vez para, a partir deles, preparar novos produtos. Mas por que reciclar?

Símbolo internacional de reciclagem.

É preciso que o cidadão seja responsável pela conservação dos recursos do planeta, e isto está diretamente ligado aos resíduos que gera. Assim, ao reciclar resíduos, como papel, vidro, plástico, alumínio, óleo, por exemplo, isso faz com que esses produtos voltem novamente para a cadeia produtiva, diminuindo o consumo de recursos naturais e minimizando o impacto ambiental causado pelo lixo em demasia.

Na reciclagem, por exemplo, latinhas de alumínio são fundidas e o alumínio obtido é utilizado para a produção de novas latinhas ou outros materiais contendo esse material em sua composição; o papel usado pode ser reciclado e entrar como um dos compostos para a produção de uma nova qualidade de papel; o vidro triturado torna-se novamente matéria-prima para as indústrias; o óleo de cozinha usado para frituras pode ser reciclado e entrar na produção de sabões.

Cadeia produtiva: um conjunto de etapas sucessivas, que transformam uma ou mais matérias-primas em um produto acabado.

Descubra você mesmo!

Reciclar é o mesmo que reutilizar?

ESTABELECENDO CONEXÕES

Coleta seletiva e reciclagem: incentive essas ideias

Facilitar o tratamento do lixo por meio da coleta seletiva é uma atividade que cada vez ganha mais adeptos no Brasil. O lixo biodegradável é recolhido por caminhões que passam pelas ruas das cidades e o encaminham aos aterros sanitários. O lixo não biodegradável é colocado à parte e recolhido por caminhões específicos, que passam semanalmente pelas residências ou, então, é depositado pelas próprias pessoas em postos de coleta distribuídos em vários pontos das cidades. Recipientes ou tambores de cores diferentes indicam o tipo de material que cada um deverá receber. É recomendável limpar e lavar garrafas e latinhas antes de colocá-las no lixo, evitando, assim, a proliferação de animais ou microrganismos nocivos.

Nas estações de tratamento de lixo, os diversos materiais são separados e encaminhados para as usinas de reciclagem.

O descarte de pilhas e baterias usadas deve ser feito sempre por meio de locais de coleta específicos para esse fim e nunca devem ser colocados no lixo doméstico, pois se esses produtos forem amassados podem vazar substâncias tóxicas que estão presentes em seu interior. Como essas substâncias não são biodegradáveis, elas podem contaminar o solo.

Separar o lixo para reciclagem pode – e deve! – ser feito por todos. Afinal, por mais óbvio que possa parecer, é dos recursos deste planeta que produzimos tudo o que está à nossa volta – e esses recursos, se não cuidados, se não poupados, poderão se esgotar.

As lixeiras para coleta seletiva de lixo são identificadas por cores. No Brasil, as de cor azul recebem papel e papelão; as de cor vermelha, plástico; as de cor verde, vidro; e as de cor amarela, metal.

PHALAKON JAISANGAT/PANTHERMEDIA/KEYDISC

RUSS WITHERINGTON/PANTHERMEDIA/KEYDISC

IVAN MONTERO/PANTHERMEDIA/KEYDISC

Pilhas e quaisquer tipos de bateria, inclusive as de celular e de automóvel, não devem ser colocadas com o lixo doméstico, mas levadas para descarte em local de coleta desses produtos.

Reciclar não diz respeito apenas a produtos de tamanho reduzido – reciclar independe de tamanho. O ferro de veículos fora de uso, por exemplo, pode ser reciclado e entrar como matéria-prima para a fabricação de peças em aço inoxidável.

ENTRANDO EM AÇÃO!

Vamos aproveitar parte do lixo orgânico de nossa casa para preparar adubo por meio do processo de compostagem. Para isso, separe cascas e sobras de vegetais, legumes e frutas, que normalmente seriam colocadas no lixo, evitando utilizar sobras de carnes e de peixes, apenas para que o processo se desenvolva mais rapidamente. Também podem ser acrescentados restos de grama, folhas caídas de árvores e flores, independentes se murchas ou não.

Para a formação do composto, pegue um recipiente transparente para que você possa acompanhar todo o processo. Vamos à montagem:

- coloque um saco plástico grande dentro do recipiente transparente e, dentro desse saco, deposite um punhado de terra que será a base de nosso composto;

- sobre essa primeira camada de terra, disponha parte dos restos orgânicos que você separou;

- continue o processo intercalando uma camada de terra com uma camada de restos orgânicos, deixando espaço suficiente para fechar o saco plástico com uma presilha;

- faça alguns furos no saco plástico a fim de que o ar penetre na preparação.

Uma vez por semana, revire todo o conjunto (terra + restos orgânicos) com uma pá a fim de que a mistura seja arejada; nessa ocasião, acrescente um pouco de água ao solo se a mistura estiver muito seca.

A montagem não deve ter cheiro nem atrair qualquer tipo de inseto. Se isso estiver acontecendo, você deve revirar a mistura mais frequentemente.

Ao final de 90 dias, o processo de compostagem deve ter sido completado. Para saber se o produto está pronto para ser usado, coloque dois dedos do composto em um copo e complete com água e uma colher (de café) de amoníaco. Misture tudo e deixe descansar. Se a cor do líquido for preta e a maior parte do material estiver em suspensão no líquido, o composto está pronto para ser usado como adubo em suas plantas. Caso contrário, é preciso continuar com o processo de compostagem, pois só assim o adubo poderá ser empregado sem prejuízo para as plantas.

Lembre-se!

O amoníaco é um produto tóxico. **Não deve ser inalado**.

MARINA LOHRBACH/PANTHERMEDIA/KEYDISC

Nosso desafio

Para preencher os quadrinhos de 1 a 8 você deve utilizar as seguintes palavras: aterros sanitários, coleta seletiva, hospitalares, incineração, materiais biodegradáveis, não recicláveis, reciclagem ou descarte, resíduos.

À medida que você preencher os quadrinhos, risque a palavra que escolheu para não usá-la novamente

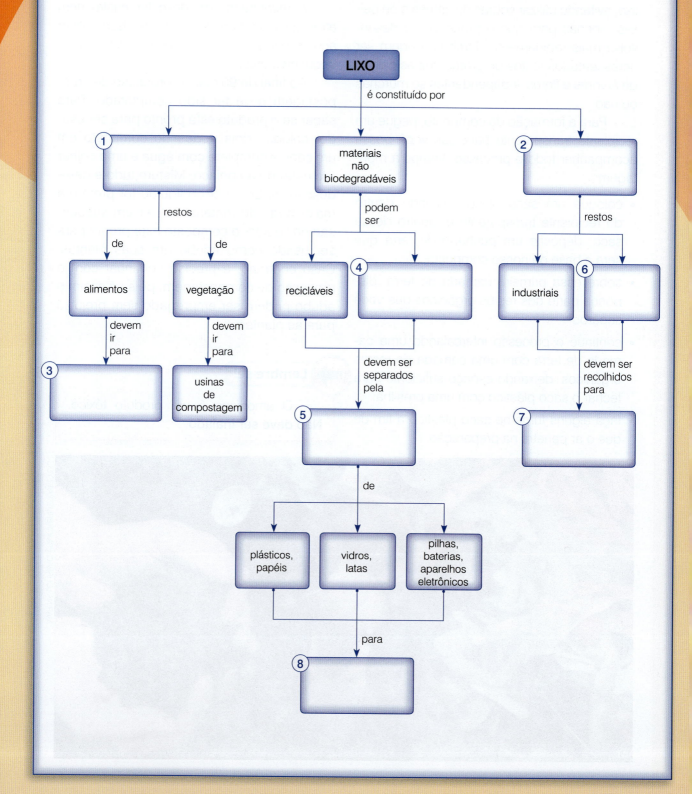

Atividades

1. Considere a seguinte relação de materiais:

pedaço de pão
latinha de refrigerante
recipiente de plástico comum
folha de alface
pedaço de madeira
folha de papel

teclado de computador
bateria de telefone celular
barra de ferro
barra de chocolate
pedaço de lasanha
copo de vidro

pedaço de queijo
fio elétrico
tampa de refrigerante PET
semente de feijão
monitor de computador
abacate

Utilizando os seus conhecimentos sobre o assunto, responda aos itens abaixo.

a. Que denominação é dada aos compostos orgânicos que podem ser degradados por organismos vivos e aos que não podem ser decompostos por seres vivos, respectivamente?

b. Faça uma tabela contendo duas colunas, acrescentando em uma delas os materiais que podem ser decompostos por seres vivos e, na outra, os que não são decompostos por esses seres.

2. Leia o texto a seguir: "Todo lixo gerado pela população deveria ser coletado, armazenado e processado de forma adequada. Ao jogar lixo nas ruas, lixões, córregos e rios, os resíduos dele decorrentes penetram no solo e são carregados pela água das chuvas, contaminando o lençol freático. Além disso, o lixo jogado em local inadequado também pode agravar o problema das enchentes, gerar doenças, atrair insetos e outros animais que comprometem a saúde humana".

Fonte: FUNDESPA (Fundação de Estudos e Pesquisas Aquáticas) – Programa de Ações de Cidadania – Transpetro – Terminal Aquaviário de São Sebastião, 2008, p. 108.

a. Tendo como base as informações contidas no texto, reconheça e reescreva no seu caderno os trechos que se referem às consequências de se jogar o lixo em locais inadequados.

b. O texto deixa claro que o lixo gerado pela população não deve ser jogado em local inadequado. Cite o local mais adequado para receber lixo biodegradável produzido pela população.

A ilustração a seguir é um esquema de aterro sanitário. Baseando-se no esquema e utilizando os seus conhecimentos sobre o assunto, responda às questões 3, 4 e 5.

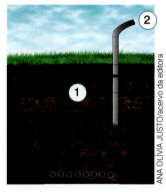

ANA OLÍVIA JUSTO/acervo da editora

3. a. Cite os papéis desempenhados pela camada 1 e pelo tubo 2, desenhados no esquema.

b. O lixo domiciliar, ou seja, aquele produzido pela população em suas residências é constituído de diversos tipos de materiais: restos de alimentos e guardanapos de papel, sacos plásticos, recipientes PET, latinhas de alumínio e caixas de papelão. Dos materiais citados, recomenda-se que sejam depositados em um aterro sanitário os restos de alimentos e os guardanapos. Explique, em poucas palavras, a razão desse procedimento.

4. Sacos plásticos, recipientes PET, latinhas de alumínio e caixas de papelão, bem como pilhas, baterias, teclados e monitores de computador, recipientes de isopor e inúmeros outros materiais industrializados, não devem ser encaminhados a aterros sanitários. Em vista disso, responda:

a. Qual deve ser o destino dos seguintes materiais: sacos plásticos, recipientes PET, latinhas de alumínio e caixas de papelão?

b. Como proceder no caso dos demais materiais citados?

5. O lixo hospitalar é constituído de agulhas, seringas, gazes, algodões, luvas descartáveis, remédios com prazos de validade vencidos, filmes fotográficos de raios X, entre outros, que não devem ser depositados em aterros sanitários. Por outro lado, restos de vegetação, como galhos, folhas, raízes e outros materiais orgânicos merecem um destino diferente. Em vista dessas informações, responda:

a. Para onde deve ser encaminhado o lixo hospitalar? Justifique a sua resposta, citando a principal vantagem desse procedimento.

b. O que deve ser feito com os restos de vegetação e outros materiais orgânicos, no sentido de reaproveitar os nutrientes minerais neles existentes?

6. A foto A, à esquerda, mostra uma das mais bem-sucedidas atitudes das sociedades modernas, ou seja, o correto procedimento na coleta do lixo produzido nas cidades. O esquema B ilustra o princípio dos "três erres", que simboliza a necessidade de conscientizar a população de que deve adotar medidas concretas para resolver o problema do lixo: **r**eduzir a produção de resíduos e consumir com moderação, **r**eutilizar os materiais e **r**eciclar, sempre que possível. Com relação a este assunto, responda:

LUCA DE POLO/PANTHERMEDIA/KEYDISC

(A)

(B)

PANTHERMEDIA/KEYDISC

a. Qual é a principal mensagem da foto representada em A?

b. Com relação ao esquema dos "três erres", sugira um exemplo, com algum tipo de material que você conheça, de que é possível concretizar o que o símbolo sugere.

7. Segundo algumas estimativas, consomem-se anualmente cerca de 500 bilhões a um trilhão de sacos plásticos ao redor do mundo (National Geographic, 02/09/2003). O plástico, embora represente um conforto em termos de embalagem, acarreta um grave problema ambiental que precisa ser resolvido. Com relação ao texto acima e utilizando os seus conhecimentos sobre o assunto, responda:

a. Por que os plásticos atualmente utilizados, em sua grande maioria representam um grave problema ambiental?

b. Sugira algumas soluções que resolvam o problema representado pela maioria dos plásticos atualmente utilizados.

O gráfico abaixo, em forma de pizza, relaciona as porcentagens de resíduos sólidos produzidos em uma grande cidade hipotética. Utilize-o para elaborar as respostas das questões **8** e **9**.

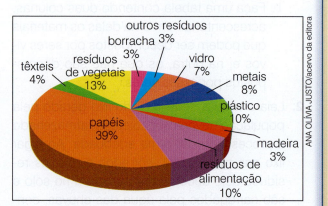

ANA OLÍVIA JUSTO/acervo da editora

8. a. Cite dois materiais que se destinam a centros de reciclagem ou que possam ser reutilizados.

b. Quais dos resíduos devem ser destinados a um aterro sanitário?

c. Que materiais podem servir para a elaboração de um composto orgânico usado como adubo?

9. a. Qual a porcentagem final de resíduos que se destinariam a um possível processo de produção de composto que poderá ser utilizado para finalidades agrícolas?

b. Em termos porcentuais, quais dos resíduos são mais abundantes, os biodegradáveis ou os não biodegradáveis. Justifique sua resposta com os cálculos correspondentes.

10. O esquema a seguir simboliza e resume tudo o que abordamos neste capítulo. A partir de sua observação e análise, responda:

MUDE DE ATITUDE: NÃO JOGUE TUDO FORA.
RECICLE!

a. Qual a mensagem contida nessa ilustração?

b. Interprete a frase que acompanha o esquema: "Mude de atitude: não jogue tudo fora. Recicle!".

Navegando na net

As ações sobre coleta seletiva são divulgadas, geralmente, pelos sites das prefeituras. Visite o site da prefeitura de sua cidade para saber os dias em que os caminhões de coleta seletiva passam pela rua em que você mora. Além disso, o endereço eletrônico

<http://www.mpsp.mp.br/portal/page/portal/Cartilhas/coleta_seletiva.pdf>

apresenta uma cartilha com orientações sobre o processo de separação dos resíduos recicláveis (*acesso em:* 8 jul. 2015).

Solo e parasitoses humanas

capítulo 18

Por que ficamos doentes?

Ninguém quer ficar doente, porém, durante algumas fases da vida, todas as pessoas já apresentaram pelo menos algum tipo de doença. Você se lembra da sua última dor de garganta ou da última gripe? Estas, por exemplo, são doenças muito frequentes em seres humanos. Mas, afinal, por que ficamos doentes?

Todos nós temos uma proteção natural contra diversas doenças, o que chamamos de resistência do organismo. Essa proteção natural é garantida por um complexo conjunto de órgãos, tecidos e células de defesa que formam o que chamamos de sistema imunológico. O problema é que o homem convive com situações nas quais estão presentes fatores capazes de vencer essa resistência. O resultado é o desenvolvimento de alguma doença.

Neste capítulo, você verá que o solo pode abrigar fatores de agressão, representados, por exemplo, por muitos seres vivos capazes de vencer a nossa resistência natural e causar doenças que podem atingir vários órgãos do corpo humano.

Parasitismo: um conceito importante

Antes de começar o estudo das doenças que podem estar associadas à contaminação do solo, é importante que você relembre o que é parasitismo.

Parasitismo é uma interação entre seres vivos, em que um deles, o *hospedeiro*, é prejudicado, e o outro, o *parasita*, é favorecido. Vamos ver um exemplo? Imagine que uma pessoa tenha lombrigas. Neste caso, os dois tipos de seres vivos que interagem são o homem, que é o hospedeiro, e as lombrigas, os parasitas que vivem no intestino humano. Nesta interação, o homem é o prejudicado, uma vez que o parasita consome grande quantidade dos nutrientes (proteínas, açúcares, vitaminas etc.) que obtemos pela digestão dos nossos alimentos, além de causar, quando em grande quantidade, alterações comportamentais e obstrução intestinal.

Solo contaminado, perigo ao nosso lado!

Em regiões onde não existe saneamento básico, as fezes humanas depositadas diretamente no solo podem contaminar o ambiente com ovos de vermes e formas resistentes de bactérias e protozoários, causadores de doenças humanas. Porcos, bovinos e equinos criados em condições inadequadas aumentam os riscos de propagação de doenças para o homem, como você verá a seguir.

Ascaridíase

A **ascaridíase** é a doença causada pelo *Ascaris lumbricoides*, verme popularmente conhecido por lombriga. Este verme tem o corpo cilíndrico e mede de 20 a 30 cm de comprimento e 0,5 cm de diâmetro.

MARCEL JANCOVIC/SHUTTERSTOCK

A lombriga é encontrada em quase todos os países do mundo e parasita em torno de 30% da população mundial.

Jogo rápido

Estima-se que uma lombriga fêmea adulta possa eliminar até 200.000 ovos por dia. Você saberia dizer qual a vantagem de tamanha capacidade reprodutiva?

É SEMPRE BOM SABER MAIS!

Afinal, o que é um verme?

Na crença popular, vermes são aqueles "bichinhos" encontrados em cadáveres e que, na verdade, são larvas de insetos (moscas, besouros) que se alimentam do material em decomposição. Para os biólogos, os vermes compreendem um grande grupo de animais, tanto de vida livre (não parasitas) nos solos, águas doces e oceanos, quanto parasitas de corpo alongado, fino e sem patas.

Lembre-se das minhocas, que são vermes de grande importância econômica, pois melhoram a fertilidade do solo.

Numerosas espécies de vermes parasitam outros animais ou vegetais.

As doenças causadas por vermes são chamadas verminoses, como a ascaridíase, por exemplo.

Ciclo da ascaridíase

1. As lombrigas adultas, machos e fêmeas, vivem no intestino do homem, seu único hospedeiro.
2. Milhares de ovos microscópicos são eliminados com as fezes do indivíduo contaminado e, em situações inadequadas, podem atingir o solo e contaminá-lo.
3. Verduras e frutas podem ficar contaminadas pelos ovos presentes nas fezes ou se regadas com água contaminada de riachos, córregos, poços, lagoas, entre outras.
4. O ser humano adquire o parasita por meio de água ou de alimentos contaminados com os ovos, principalmente frutas e verduras mal lavadas.

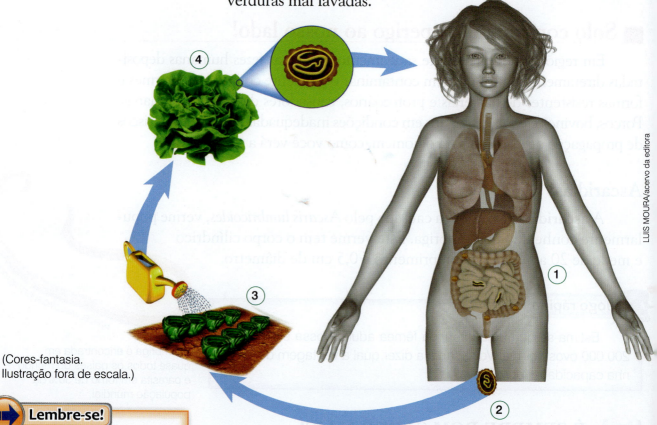

(Cores-fantasia. Ilustração fora de escala.)

LUIS MOURA/acervo da editora

Diagnóstico, tratamento e prevenção

O parasitismo por áscaris pode ser evidenciado pelo exame de fezes para verificar a presença de ovos. Os vermes adultos também podem ser descobertos ao serem eliminados espontaneamente pelas fezes.

O tratamento é feito com medicamentos que eliminam os vermes, os vermífugos ou anti-helmínticos (*helminto* = verme).

Para interromper o ciclo da doença, é fundamental evitar que os ovos contendo os embriões da lombriga contaminem o solo. Assim, medidas podem ser tomadas para prevenir a ocorrência da ascaridíase:

- utilização de instalações sanitárias, construção de redes de esgoto e de água tratada;
- lavar as mãos antes das refeições e do preparo de alimentos, e após a defecação;
- lavar bem os alimentos, especialmente verduras e frutas;
- combater moscas e baratas, veiculadoras dos ovos de áscaris em suas patas.

Ancilostomíase (amarelão)

A **ancilostomíase** ou **ancilostomose** é causada pelos vermes *Necator americanus* (necátor) e *Ancylostoma duodenale* (ancilóstomo), que medem em torno de 1 cm de comprimento, portanto, muito menores que as lombrigas.

Os vermes adultos fixam-se à parede do intestino delgado por meio da boca, na qual existem placas cortantes ou pequenas projeções em forma de dentes.

Detalhe da parte anterior do ancilóstomo, em que se pode ver os dentículos. Imagem ampliada 170 vezes.

DAVID SCHARF/
SCIENCE PHOTO LIBRARY/LATINSTOCK

Ciclo da ancilostomíase

1. As fêmeas de necátor produzem ovos que são eliminados com as fezes para o solo, contaminado-o.

2. No solo arenoso, úmido e sombrio, os ovos passam por diversas modificações até se transformarem em larvas que aí vivem livremente.

3. Se um indivíduo andar descalço em um solo contaminado, as larvas poderão penetrar ativamente através da pele, chegando à circulação sanguínea.

4. Depois de passarem por uma série de etapas, as larvas chegam ao intestino delgado, onde se transformam em vermes adultos, reiniciando o ciclo.

(Cores-fantasia. Ilustração fora de escala.)

Larvas: fases jovens do desenvolvimento de certos animais, diferentes da fase adulta. Exemplos: girinos (larvas de sapos), lagartas (larvas de borboletas).

LUIS MOURA/acervo da editora

É SEMPRE BOM SABER MAIS!

A ação poderosa das placas ou dentículos cortantes do verme pode provocar feridas graves na parede do intestino. Quando as lesões são numerosas, há perda de sangue e, portanto, de ferro, o que afeta a produção de glóbulos vermelhos, células do sangue responsáveis pelo transporte de oxigênio para todas as partes do nosso corpo. Nessas condições, o doente, especialmente aquele já debilitado por uma alimentação deficiente em ferro e proteínas, enfraquece ainda mais, fica pálido, anêmico. Por esse motivo a doença é conhecida por amarelão, já que a pele fica amarelada.

As lesões intestinais podem produzir diarreias, dores abdominais, perda de apetite e vômitos.

Diagnóstico, tratamento e prevenção

Assim como na ascaridíase, o exame de fezes pode revelar a presença de ovos dos vermes.

O tratamento da ancilostomíase consiste em eliminar o parasita do intestino por meio de vermífugos e recuperar o paciente do quadro de anemia. Para o tratamento da anemia, recomendam-se medicamentos contendo ferro, além de uma alimentação que inclua fígado, carnes, ovos, feijão e soja, ricos em ferro e proteínas.

Também para o amarelão, o importante é interromper o ciclo de vida do parasita, evitando que as fezes humanas, que podem conter ovos do verme, contaminem o solo. Sendo assim, algumas medidas que evitam a ascaridíase servem para evitar o amarelão: uso de instalações sanitárias, coleta e tratamento de esgotos.

Além disso, como a infestação pelos vermes do amarelão ocorre através da pele, especialmente dos pés, vale ainda outra recomendação: não andar descalço em solos que podem estar contaminados com larvas do verme.

Fique por dentro!

Um fato curioso chama a atenção nas crianças afetadas por amarelão. Frequentemente elas têm o desejo de comer terra ou pedaços e tijolo. Esse fato parece estar ligado à necessidade de suprir a deficiência de ferro causada pela doença.

DE OLHO NO PLANETA

Ética & Cidadania

Monteiro Lobato (1882-1948), em 1914, criou o personagem Jeca Tatu, um indivíduo aparentemente preguiçoso, apático, sem vontade de melhorar de vida, que morava no campo, em uma casinha de sapé.

Ele era uma pessoa doente, que tinha contraído ancilostomíase (amarelão), uma vez que no meio rural, onde vivia, não havia rede de esgoto e de água tratada, nenhuma educação sanitária e os indivíduos não usavam calçados.

Por ter contraído o amarelão, o Jeca Tatu apresentava um quadro de anemia e fraqueza, sem disposição para o trabalho. Foi justamente por isso que Monteiro Lobato escreveu uma frase que se tornou famosa e que explica o estado desse caboclo: "O Jeca não é assim: está assim". Com isso, o escritor mostrou à sociedade que o Jeca não era indolente por vontade própria, mas pelos problemas de saúde que o afetavam. Esse quadro do trabalhador rural, no Brasil, só poderia ser mudado a partir da adoção de políticas públicas de saúde.

Em vista disso, Monteiro Lobato passou a participar de muitas campanhas públicas para prevenir essa e outras doenças comuns no Brasil, como a doença de Chagas e a esquistossomose.

> **Indolente:** que age com lentidão, vagaroso, preguiçoso.

➤ O engajamento de Monteiro Lobato na melhoria das condições sanitárias do brasileiro e as campanhas de que participou fizeram com que o governo desse maior atenção à Saúde Pública. E você: o que poderia fazer para ajudar a melhorar a saúde ou as condições sanitárias das pessoas que lhe são próximas?

Teníase e cisticercose

A teníase é uma doença causada pela presença, no intestino humano, da fase adulta dos vermes *Taenia solium* (tênia do porco) ou *Taenia saginata* (tênia do boi), popularmente conhecidos como "solitárias". A tênia (do grego, *tainia* = faixa ou fita) é um verme achatado em forma de fita, medindo alguns metros de comprimento.

O corpo da tênia é formado por uma cabeça muito pequena, arredondada, com 1 mm de diâmetro. Nela existem estruturas (ventosas, ganchos) que prendem o verme à parede do intestino. O resto do corpo é formado por um número muito grande de anéis, chamados de **proglotes**.

Ciclo da teníase (*Taenia solium*)

1. Os anéis soltam-se do corpo da tênia que se encontra no intestino do hospedeiro e são eliminados para o exterior com as fezes, se rompem e liberam ovos microscópicos que contaminam solo, lixo, verduras e frutas.
2. Porcos criados fora dos chiqueiros ingerem os ovos embrionados nos detritos e dejetos encontrados no lixo e esgotos a céu aberto.
3. No intestino dos suínos os embriões são liberados, invadem a corrente sanguínea, indo fixar-se principalmente em músculos, sistema nervoso e pele. Nesses locais, os embriões transformam-se em larvas macroscópicas (aproximadamente 1 cm de diâmetro) chamadas **cisticercos**, popularmente conhecidas por "canjiquinhas", por causa do seu aspecto (esféricas e esbranquiçadas). No interior dessas pequenas bolsas esféricas já existe a cabeça (1 mm) da futura tênia.

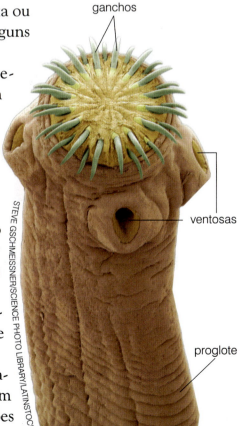

ganchos

ventosas

proglote

STEVE GSCHMEISSNER/SCIENCE PHOTO LIBRARY/LATINSTOCK

Cabeça de solitária (*Taenia solium*) em que se veem as ventosas e os ganchos que auxiliam o verme a se fixar no hospedeiro. (Imagem ampliada 35 vezes. Colorida artificialmente.)

4. Caso o homem coma carne de porco contaminada, mal cozida ou não congelada, o cisticerco abre-se no intestino delgado, a pequena cabeça fixa-se à parede desse órgão e inicia a formação de proglotes. Depois de um período de três meses, a tênia torna-se adulta, fechando o ciclo.

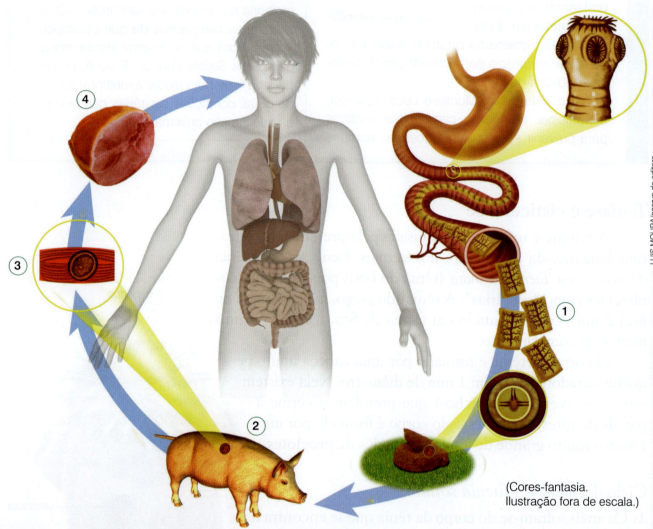

(Cores-fantasia. Ilustração fora de escala.)

LUIS MOURA/acervo da editora

É SEMPRE BOM SABER MAIS!

E se o homem "ocupar o lugar" do porco no ciclo?

No ciclo de vida da *Taenia solium*, vimos que o porco se contamina ingerindo os ovos do verme, eliminados nas fezes humanas. Ocorre, porém, que o homem também pode ingerir esses ovos embrionados em verduras mal lavadas ou por meio das mãos contaminadas pelas próprias fezes. Nesse caso, os embriões transformam-se em cisticercos na musculatura, no sistema nervoso, na pele e nos olhos dos seres humanos causando uma doença chamada **cisticercose**.

A cisticercose é uma doença muito grave quando os cisticercos se instalam no sistema nervoso (**neurocisticercose**), pois o indivíduo acometido pode apresentar fortes dores de cabeça, convulsões, desmaios, problemas de visão (inclusive cegueira), paralisias e até loucura.

A **neurocisticercose** é a mais frequente infecção parasitária do sistema nervoso no mundo inteiro, especialmente em países onde o consumo de carne suína é elevado.

Diagnóstico, tratamento e prevenção

Os sintomas da teníase são variados e confundem-se com os de outras doenças: cólicas, "dor de fome", diarreia, náuseas, fraqueza, desmaios, irritabilidade etc. Diante de tal variedade de sintomas é necessário o exame de fezes, que pode revelar a presença de proglotes ou ovos da tênia. Nos casos de suspeita de neurocisticercose, que é uma doença mais grave, são necessários exames de imagens (tomografia, ressonância magnética) que detectem a presença dos cisticercos no sistema nervoso (cérebro, medula espinhal, nervo óptico).

O tratamento da teníase pode ser feito com medicamentos específicos conhecidos como vermífugos ou anti-helmínticos. Já o tratamento da cisticercose exige internação hospitalar e pode ser feito por meio de remoção cirúrgica dos cisticercos ou por medicamentos que matem essas larvas.

Novamente, a prevenção dessas verminoses é feita, em princípio, evitando-se a contaminação do solo por ovos da tênia. Sendo assim, alguns procedimentos já considerados para a ascaridíase e para o amarelão valem para a teníase e para a neurocisticercose. Além disso, três outras medidas são importantes:

- inspeção dos matadouros, ou seja, controle sanitário das carnes que são vendidas nos supermercados e açougues;
- comer carne bovina e suína e seus derivados somente quando bem cozidos ou previamente congelados (−20 °C durante 12 horas);
- criação de suínos em chiqueiros bem fechados e bem cuidados para que esses animais não entrem em contato com dejetos (fezes) humanos.

Lembre-se!

Além da *Taenia solium*, outra espécie de tênia pode provocar teníase nos seres humanos; é a *Taenia saginata*. Enquanto as larvas (cisticercos) da *Taenia solium* utilizam o porco como hospedeiro, as da *Taenia saginata* utilizam o boi.

Tétano

O tétano é uma doença causada pela bactéria *Clostridium tetani*, que vive normalmente no intestino de animais, como bois e cavalos. Esta bactéria apresenta uma particularidade; pertence ao grupo das bactérias anaeróbias, isto é, não conseguem sobreviver na presença de oxigênio.

Quando bois e cavalos defecam, as bactérias são eliminadas para o solo na forma de **esporos**. Os esporos são formas de resistência às condições desfavoráveis do ambiente. Nessas condições, as bactérias se mantêm sem sinais aparentes de vida.

Uma vez no solo, os esporos podem contaminar as pessoas através de ferimentos profundos na pele provocados por objetos contaminados (pregos, vidros etc.).

Lembre-se!

Algumas bactérias sobrevivem apenas na presença de oxigênio, são as bactérias **aeróbias**. Outras morrem na presença de oxigênio e são chamadas de **anaeróbias**, como é o caso do *Clostridium tetani*.

Os esporos que entram no organismo, encontrando um ambiente sem oxigênio, saem do estado latente. As bactérias, então, voltam à atividade e passam a produzir as toxinas (substâncias tóxicas) que causam o tétano.

A toxina produzida pela bactéria causadora do tétano age principalmente no sistema nervoso central, provocando um estado de rigidez muscular por todo o corpo, e também nos músculos do pescoço e da face. Nos casos mais graves, os músculos respiratórios podem também ser atingidos, podendo levar o paciente à morte.

Diagnóstico, tratamento e prevenção

O diagnóstico do tétano é feito clinicamente por meio da observação dos sintomas de rigidez muscular.

O tratamento do tétano deve ser realizado sempre sob orientação médica e é feito com relaxantes musculares (medicamentos que diminuem a rigidez muscular) e com *soro antitetânico*. O soro contém substâncias (anticorpos) que combatem as toxinas bacterianas.

No caso do tétano, algumas medidas preventivas são:

- proteger as mãos (luvas) ao manipular a terra adubada com esterco de boi ou cavalos;
- sempre que ocorrer algum ferimento, mesmo que um simples corte superficial, deve ser realizada a limpeza da ferida com água e sabão, diminuindo as chances de entrada da bactéria causadora do tétano;
- aplicação da vacina antitetânica a cada 10 anos.

ESTABELECENDO CONEXÕES

Saúde

Vacinas são aplicadas para estimular antecipadamente o organismo a produzir anticorpos que combatem os microrganismos causadores de doenças, antes que essas doenças se manifestem em um indivíduo ou na população. Portanto, vacinas são preventivas. Caso os agentes causadores da doença (por exemplo, os microrganismos) venham a se instalar, nosso organismo já produziu os anticorpos para combatê-los.

Os *soros* têm ação mais imediata e devem ser aplicados quando há suspeita ou certeza de que os agentes causadores da doença já tenham se instalado no corpo e não há tempo suficiente para a produção dos anticorpos específicos. Por isso, os soros já contêm anticorpos que foram produzidos por outros animais (cavalos, por exemplo) inoculados com quantidades não letais dos agentes causadores das doenças, ou de toxinas por ele fabricadas.

Oxiuríase ou enterobiose

É causada pelo verme *Enterobius vermicularis*, o oxiúro, comum em crianças em idade escolar. É parecido com um fio de linha, branco, com não mais que um centímetro de comprimento.

As fêmeas desovam na região anal, provocando intensa coceira. Ao se coçarem e levarem as mãos à boca, as crianças favorecem a constante reinfestação.

Os ovos contaminam as roupas íntimas, pijamas e lençóis. Desse modo, é comum que as pessoas de uma mesma família, ou que compartilham um mesmo dormitório, passem a hospedar o parasita e devam tratar-se em conjunto, o que é feito por meio de vermífugos.

Toxoplasmose

É causada por um protozoário (organismo unicelular), o *Toxoplasma gondii*, geralmente eliminado pelas fezes de gatos.

Crianças que brincam em tanque de areia, parques ou *playgrounds* visitados por gatos podem contaminar-se via oral com cistos do protozoário. Os protozoários espalham-se praticamente por todo o corpo. Outros animais podem contaminar-se por esses cistos. Por isso, a contaminação também pode ocorrer ao consumir carnes cruas ou mal cozidas e leite não fervido.

A toxoplasmose é a doença transmitida por animais mais difundida no mundo. Na maioria dos casos essa doença não apresenta sintomas. Porém, pode causar lesões do sistema nervoso e até mesmo a morte, especialmente em pessoas com o sistema de defesa comprometido por outras doenças, como a AIDS, por exemplo. Em mulheres grávidas portadoras, a doença pode afetar seu feto.

> **Cistos:** formas de resistência de protozoários parasitas.

Para evitar a toxoplasmose, deve-se:

- evitar o consumo de carnes cruas ou mal cozidas e de leite não fervido;
- proteger tanques de areia frequentados pelas crianças;
- adotar cuidados especiais com gatos (manter a higiene, alimentá-los com ração etc.);
- promover exames em mulheres que pretendem engravidar ou que já estejam grávidas a fim de afastar a suspeita da doença.

O tratamento da toxoplasmose é feito com medicamentos recomendados apenas nos casos de gravidez ou de pessoas com as defesas comprometidas.

É SEMPRE BOM SABER MAIS!

Amebíase e giardíase

Algumas doenças que já estudamos, associadas à contaminação da água e, a partir daí, dos alimentos (verduras, frutas), também estão relacionadas à contaminação do solo. É o caso da amebíase e da giardíase, causadas por protozoários. Os cistos (forma de resistência) desses microrganismos são eliminados nas fezes humanas. Se essas fezes contaminarem o solo, os cistos podem ser levados às águas e, daí, para as verduras e frutas.

Nosso desafio

Para preencher os quadrinhos de 1 a 10 você deve utilizar as seguintes palavras: amarelão, ascaridíase, carne mal cozida, cisticercos, cisticercose humana, intestino, pele, suínos, teníase, tétano.

À medida que você preencher os quadrinhos, risque a palavra que escolheu para não usá-la novamente.

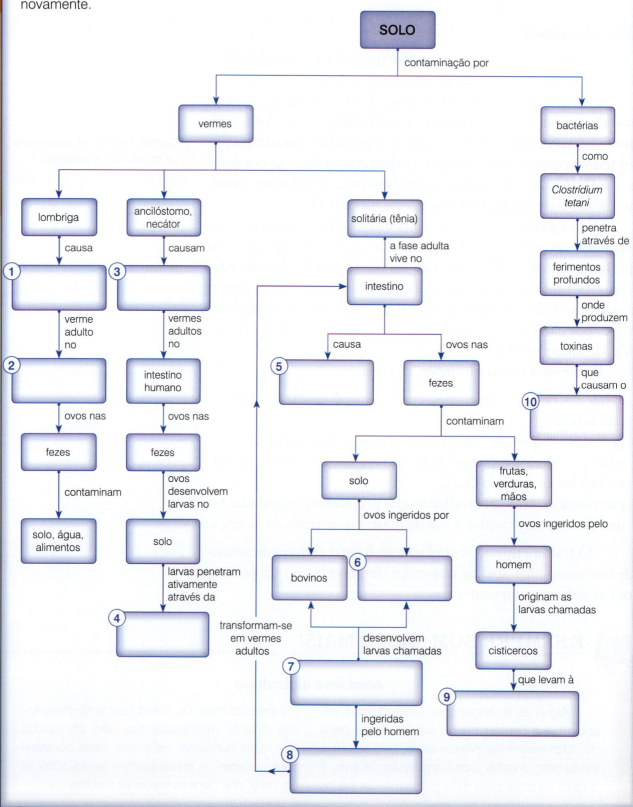

Atividades

1. Quando uma relação entre duas espécies de seres vivos é chamada parasitismo?

2. É correto dizer que andar calçado evita a doença provocada pelas lombrigas (ascaridíase)? Justifique sua resposta.

3. Pesquise no dicionário o significado da palavra vermífugo. Ela pode ser associada ao tratamento da ascaridíase ou do amarelão? Por quê?

4. Quais os meios de prevenção comuns a ascaridíase e ao amarelão? E quais são os específicos para cada uma dessas doenças?

5. Explique o papel do porco no ciclo da tênia (*Taenia solium*)?

6. Ao comer verduras contaminadas por ovos de tênia, o indivíduo poderá ter teníase ou neurocisticercose? Explique.

7. Neste capítulo, você estudou algumas doenças causadas por vermes. Alguns desses parasitas vivem às custas de um único hospedeiro para fechar seu ciclo de vida, outros necessitam de dois hospedeiros.

   a. Quais são os vermes que necessitam de apenas um e os que necessitam de dois hospedeiros em seu ciclo de vida?

   b. É vantajoso para o parasita usar apenas um em vez de dois hospedeiros para completar seu ciclo de vida?

8. Ascaridíase, giardíase e amebíase estão presentes nos grandes centros urbanos; o amarelão, em geral, não. Por quê?

9. A respeito do tétano, responda ao que se pede:

   a. Onde normalmente vivem as bactérias causadoras dessa doença?

   b. Quando as bactérias formam esporos?

   c. Como o homem adquire essas bactérias?

10. O notável escritor Monteiro Lobato, ao escrever a frase: "O Jeca não é assim; está assim", mostrou claramente que o enfraquecimento de nosso camponês deve-se à subnutrição e às verminoses.

    a. Qual o nome do parasita que inspirou Monteiro Lobato a citar a frase acima.

    b. Ainda em relação ao parasita do item anterior, explique a razão de o paciente tornar-se anêmico.

11. Dos parasitas que você conheceu neste capítulo, alguns são vermes, outros são protozoários e há os que pertencem ao grupo das bactérias.

    a. Cite as parasitoses causadas por seres vivos que pertencem a esses grupos, na ordem em que são relacionadas no texto da questão.

    b. Para qual dessas parasitoses é utilizado soro específico destinado a combater toxinas produzidas pelo parasita?

12. Relativamente às parasitoses que você conheceu ao ler este capítulo, cite qual o órgão humano mais frequentemente habitado pelos parasitas descritos e o nome das parasitoses que acometem esse órgão.

13. Ainda com relação às parasitoses que você conheceu ao ler este capítulo, responda:

    a. Para qual delas é utilizado o exame de fezes no diagnóstico da parasitose?

    b. Para qual delas deve ser utilizado o exame de imagem (tomografia, ressonância magnética)?

14. De maneira geral, a palavra *verme* causa certa repugnância nas pessoas que a ouvem, por lembrar doenças que as afetam. No entanto, nem sempre é assim. A esse respeito:

    a. Como convencer uma pessoa que nem sempre a palavra *verme* significa doença?

    b. Cite pelo menos um verme que pode ser benéfico em solos agrícolas.

Leitura

Você, desvendando a Ciência

E se a Terra não tivesse solo?

MUPH/SHUTTERSTOCK

Já pensou se nosso planeta não tivesse solo? Inúmeras atividades seriam impossíveis de realizar. Por exemplo, não seria possível cultivar plantas. A não ser que conseguíssemos cultivá-las de outro jeito. Por exemplo, na água. Hoje, isso já é possível por meio de cultivo hidropônico, mas não com qualquer espécie de planta.

O solo foi fundamental para o desenvolvimento da nossa espécie. Com ele, aprendemos a cultivar plantas de interesse alimentar, além de árvores cuja madeira o homem utiliza para uma infinidade de finalidades. Sem pensar neste momento sobre como o solo se formou no nosso planeta, é graças a ele que a vegetação que cultivamos retira a água e os nutrientes minerais indispensáveis para o seu bom desenvolvimento.

Outros seres vivos também se beneficiam da existência de solo. É o caso de bactérias e fungos decompositores, que ajudam a transformar a matéria orgânica em nutrientes que possam ser utilizados pela vegetação. Só para lembrar, foi do solo que os cientistas descobriram inúmeras espécies de bactérias e fungos produtores de antibióticos, substâncias úteis para o tratamento de inúmeras enfermidades. Minhocas, besouros e outros animais ao movimentarem os componentes do solo contribuem para a sua aeração, o que favorece também o desenvolvimento das raízes das plantas.

Você dirá: sim, mas o solo também abriga inúmeros outros seres, entre eles vermes, vírus e bactérias causadores de doenças. Sim, você tem razão, mas cabe a nós, seres humanos, saber evitar, por meio de medidas de saneamento básico, as doenças que esses seres poderiam nos causar.

Hortaliças sendo cultivadas pelo processo de hidroponia, em que o solo é substituído por uma solução nutritiva, adequada ao desenvolvimento das plantas.

?? Em sua opinião, qual o maior benfício que os seres vivos que habitam o solo nos proporcionam?

TecNews

O que há de mais moderno no mundo da Ciência!

Solos ácidos e calagem

Muitos solos brasileiros, principalmente os do Cerrado, são ácidos, o que requer uma correção da acidez e adubação adequada, antes de podermos efetuar o plantio.

Em solos cujo pH possui valores entre 5,0 e 5,5 fica prejudicada a absorção de macronutrientes essenciais para o bom desenvolvimento da vegetação cultivada. Assim, é preciso efetuar a correção da acidez, por meio da utilização de calcário, o que provoca a elevação do pH para valores acima de 6,0. A correção da acidez do solo por esse método é conhecida como calagem. Ao mesmo tempo em que esse procedimento ajuda a corrigir a acidez, contribui também para reduzir o conteúdo de alumínio, elemento tóxico para a vegetação não adaptada a esse tipo de solo.

CRAIG HANSON/SHUTTERSTOCK

Solo de plantação recoberto com calcário para correção de sua acidez.

O primeiro passo recomendado para a utilização da calagem é a análise do solo, feita em laboratórios especializados. Com a confirmação da existência de acidez, o próximo passo é a escolha correta do tipo de calcário, a melhor época de aplicação e como aplicá-lo. Para todas essas medidas serem concretizadas, é preferível consultar um profissional especializado, que fornecerá as instruções necessárias e indicará a melhor metodologia de aplicação. Essa atitude contribuirá para a melhoria do crescimento da vegetação cultivada e para o aumento da produtividade, com benefícios para o agricultor e para o mercado consumidor.

Adaptado de: BARBOSA FILHO, M. P. Calagem. *Disponível em:* <http://www.agencia.cnptia.embrapa.br/Agencia4/AG01/arvore/AG01_87_1311200215104.html>. *Acesso em:* 10 mar. 2015.

 ## CLICK E ABASTEÇA AS IDEIAS

 ## INVESTIGANDO...

Veja nossa sugestão de *link* sobre o assunto e abasteça suas ideias!
• http://www.agricultura.gov.br/arq_editor/file/0_palestra_dr_polidoro.pdf

Com seus colegas de grupo, pesquisem em um atlas qual a fertilidade (alta, média, baixa) do solo do estado em que você mora.

O UNIVERSO

O planeta Terra faz parte do Sistema Solar, mas quais serão as características desse Sistema?

Nesta unidade, vamos estudar alguns detalhes interessantes sobre o Sistema Solar e relembrar alguns dos movimentos que a Terra realiza. Também iremos conhecer alguns corpos celestes que se encontram no espaço cósmico e as ferramentas tecnológicas que nos permitem observá-los.

Além do planeta Terra

A criação das estrelas

Uma das questões que mais intriga os seres humanos é saber como foi formado o Universo. Independente das atuais teorias científicas sobre o assunto e do que nos ensinam as diferentes religiões, os povos mais antigos já buscavam explicações sobre como se deu a formação dos diferentes corpos celestes e muitas delas vinham na forma de mitos ou lendas. Os indígenas brasileiros estão repletos de lendas sobre esse tema e uma delas nos vem da tribo dos bororós, que habitam o Estado do Mato Grosso.

Reza a lenda que a vida na aldeia seguia como sempre: os homens caçavam e as mulheres se dedicavam à lavoura, cuidar da comida e das crianças. As noites na aldeia eram muito escuras, pois a Lua era muito inconstante: aumentava de tamanho, depois diminuía, chegava a sumir, aparecia novamente...

Certa ocasião, as crianças bororós olhavam para as nuvens e resolveram subir até o infinito. Viram que o beija-flor batia suas asas e voava rapidamente. Então, pegaram um cipó, o amarraram no bico da ave, e pediram que o beija-flor voasse rumo ao infinito. Os pequenos índios amarravam um cipó atrás do outro à medida que a ave se afastava e, puxados pelo beija-flor, foram subindo até o céu.

Quando as mulheres voltaram da plantação, não encontraram seus filhos e, desesperadas, embrenharam-se na mata à procura dos garotos. Encontraram a ponta do cipó e entenderam que eles haviam subido em busca do céu. Elas se puseram a gritar, chamando por eles, que, rindo ao ver o desespero das mães, não se importaram e continuaram a seguir o beija-flor.

Vendo o pouco caso com que cuidavam do desespero das mães, as crianças foram condenadas a viver no céu, sem nunca mais poder voltar. Apenas lhes era permitido olhar para a Terra em busca de notícias de suas mães depois que o Sol se punha. Para isso, seus olhos foram transformados em estrelas, diz a lenda as mesmas estrelas que vemos brilhar à noite no céu.

A forma esférica da terra

Os antigos gregos já tinham conhecimento de que a Terra tem a forma esférica. Eles verificaram que os navios desapareciam gradualmente no horizonte até que apenas a ponta do mastro podia ser vista. Isso só fazia sentido se a superfície do mar se curvasse, mergulhando atrás do horizonte. Como o mar tinha uma superfície curva, foi fácil admitir que a Terra também a teria.

Essa visão podia ser confirmada observando-se a sombra em forma de disco projetada pela Terra na Lua por ocasião dos eclipses lunares. Somente um objeto esférico poderia projetar uma sombra em forma de disco.

NASA

FRED ESPENAK

Sequência de um eclipse lunar, quando Sol, Terra e Lua estão alinhados. Nessa condição, o Sol ilumina a Terra que projeta sua sombra sobre a Lua. Observe na imagem acima o formato da sombra da Terra sobre a Lua.

Além disso, o fato de a própria Lua ser redonda sugere que a esfera era a forma natural dos corpos celestes. Todas essas observações fortaleciam a ideia de uma Terra redonda.

A disposição dos astros

Mas, se a Terra é esférica, perguntavam os antigos gregos, o que impede que as pessoas na parte de baixo "se desprendam" e caiam?

Os gregos acreditavam que o Universo tinha um centro e tudo seria atraído para esse centro. Assim, o centro da Terra coincidiria com o centro do Universo. Para os antigos gregos, a Terra era estática (parada), ocupando o centro do Universo, e tudo sobre sua superfície seria atraído em direção ao seu centro. Portanto, todas as coisas no planeta ficariam presas ao chão por essa força, mesmo se estivessem lá embaixo.

Para eles, concluir que a Terra era o centro do Universo foi consequência direta de suas observações. A cada dia, observavam o Sol cruzar o céu. O mesmo ocorria com a Lua e as estrelas à noite. O solo por onde caminhavam era firme e fixo, por isso era natural concluir que os corpos celestes se moviam em torno de uma Terra parada. Aristóteles (384-322 a.C.) e Ptolomeu (83-161 d.C.) foram os principais filósofos gregos a defender essa ideia, que foi denominada de **geocentrismo** (do grego, *geo* = Terra + *kentron* = centro).

Somente no século XVI, o astrônomo e matemático Nicolau Copérnico (1473-1543), em seu livro chamado *Das revoluções dos corpos celestes*, propôs o **sistema heliocêntrico** (do grego, *helios* = Sol).

A interpretação "Sol como centro" não deve ser entendida como "Sol no centro do Universo", mas sim como "Sol no centro do Sistema Solar".

■ Exploração do espaço cósmico

A tecnologia desempenha papel importante para que possamos conhecer o Universo à nossa volta. É por meio de aparelhos (como lunetas, telescópios, sondas espaciais, entre outros) que os cientistas estudam os corpos celestes, e com as informações recebidas diariamente conseguem identificar de modo mais preciso o que existe além do planeta Terra.

Telescópios e lunetas

Tanto **telescópios** como **lunetas** são instrumentos que nos permitem ver objetos que estão localizados muito distantes de nós (como a Lua, os planetas, as estrelas) como se estivessem próximos. Isso é possível porque esses aparelhos são construídos a partir de um sistema de lentes, no caso das lunetas, e de lentes e espelhos no caso dos telescópios.

PANTHERMEDIA/KEYDISC

Como as lunetas são construídas apenas com um sistema de lentes mais simples, seu alcance é muito menor do que o dos modernos e potentes telescópios, e a imagem obtida por elas pode apresentar distorções.

O aumento de complexidade e potência dos telescópios, desde (a) os mais simples, de pequeno alcance, passando pelos mais potentes, como (b) o do Observatório Palomar, na Califórnia, até chegar ao (c) telescópio espacial Hubble, que se encontra em viagem no espaço desde 1990, enviando para a Terra milhares de fotos e dados, nos permitiu ter uma melhor compreensão do Universo.

Satélites artificiais

Um **satélite** é qualquer corpo ou objeto que, atraído por uma força, se desloca em torno de outro, sempre seguindo um determinado "caminho". Os satélites **artificiais** são equipamentos construídos pelo homem que, colocados no espaço, desempenham inúmeras funções. Dentre eles, destacam-se os satélites *astronômicos*, destinados à observação do espaço cósmico, os de *comunicação*, que permitem a transmissão de informações em tempo real, e os *meteorológicos*, que nos informam sobre o clima no planeta.

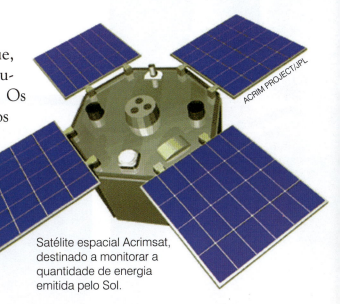

Satélite espacial Acrimsat, destinado a monitorar a quantidade de energia emitida pelo Sol.

Foguetes e ônibus espaciais

São conhecidos os **foguetes espaciais**, aqueles veículos em formato tubular, lançados ao espaço por meio de uma liberação de uma nuvem de gases. Munidos com instrumentos específicos, os foguetes são utilizados não apenas para missões tripuladas, mas também para coleta e análise de dados, experimentos científicos e lançamento de satélites artificiais, por exemplo.

Os foguetes tripulados têm sua estrutura formada por vários módulos (partes) conectados. À medida que o voo se desenvolve, esses módulos vão sendo desprendidos, e o que volta para a Terra é apenas uma das partes com espaço suficiente para trazer os astronautas. À esquerda, lançamento do foguete Apolo 11, em 16 de julho de 1969 (Cabo Canaveral, EUA), que levou os primeiros astronautas a pisarem na Lua. À direita, o módulo desse foguete trazendo os astronautas de volta à Terra, sendo resgatado no Oceano Pacífico em 24 de julho de 1969.

Mais modernos do que os foguetes espaciais, os **ônibus espaciais** são veículos com capacidade para retornar à Terra depois de suas missões, com sua estrutura praticamente completa. No entanto, esses veículos ainda precisam estar acoplados a um foguete para a sua decolagem.

Os ônibus espaciais foram utilizados no período de 1981 a 2011 para lançamento e ajuste de satélites, além do deslocamento de astronautas para a Estação Espacial Internacional.

À esquerda, lançamento do ônibus espacial Atlantis, em abril de 1985 (Flórida, EUA), veículo utilizado para inúmeras missões. À direita, imagem de seu último pouso em 21 de julho de 2011.

Sondas espaciais

Sondas espaciais são veículos não tripulados, especialmente desenhados para, como o próprio nome diz, sondar, ou seja, explorar um corpo celeste ou o espaço cósmico. São equipados com instrumentos para a análise (de solo, da temperatura, da atmosfera, por exemplo) e envio dos dados coletados para a Terra.

Concepção artística de duas sondas espaciais. Acima, a sonda espacial Voyager 1: lançada ao espaço em 1977, enviou informações sobre o Sistema Solar até 2013 e, a partir de então, já fora desse Sistema, envia informações sobre o espaço interestelar. À esquerda, a sonda Opportunity, destinada a explorar a superfície do planeta Marte.

Estação Espacial Internacional

Com o objetivo de obter novos conhecimentos que não são possíveis a partir do nosso planeta, a Estação Espacial Internacional começou a ser construída em 1998 e foi concluída em 2011. Esse "laboratório" especial encontra-se a 360 km da Terra e recebe astronautas de várias partes do mundo, que cooperam entre si em prol da Ciência.

Estação Espacial Internacional se deslocando em torno da Terra.

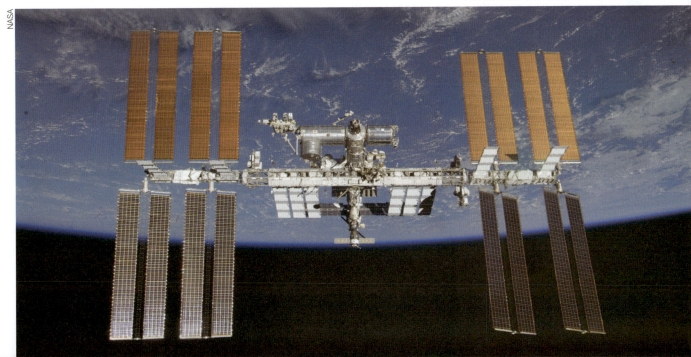

EM CONJUNTO COM A TURMA!

Com seu grupo de trabalho, pesquisem sobre o programa espacial brasileiro e onde se localiza o seu principal centro.

ESTABELECENDO CONEXÕES

Saúde

Pesquisas na Estação Espacial Internacional

No espaço, as coisas não acontecem exatamente como se espera..., mas isso pode ser uma coisa boa. No caso do câncer, por exemplo, pesquisadores da Estação Espacial Internacional observaram que alguns tumores se mostram menos agressivos no espaço do que aqui na Terra. Essa observação pode ajudar os cientistas a compreender melhor o mecanismo da doença e, com isso, desenvolver medicamentos contra os tumores para os quais atualmente não temos tratamento.

Essa descoberta é uma, dentro de uma larga gama de evidências, que mostram como a exploração do espaço pode beneficiar a todos nós aqui na Terra.

Fonte: NASA. Tackling Tumors with Space Station Research. Disponível em: <www.nasa.gov>. Acesso em: 5 jul. 2015.

DE OLHO NO PLANETA

Meio Ambiente

Lixo cósmico

Quando objetos criados pelos humanos e que se encontram em órbita ao redor da Terra não desempenham mais nenhuma função útil, como, por exemplo, as diversas partes e dejetos de naves espaciais deixados para trás quando do seu lançamento ou satélites que se tornaram obsoletos, transformam-se em lixo cósmico e causam risco de acidentes graves, tanto em órbita (pelo risco de possíveis colisões), quanto em uma possível reentrada de tais detritos na atmosfera terrestre.

A maior preocupação, no entanto, não deve ser com o risco de um satélite em queda. Um acidente no espaço é mais provável e pode afetar satélites em funcionamento, essenciais para serviços como a meteorologia e as comunicações.

Segundo a NASA, agência espacial norte-americana, há cerca de 19 mil objetos com pelo menos 10 cm na órbita da Terra e em torno de 500 mil objetos com tamanho entre 1 e 10 cm. Os fragmentos ainda menores são dezenas de milhões.

Adaptado de: <http://www.inpe.br/acessoainformacao/>. Acesso em: 8 jul. 2015.

■ Estrelas, constelações e galáxias

Você certamente já olhou para um céu estrelado. **Estrelas** são corpos celestes que produzem a própria luz, por isso são chamados de astros *luminosos*. Embora pareçam como pontinhos brilhantes no céu, são astros enormes, compostos de gás incandescente a vários milhões de graus Celsius. O Sol que vemos brilhar durante o dia é uma estrela como as que vemos durante a noite. Mas, ao contrário das estrelas, a Lua e os planetas não têm luz própria. Eles brilham no céu porque o Sol os ilumina e, por isso, são chamados de astros *iluminados*.

No passado, ao observarem o céu, os antigos imaginavam conjuntos de estrelas formando figuras e a cada um desses conjuntos davam o nome de *constelação*. Assim, surgiu a Constelação do Cruzeiro do Sul, Constelação de Orion, Constelação de Touro, entre tantas outras.

Incandescente: qualquer material que ao ser aquecido em alta temperatura, produz luz. Por exemplo, as lâmpadas que possuem um fio finíssimo (chamadas de lâmpadas de filamento), quando são submetidas à passagem de uma corrente elétrica, tornam-se incandescentes. Um metal também pode ser aquecido em uma chama e passar a emitir luz, tornando-se incandescente.

Não é fácil visualizar as figuras que dão nome às constelações ao se olhar um céu estrelado. Acima, desenho da Constelação de Touro, pelo astrônomo polonês Johannes Hevelius, publicado em seu atlas celeste, datado de 1690.

YURI BELETSKY/NASA

Observe a foto ao lado. Você consegue identificar nela a Constelação do Cruzeiro do Sul?

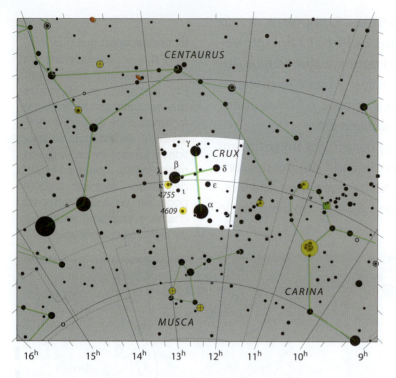

Atual constelação da Cruz.

Fonte: <http://www.iau.org/public/themes/constellations/>.
Acesso em: 8 jul. 2015.

Em 1930, foi proposto e aceito pela comunidade de astrônomos, que a esfera celeste fosse dividida imaginariamente em 88 "pedaços", cada um deles chamado de **constelação**. Assim, atualmente, o que se entende por constelação é uma *região da esfera celeste*, e qualquer corpo celeste (estrela, cometa etc.) que estiver dentro de um desses espaços faz parte dessa constelação.

Você deve estar se perguntando: e a "nossa casa", o planeta Terra, onde está localizado? Nosso planeta está localizado em uma galáxia, chamada **Via Láctea**, cujo nome quer dizer "caminho leitoso".

NASA/JPL

Galáxias são gigantescos aglomerados de estrelas, planetas, gás interestelar e poeira cósmica. A nossa galáxia, a Via Láctea, possui mais de 200 bilhões de estrelas semelhantes ao nosso Sol. Muitas estrelas já estão na fase final de sua existência, enquanto outras estão se formando.

Todas as estrelas visíveis a olho nu fazem parte de nossa galáxia, uma estrutura tão grande que a luz, cuja velocidade é de aproximadamente 300.000 km/s, leva 100 mil anos para cruzá-la. Mas esta galáxia é apenas uma entre bilhões de outras e, como todas, ela não está imóvel, mas viajando pelo Universo arrastando consigo todo o Sistema Solar.

Concepção artística da Via Láctea, como se estivesse sendo vista de fora.

É SEMPRE BOM SABER MAIS!

Ano-luz

As estrelas, os planetas, estão muito distantes. Se fôssemos expressar essas distâncias em quilômetros teríamos de usar muitos "zeros". Por isso os cientistas criaram uma unidade de medida para expressar essas distâncias usando números pequenos.

A unidade de medida usada é o ano-luz. *Um ano-luz é a distância que a luz percorre no vácuo em um ano*, ou seja, aproximadamente 10 trilhões de quilômetros. Os cientistas escrevem 1 ano-luz, em vez de 10.000.000.000.000 km!

	Local (a p do
Mercúrio	1º pl.
Vênus	2º pl.
Terra	3º pl.
Marte	4º pl.
Júpiter	5º pl.
Saturno	6º pl.
Urano	7º pl.
Netuno	8º pl.

■ O Sistema Solar

O **Sistema Solar** é a região do espaço onde todos os corpos estão sob influência gravitacional do Sol, isto é, são atraídos por ele. É composto por um conjunto de corpos celestes que inclui nossa estrela, o Sol, planetas, planetas anões, luas, meteoroides, asteroides, cometas, gás e poeira. Esses objetos celestes estão em permanente movimento em torno do Sol, descrevendo uma trajetória chamada **órbita**.

As órbitas em torno do Sol, possuem a forma elíptica (aproximadamente oval).

Órbita: trajetória descrita no espaço celeste por um astro em torno de outro, sob a influência de uma força gravitacional.

Representação artística do Sistema Solar. A trajetória da órbita dos planetas em torno do Sol, levemente elíptica, está representada pelos fios de cor laranja. Ceres, Plutão e Eris são planetas anões.
(Ilustração fora de escala.)

SOL MERCÚRIO VÊNUS TERRA LUA MARTE CERES ASTEROIDES JÚPITER SATURNO COMETA URANO NETUNO PLUTÃO ERIS

JPL/CIT/NASA

Sol

A sup
damente 6.0

O Sol
sob a forma
solar é gera
ra (15 milh
bilhões de v
ao nível do
ocorrência c

Planetas

Os pla
dividem em
pequenos p
do Sol – Me
Marte – são
tas **rochoso**
núcleo metá
manto rocho
crosta.

Júpiter,
Netuno são
netas **gasoso**
mensões mu
chosos, send
de *gigantes* g
núcleo comp
envolvido po
hidrogênio e

Todos e
nos, dois mov
que o planeta
sempre no m
ção, em que c
do Sol segun

Atualm
sam ser cump
chamado de **p**

• estar em ór
• ter massa su
  de em form

PLANETAS DO SISTEMA SOLAR

Terra – também é conhecida como "planeta azul" porque sua atmosfera é vista do espaço com a cor azulada. É o maior dos planetas rochosos e o terceiro planeta mais próximo do Sol. Como você já sabe, a Terra completa uma volta em torno do Sol (movimento de translação) em 365 dias e 6 horas e leva 24 horas para dar uma volta completa em torno de seu eixo (rotação). O eixo da Terra não é vertical, mas um pouco inclinado em relação ao plano de sua órbita.

Marte – de noite aparece como uma "estrela" avermelhada, razão porque os antigos romanos lhe deram o nome de Marte, deus da guerra, ao qual a cor vermelha está associada. Já se sabe que existe água em Marte, porém não no estado líquido. Sua atmosfera é pouco espessa, exerce uma pressão muito baixa sobre a superfície do planeta e é formada, principalmente, por gás carbônico. A rotação de Marte é 42 minutos mais longa que a terrestre e seu movimento de translação é o dobro do nosso (687 dias). O planeta é frio, seco, com ventos que produzem enormes tempestades de areia e poeira que duram semanas. Sua cor rosada deve-se à alta concentração de pequenas partículas de ferrugem (óxido de ferro) no solo e na atmosfera.

MART

TERRA

VÊNUS

SOL

MERCÚRIO

Mercúrio – é o planeta mais próximo do Sol. Praticamente não possui atmosfera, já que os gases se perdem pelo espaço devido à baixa gravidade e intenso calor. O movimento de rotação de Mercúrio é muito mais lento que o da Terra e equivale a 59 dias terrestres. O tempo de sua órbita em torno do Sol, por sua vez, é mais rápido do que o de qualquer outro planeta do Sistema Solar: corresponde a 88 dias terrestres. Por isso recebeu o nome do veloz deus da mitologia romana, Mercúrio.

Vênus – está continuamente coberto por uma espessa camada de nuvens, formadas principalmente por gás carbônico. Devido à sua proximidade do Sol, juntamente com um forte efeito estufa provocado pela presença do gás carbônico, a temperatura na sua superfície atinge 470 °C, tornando-o seco e o mais quente do Sistema Solar. Seu movimento de rotação equivale a 243 dias terrestres e o de translação leva 225 dias terrestres. Isso quer dizer que Vênus dá uma volta completa em torno do Sol antes mesmo de completar um único movimento de rotação. As densas nuvens de sua atmosfera refletem intensamente a luz do Sol, produzindo um brilho que, à distância, fornece uma imagem muito bonita. Por isso recebeu o nome da deusa romana da beleza e do amor, Vênus.

JPL/CIT/NASA

• sua gravidade precisa atrair tudo o que estiver no espaço próximo dele, enquanto ele gira em torno do Sol, "limpando" assim a sua órbita, isto é, seu caminho.

O Sistema Solar em números*							
	Localização (a partir do Sol)	Distância do Sol (em milhões de km)	Raio (em milhares de km)	Luas	Rotação	Translação	Temperatura (em °C)
Mercúrio	1º planeta	58	2,5	0	59 dias	88 dias	−180 a 430
Vênus	2º planeta	108	6,0	0	243 dias	225 dias	470
Terra	3º planeta	150	6,4	1	24 horas	365 dias	−88 a 58
Marte	4º planeta	228	3,4	2	24 horas	687 dias	−87 a −5
Júpiter	5º planeta	778	71,5	49	10 horas	12 anos	−148
Saturno	6º planeta	1.427	60,3	53	10,5 horas	30 anos	−178
Urano	7º planeta	2.871	25,6	27	17 horas	84 anos	−216
Netuno	8º planeta	4.498	24,7	13	16 horas	165 anos	−214

*Valores arredondados. Novas luas foram descobertas em Júpiter e Saturno, mais ainda não foram oficialmente confirmadas.

Fonte: NASA. Our Solar System. *Disponível em:* <www.nasa.gov>. *Acesso em:* 8 jul. 2015.

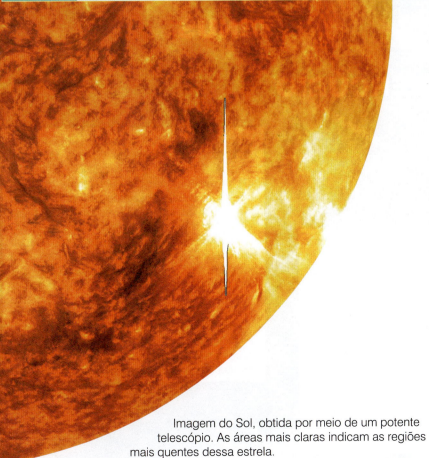

Imagem do Sol, obtida por meio de um potente telescópio. As áreas mais claras indicam as regiões mais quentes dessa estrela.

Jogo rápido

1. Qual o planeta com maior variação de temperatura e qual o de maior temperatura?
2. Comparando com a Terra, como são os movimentos de rotação e de translação de Marte?
3. Levando-se em conta o raio dos planetas, qual a sequência do maior para o menor planeta?

PLANETAS DO SISTEMA SOLAR

Terra – também é conhecida como "planeta azul" porque sua atmosfera é vista do espaço com a cor azulada. É o maior dos planetas rochosos e o terceiro planeta mais próximo do Sol. Como você já sabe, a Terra completa uma volta em torno do Sol (movimento de translação) em 365 dias e 6 horas e leva 24 horas para dar uma volta completa em torno de seu eixo (rotação). O eixo da Terra não é vertical, mas um pouco inclinado em relação ao plano de sua órbita.

Marte – de noite aparece como uma "estrela" avermelhada, razão porque os antigos romanos lhe deram o nome de Marte, deus da guerra, ao qual a cor vermelha está associada. Já se sabe que existe água em Marte, porém não no estado líquido. Sua atmosfera é pouco espessa, exerce uma pressão muito baixa sobre a superfície do planeta e é formada, principalmente, por gás carbônico. A rotação de Marte é 42 minutos mais longa que a terrestre e seu movimento de translação é o dobro do nosso (687 dias). O planeta é frio, seco, com ventos que produzem enormes tempestades de areia e poeira que duram semanas. Sua cor rosada deve-se à alta concentração de pequenas partículas de ferrugem (óxido de ferro) no solo e na atmosfera.

MART

TERRA

VÊNUS

SOL

MERCÚRIO

Mercúrio – é o planeta mais próximo do Sol. Praticamente não possui atmosfera, já que os gases se perdem pelo espaço devido à baixa gravidade e intenso calor. O movimento de rotação de Mercúrio é muito mais lento que o da Terra e equivale a 59 dias terrestres. O tempo de sua órbita em torno do Sol, por sua vez, é mais rápido do que o de qualquer outro planeta do Sistema Solar: corresponde a 88 dias terrestres. Por isso recebeu o nome do veloz deus da mitologia romana, Mercúrio.

Vênus – está continuamente coberto por uma espessa camada de nuvens, formadas principalmente por gás carbônico. Devido à sua proximidade do Sol, juntamente com um forte efeito estufa provocado pela presença do gás carbônico, a temperatura na sua superfície atinge 470 °C, tornando-o seco e o mais quente do Sistema Solar. Seu movimento de rotação equivale a 243 dias terrestres e o de translação leva 225 dias terrestres. Isso quer dizer que Vênus dá uma volta completa em torno do Sol antes mesmo de completar um único movimento de rotação. As densas nuvens de sua atmosfera refletem intensamente a luz do Sol, produzindo um brilho que, à distância, fornece uma imagem muito bonita. Por isso recebeu o nome da deusa romana da beleza e do amor, Vênus.

NETUNO

URANO

SATURNO

JÚPITER

Netuno – é o último planeta do Sistema Solar, portanto o mais distante em relação ao Sol. Netuno leva quase 165 anos para completar seu movimento de translação. O planeta tem uma rápida rotação de pouco mais de 16 horas. Possui 13 luas conhecidas. Por sua cor azulada, leva o nome de Netuno, deus romano do mar.

Urano – é o sétimo planeta a partir do Sol. Possui uma das mais frias atmosferas planetárias, sendo sua temperatura mínima de –216 °C. Urano completa uma volta em torno do Sol a cada 84 anos terrestres (translação) e seu movimento de rotação leva 17 horas. Esse planeta tem 27 luas conhecidas. Urano é o nome romano do deus do céu.

Saturno – é o mais distante planeta visível a olho nu. Tem o nome romano do deus do tempo. Leva aproximadamente 30 anos pra completar sua órbita em torno do Sol (translação). O seu período de rotação corresponde a 10,5 horas. Circunda o planeta um fascinante sistema de anéis formados de poeira e gelo, partículas cujas dimensões vão de pequenos grãos a blocos de vários metros. Saturno tem 53 luas conhecidas.

Júpiter – é o maior planeta do Sistema Solar. Júpiter leva 10 horas para completar uma volta em torno do seu eixo (rotação) e 12 anos terrestres para dar uma volta em torno do Sol (translação). Possui 49 satélites (luas), dos quais 4 descobertos por Galileu Galilei em 1610. O planeta leva o nome do deus dos deuses na mitologia romana.

Ilustração fora de escala.

Planetas anões

Alguns corpos celestes

NASA/CALTECH

Plutão
1.200 km

Lua
1.700 km

Terra
6.400 km

Ilustração destacando o diâmetro de Plutão comparado com o da Terra e da Lua.

- estão em órbita ao redor do Sol;
- possuem massa suficientemente grande para que a gravidade os molde em formato quase esférico;
- sua gravidade não atrai os corpos próximos a eles durante sua órbita;
- não possuem as características de uma lua.

Ao corpo celeste que apresenta essas características dá-se o nome de **planeta anão**. No Sistema Solar, temos cinco planetas anões, sendo o mais conhecido deles Plutão.

Jogo rápido

Planetas e planetas anões têm algumas características em comum. Quais são elas?

Cometas e asteroides

Fique por dentro!

Os cometas, que não possuem luz própria, refletem a luz do Sol, o que os torna visíveis por nós na Terra. Sua cauda sempre aponta em direção oposta ao Sol.

Cometas são corpos celestes formados por poeira, gelo e gás. O núcleo dos cometas é sólido, constituído de gelo e poeira, rodeado por uma camada de gases. Os cometas encontram-se em órbitas ao redor do Sol.

Quando os cometas se aproximam do Sol, o gelo do núcleo passa diretamente para o estado gasoso (sublimação) e há liberação de gases e poeira formando uma *cabeleira* ao redor do núcleo e uma ou mais *caudas brilhantes* que podem atingir milhões de quilômetros.

núcleo   cauda

ESA/MAX-PLANCK-INSTITUTE FOR SOLAR SYSTEM RESEARCH

Cometa de Halley, descoberto em 1705 por Edmund Halley. Sua órbita em torno do Sol leva 76 anos.

Asteroides são objetos rochosos em órbita do Sol. Mais de 200.000 já foram descobertos, embora deva haver mais de um bilhão deles. Estão localizados entre as órbitas de Marte e Júpiter. Alguns cientistas acreditam que são rochas e fragmentos minúsculos que não se aglutinaram para formar um planeta. Mesmo os maiores são pequenos demais para reterem uma atmosfera.

NASA/JOHNS HOPKINS APPLIED PHYSICS LABORATORY

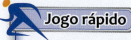

O asteroide Eros não é um agregado de fragmentos de rochas, mas formado por um único bloco sólido de rocha com 33 km de comprimento.

Observe o mapa das regiões brasilei[...]
ze a linha imaginária do Equador e respon[...]
sil está localizado no hemisfério Sul ou no h[...]
Norte?

Estações do ano

Como o eixo da Terra é inclina[...]
virtude de sua órbita em torno do Sol, [...]
ses em que um dos hemisférios rece[...]
calor e luz do Sol (**verão**) do que o ou[...]
se encontra mais frio (**inverno**). Há [...]
meses em que os dois hemisférios [...]
praticamente a mesma quantidade d[...]
de luz do Sol (**primavera** e **outono**).

Durante o movimento de transl[...]
Terra, há dias em que os raios solares [...]
perpendicularmente à linha do Equa[...]
zendo com que os hemisférios Norte [...]
cebam a mesma quantidade de calor [...]
Sol. São os chamados dias de **equin[...]**
latim, *aequus* = igual + *nox* = noite), [...]
a duração do dia é igual à duração da[...]

Órbita da Terra em torno do Sol. Observe que qua[...]
hemisfério Norte é inverno no hemisfério Sul, e qu[...]
hemisfério Norte é outono no hemisfério Sul. (Ilus[...]

primavera no hemisféri[...]
outono no hemisfério S[...]

verão no hemisfério Norte
inverno no hemisfério Sul

Rotação

A Terra leva 24 horas para dar uma volta em torno de seu eixo e esse movimento é feito de Oeste para Leste. É esse movimento o responsável pela sucessão dos dias e das noites. Observe na figura ao lado que a face do planeta que está voltada para o Sol fica iluminada (dia), enquanto a outra face não recebe a luz do Sol e fica no escuro (noite).

Meteoroides, meteoros e meteoritos

Qualquer corpo sólido menor que um asteroide, que se desloca no espaço cósmico, é chamado de **meteoroide**. Alguns são atraídos pela força gravitacional da Terra e, ao entrarem em atrito com os gases da atmosfera, tornam-se incandescentes, deixando um caminho ou rastro luminoso de curta duração, chamado **meteoro**. Às vezes, ele é visto a olho nu e é popularmente conhecido como estrela cadente; mas apesar do nome não se trata de uma estrela.

Se o meteoroide não for consumido totalmente no seu atrito com a atmosfera, ele atinge a superfície terrestre e recebe o nome de **meteorito**.

Acredita-se que há cerca de 65 milhões de anos um gigantesco meteorito caiu na Terra e gerou uma enorme quantidade de poeira que impediu a entrada de uma parte da luz solar por um longo período de tempo. Com isso, o processo de produção de alimentos pelas plantas (fotossíntese) foi prejudicado, o que levou ao desaparecimento de inúmeras espécies de seres vivos, incluindo os dinossauros.

Meteorito descoberto no norte da África. Cientistas acreditam que essa pequena rocha tenha vindo de Marte.

BRUNO FECTAU AND CARINE BIDAUT/JPL

O planeta Terra

É o único planeta do Sistema Solar que possui água líquida abundante e atmosfera rica em oxigênio, condições essenciais à vida como a conhecemos. Sua forma é esférica, ligeiramente achatada nos polos.

Como você já sabe, a Terra apresenta alguns movimentos, sendo os mais importantes o movimento em torno de seu eixo, chamado movimento de **rotação**, e o movimento em torno do Sol, chamado de movimento de **translação**.

O eixo da Terra não é vertical, mas um pouco inclinado em relação ao plano de sua órbita.

eixo imaginário da Terra

ANA OLÍVIA JUSTO/acervo da editora
FOTOGRAFIA: BOGUSLAW MAZUR/
SHUTTERSTOCK

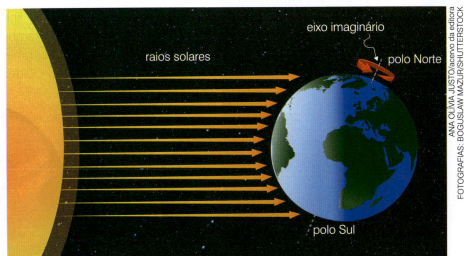

raios solares

eixo imaginário

polo Norte

polo Sul

ANA OLÍVIA JUSTO/acervo da editora
FOTOGRAFIAS: BOGUSLAW MAZUR/SHUTTERSTOCK
ROXANA BASHYROVA/SHUTTERSTOCK

Movimento de rotação da Terra. Na face do planeta que está iluminada pelo Sol é dia, enquanto na outra face é noite.

ESTABELECEND[...]

Você já notou que de m[...]
ge no Leste, também chama[...]
Sabe por que chamamos ess[...]
cente? Porque os povos antig[...]
que a cada dia nascia um nov[...]
ele se punha abaixo do horiz[...]

FOTOGRAFIAS: BOGUSLAW MAZUR/SHUTTERSTOCK
ROXANA BASHYROVA/SHUTTERSTOCK

posição mais
próxima do Sol

Posição da Terra durante o movimento de tr[...]

ESTABELECEND[...]

Para que se possa localiza[...]
te um ponto na Terra, foi criado[...]
linhas imaginárias sobre a sup[...]
ta. Por esse sistema, uma linh[...]
nha do Equador) passa pelo ce[...]
perpendicular ao eixo imaginár[...]
em duas metades. Cada meia [...]
da de **hemisfério** (do grego, [...]
e *sphaira* = esfera), que receb[...]

linha do
Equador

Lua – satélite natural da Terra

Damos o nome de **satélite natural** ou **lua** a qualquer corpo celeste que possui órbita em torno de um planeta ou outro corpo celeste menor, como um planeta anão ou asteroide, por exemplo. A Terra possui uma única lua, ou seja, um único satélite natural (chamado Lua).

A distância média da Lua à Terra é de 384.400 km. A Lua é pequena demais para reter uma atmosfera, pois sua gravidade é equivalente a um sexto da gravidade terrestre. Apesar disso, ela exerce uma forte influência sobre o nosso planeta, provocando as marés.

Em sua órbita elíptica em torno da Terra, a Lua completa uma volta exatamente ao mesmo tempo em que completa uma rotação em torno de seu eixo, aproximadamente 28 dias, e assim como a Terra o seu movimento de rotação se dá de Oeste para Leste. Por isso, a Lua mantém sempre a mesma face voltada para a Terra.

Nem sempre aqui da Terra vemos a Lua com a mesma forma. Mas por que isso acontece? É que a Lua não é um astro com luz própria, mas sim um astro que é *iluminado* pelo Sol. Em seus movimentos em torno do próprio eixo e em torno da Terra, varia a porção da Lua iluminada pelo Sol que vemos. Essa variação é gradual, mas destacam-se quatro fases bem conhecidas: crescente, cheia, minguante e nova.

> **Descubra você mesmo!**
>
> Dos planetas do Sistema Solar, alguns possuem luas e outros não. Pesquise quais desses planetas possuem satélites naturais.

Fases da Lua, desde crescente, passando pelas etapas de lua cheia e minguante, até chegar à lua nova (totalmente escura).

> **Fases da Lua:** porção da face da Lua iluminada pelo Sol vista da Terra.

Eclipses

À medida que a Lua percorre a sua órbita, periodicamente atravessa a sombra da Terra ou bloqueia a chegada da luz solar em uma parte da superfície terrestre. Na primeira situação, dizemos que está ocorrendo o **eclipse lunar** e na segunda, o **eclipse solar**.

Eclipses não acontecem todos os meses, porque o plano da órbita da Lua em torno da Terra não coincide com o plano orbital da Terra em torno do Sol.

Em outras palavras: eclipses só acontecem quando Sol, Terra e Lua situam-se na mesma reta, isto é quando estão alinhados.

Um eclipse solar total ocorre quando a Lua se encontra perfeitamente entre o Sol e a Terra. Dessa forma os raios solares são bloqueados pela Lua e uma região da Terra deixa de ser iluminada. Na foto, eclipse ocorrido em Uganda, África, em 8 nov. 2013.

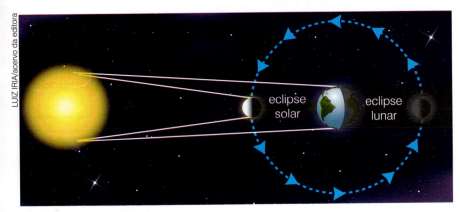

Observe na foto abaixo um eclipse lunar parcial, em que se vê a sombra da Terra projetada sobre a Lua. (Granada, Espanha, 21 jun. 2011.)

Fique por dentro!

Em um eclipse lunar, a sombra da Terra projetada sobre a Lua é chamada **umbra**.

ENTRANDO EM AÇÃO!

Você pode entender como ocorrem os movimentos de rotação e de translação da Terra com duas montagens bem simples. Para isso, você vai precisar de uma fonte de luz (lâmpada, vela, farolete), uma mesa, um corpo esférico qualquer (pode ser uma laranja ou limão, por exemplo) e uma haste (pode ser uma agulha de tricô ou um pedaço de arame, por exemplo), que fará a função de eixo.

Para entender como ocorre o movimento de rotação:

• introduza a haste no centro do corpo esférico, atravessando-o de um lado ao outro;

• segure o objeto esférico por uma das extremidades do eixo, mantendo o conjunto levemente inclinado;

• peça para um colega segurar a fonte de luz na frente do objeto e gire-o, bem devagar, no sentido horário e você terá um efeito semelhante ao da rotação da Terra.

1. Qual a função da fonte de luz nesse modelo de rotação de um planeta?

2. Se o objeto esférico fosse a Terra, o que significariam as regiões iluminada e não iluminada?

• Agora, desloque-se vagarosamente no sentido horário ao redor da fonte de luz, mantendo ao mesmo tempo a rotação do objeto. Observe a incidência da luz sobre o objeto à medida que você se desloca.

3. O seu deslocamento em torno da fonte de luz reproduz que tipo de movimento dos planetas?

Nosso desafio

Para preencher os quadrinhos de 1 a 11 você deve utilizar as seguintes palavras: anéis, cometas, Júpiter, Lua, Marte, Mercúrio, Netuno, planetas, Terra, Urano, Vênus.

À medida que você preencher os quadrinhos, risque a palavra que escolheu para não usá-la novamente.

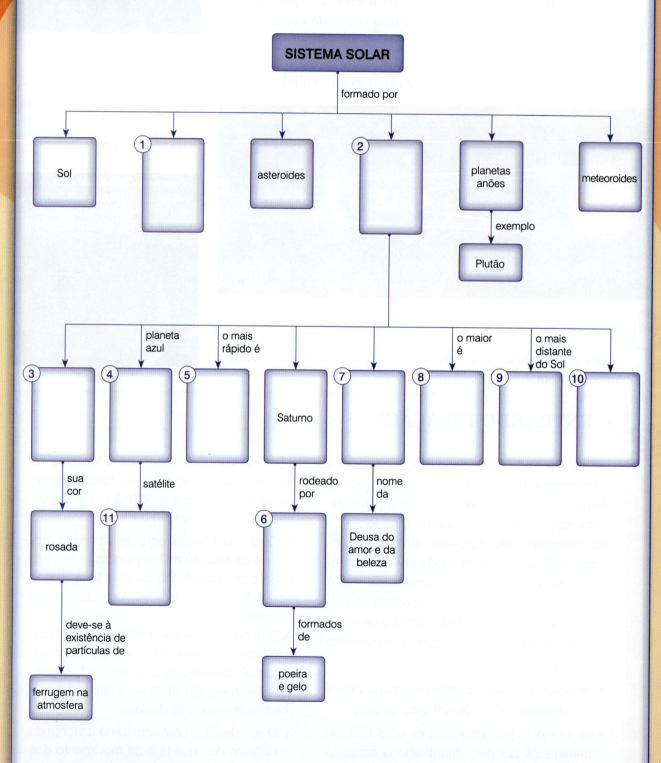

Atividades

1. Qual a composição do Sistema Solar?

2. O que são galáxias? Que nome damos à galáxia da qual o Sistema Solar faz parte?

3. Os gregos concluíram que a Terra tinha a forma esférica em uma época em que não existia nenhuma tecnologia que permitisse uma visualização do planeta. Como foi possível chegar a essa conclusão?

4. O que causa a sucessão regular dos dias e das noites em nosso planeta?

5. Para moradores distantes da linha do Equador, é fácil notar que, no verão, o Sol nasce mais cedo e se põe mais tarde, porém no inverno clareia mais tarde e escurece mais cedo. Qual a causa dessa diferença?

6. No Brasil, existe um dia do ano em que o período diurno é o mais longo e o período noturno é o mais curto. Como esse dia é conhecido?

7. Dois alunos estavam conversando sobre as estações do ano, quando um deles, com a intenção de fornecer uma explicação científica afirmou: "No verão, a Terra se aproxima muito do Sol, por isso essa estação do ano é muito quente".

   a. A explicação do aluno é convincente? Por quê?

   b. Como você pode explicar para esse aluno a origem das estações do ano?

   c. Em que região do nosso planeta a incidência da luz solar é maior durante todo o ano? Qual a consequência desse fato para essa região?

8. Em meados do século XVI, Copérnico (1473--1543) apresentou sua visão heliocêntrica do Universo em oposição ao geocentrismo defendido por Ptolomeu. As gravuras de Andreas Cellarius (1596-1665), mostradas a seguir, representam um exemplo perfeito da união entre ciência e arte. Identifique nessas gravuras qual delas associamos a cada interpretação do Universo.

Figura 1

Figura 2

9. Se a Lua não produz luz e só podemos vê-la refletindo a luz do Sol, então como é possível ver a Lua à noite?

10. O Sol nasce a Leste e se põe no Oeste. Esse movimento aparente do Sol foi um dos motivos que levou os antigos gregos a acreditar que a Terra era fixa e o centro do Universo.

   a. Explique a causa desse aparente movimento do Sol.

   b. Como se chama o modelo desenvolvido pelos gregos para explicar o movimento aparente do Sol?

Leitura

Você, **desvendando** a Ciência

Nascimento, vida e morte das estrelas

J. HESTER, P. SCOWEN (ASU), HST, NASA

Pilares da criação. Esta imagem feita com o telescópio espacial Hubble, em 2014, mostra nuvens de hidrogênio e poeira cósmica. São conhecidas como "pilares da criação" e abrigam em seu interior estrelas em formação.

Como os seres vivos, as estrelas têm um ciclo de vida. Elas nascem, brilham por milhões de anos, entram em declínio e morrem.

O nascimento das estrelas começa com uma gigantesca nuvem de gás, principalmente hidrogênio, e poeira flutuando no espaço. O Sol, por exemplo, nasceu de uma imensa nuvem, muitas vezes maior que o Sistema Solar.

Ao surgir no interior da nuvem uma região de maior concentração de gás e poeira, ocorre também o aparecimento da gravidade, que começa a atrair tudo o que existe ao redor.

Isso faz com que a concentração do núcleo aumente. Com isso, a gravidade, a pressão e a temperatura também aumentam. Chegando a 8 milhões de graus, ocorre a ignição do hidrogênio, que será transformado em hélio, liberando quantidade de energia, que aquecerá ainda mais o núcleo da estrela, transformando-a em uma enorme esfera de gás incandescente. O calor gerado aumenta a pressão interna e, como em uma enorme panela de pressão, o gás é empurrado para fora detendo o colapso causado pela gravidade.

Neste ponto, a estrela atinge sua estabilidade e seu tamanho e temperatura permanecerão constantes por bilhões ou trilhões de anos. É durante essa fase que a vida pode ser mantida, se algum planeta oferecer condições para que ela se desenvolva. O nosso Sol atualmente se encontra nessa fase.

Quando a estrela queimar, todo o seu combustível se esfriará e a força da gravidade fará com que a estrela se encolha. Isso irá acontecer com o nosso Sol quando consumir todo o seu combustível. O Sol se contrairá sob sua própria gravidade e se tornará do tamanho da Terra.

O telescópio espacial Hubble tem nos permitido receber imagens maravilhosas dos corpos celestes e conhecer com mais detalhes o espaço cósmico. Visite o site <http://hubblesite.org/videos/> e conheça alguns fascinantes vídeos obtidos com esse telescópio. A propósito: que tal investigar sobre o que é o projeto Hubble?

TecNews

O que há de mais moderno no mundo da Ciência!

As micro-ondas, o forno e o Big-Bang

Percy Spencer (1894-1970) foi um cientista estadunidense brilhante. Durante a Segunda Guerra mundial, ele trabalhava no desenvolvimento de radares que utilizavam micro-ondas. Um dia, Spencer estava próximo a um de seus equipamentos, gerador de micro-ondas, quando notou que uma barra de chocolate que estava em seu bolso derreteu e se tornou líquida como água. Para confirmar sua suposição de que as micro-ondas foram as responsáveis pelo rápido derretimento do chocolate, Spencer utilizou milho de pipoca e um ovo e os posicionou próximos ao seu equipamento – a pipoca estourou e o ovo explodiu. De forma acidental, Spencer acabara de inventar o forno de micro-ondas.

Por outro lado, outra descoberta que teve sua origem de forma acidental e está ligada com as micro-ondas impactou a ciência nos últimos anos. Os cientistas Arno Penzias e Robert Wilson, trabalhando nos laboratórios Bell, construíram um equipamento para a realização de experiências de radioastronomia e comunicação via satélite. O instrumento tinha, no entanto, um ruído excessivo que não conseguiam eliminar nem explicar. Após diversos testes, os dois cientistas notaram que aquele ruído não era proveniente de fontes de ondas de rádio de origem humana, nem do Sol ou de qualquer outro corpo celeste. Os cientistas chegaram até mesmo a tirar um ninho de pombos que havia na antena acreditando que poderia estar interferindo. Mesmo assim, o ruído se mantinha. Constatou-se então que eram micro-ondas que vinham de todas as direções do céu e nada mais eram do que a radiação cósmica de fundo prevista pelos cosmologistas da Universidade de Princeton. Segundo esses cientistas, se o Universo tivesse, realmente, seu início em um estado quente e denso, como prevê a teoria do Big-Bang, ele deveria estar repleto dessa radiação. Penzias e Wilson receberam o Prêmio Nobel de Física por sua descoberta.

O primeiro forno de micro-ondas foi construído em 1947. Com 1,8 m de altura, pesava 340 kg e, sendo refrigerado a água, consumia três vezes mais energia do que os atuais.

 CLICK E ABASTEÇA AS IDEIAS

Veja nossa sugestão de *link* sobre o assunto e abasteça suas ideias!
• http://cienciahoje.uol.com.br/colunas/do-laboratorio-para-a-fabrica/a-mais-velha-luz-do-universo

 INVESTIGANDO...

Com seu grupo de trabalho, expliquem de forma simplificada como agem as micro-ondas em forno para cozinhar os alimentos.

Bibliografia

ANDERY, M. A. *et al. Para Compreender a Ciência.* Rio de Janeiro: Garamond, 2007.

BRESINSKY, A. *et al. Tratado de Botânica de Strasburger.* 36. ed. Porto Alegre: Artmed, 2012.

BRUSCA, R. C.; BRUSCA, G. J. *Invertebrados.* 2. ed. Rio de Janeiro: Guanabara Koogan, 2007.

CANIATO, R. *As Linguagens da Física.* São Paulo: Ática, 1990. (coleção Na sala de aula).

CHALMERS, F. A. *O que É Ciência Afinal?* São Paulo: Brasiliense, 1993.

CHANG, R. *Chemistry.* 9. ed. New York: McGraw-Hill, 2007.

CLEMENTS, J. *Darwin's Notebook* – the life, times and discoveries of Charles Robert Darwin. Philadelphia: The History Press, 2009.

CUNNINGHAM, W.; CUNNINGHAM, M. A. *Environmental Science* – a global concern. 10. ed. New York: McGraw-Hill, 2008.

LEPSCH, I. F. *Formação e Conservação dos Solos.* São Paulo: Oficina de Textos, 2010.

MILLER, T. G. *Living in the Environment* – principles, connections, and solutions. 13. ed. Belmont: Cengage Learning, 2004.

NELSON, D. L.; COX, M. M. *Lehninger Principles of Biochemistry.* 5. ed. New York: W. H. Freeman, 2008.

POUGH, F. H.; JANIS, C. M.; HEISER, J. B. *Vertebrate Life.* 6. ed. New Jersey: Prentice-Hall, 2002.

PRESS, F. *et al. Para Entender a Terra.* 4. ed. Porto Alegre: Artmed, 2008.

RAVEN, P. H.; EVERT, R. F.; EICHHORN, S. E. *Biology of Plants.* 7. ed. New York: W. H. Freeman, 2005.

SILVERTHORN, D. U. *Fisiologia Humana* – uma abordagem integrada. 5. ed. Porto Alegre: Artmed, 2010.

STARR, C. *et al. Biology* – the unity and diversity of life. 13. ed. Stamford: Brooks/Cole, 2009.

TAIZ, L.; ZEIGER, E. *Plant Physiology.* 3. ed. Sunderland: Sinauer Associates, 2002.